スマートロジスティクス
IoT と進化する SCM 実行系

監　　修　花房　陵
編集委員長　西田　光男
編集委員　新林　康則
　　　　　遠藤　八郎
　　　　　朴　成浩

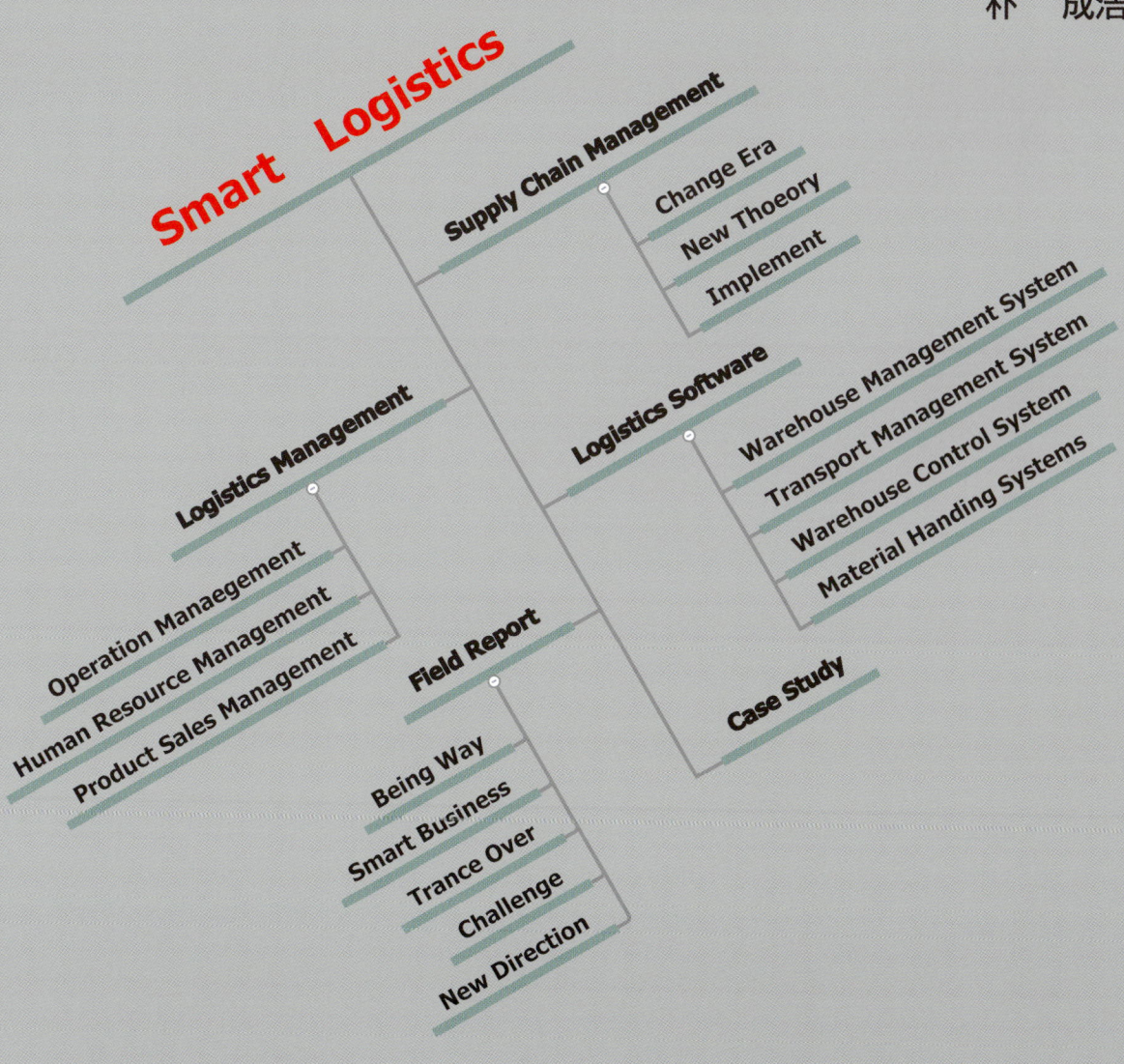

NTS

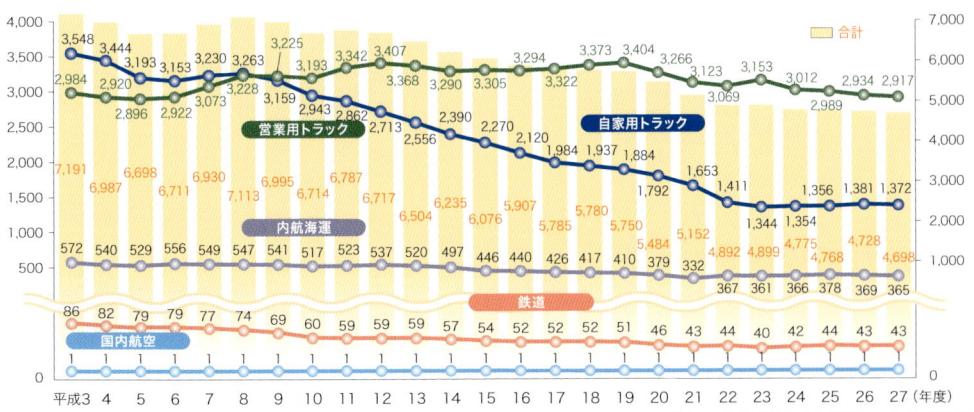

（単位：百万トン）

出典：国土交通省「自動車輸送統計年報」ほか各種統計

（注）：1. 平成22年度は、23年3月、また23年度は23年4月の北海道運輸局と東北運輸局の数値を除く
2. 営業用トラックについては22年10月より、調査方法および集計方法を変更したことに伴い、22年9月以前の統計数値の公表値とは、時系列上の連続性が担保されないため、数値の連続性を図る観点から接続係数を設定の上、算出している
3. 合計は輸送機関別の百万トン未満を四捨五入後に計算したものである

図4　輸送トン数の推移（p.127）

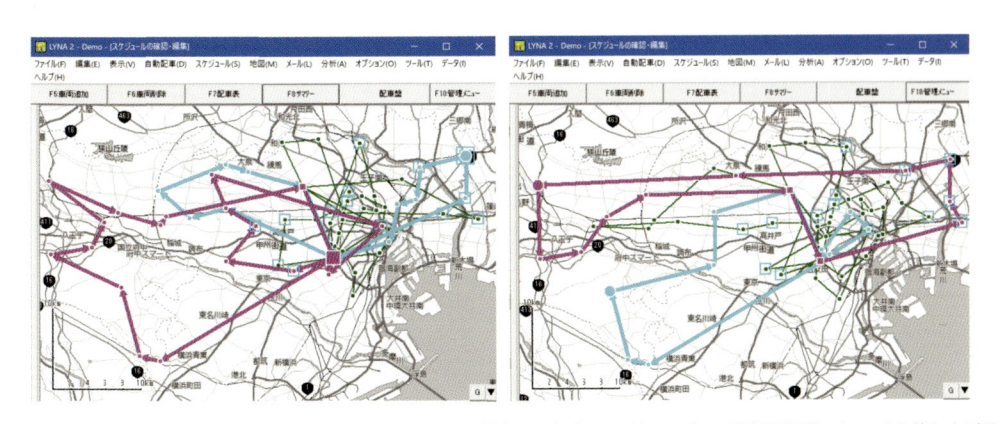

一定のヒューリスティックな手順に従って立案した計画（左）とそれをコンピューターが試行錯誤によって改善した計画（右）。配送先の件数は70件。一見，組み合わせできないように見える配送先をうまく組み合わせることで右では台数を1台，距離を5パーセント削減している（自動計画システムにはライナロジクス社「ライナ2」を使用）

図3　組合せの比較例（p.140）

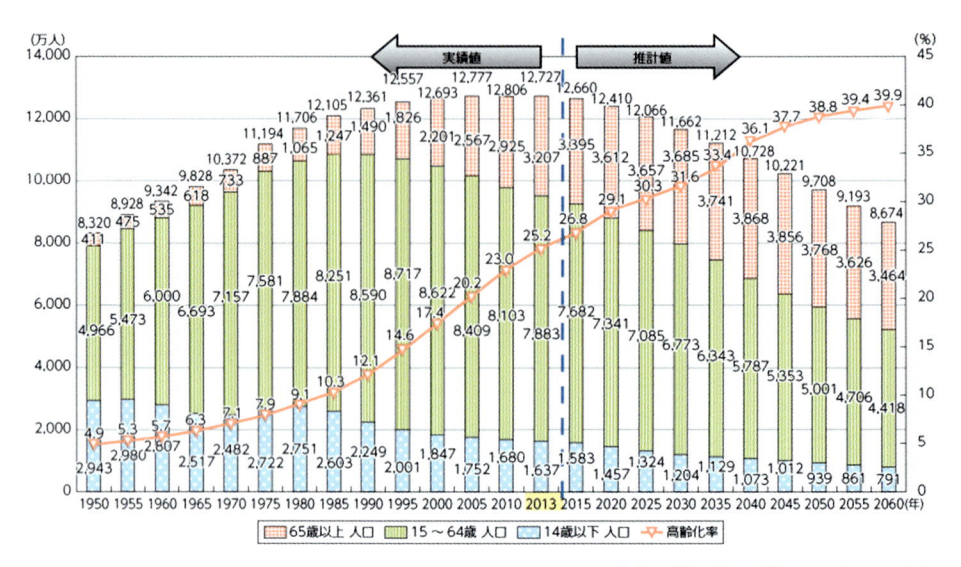

出典：総務省「情報通信白書」平成 26 年版

図 1　わが国の高齢化の推移（p.172）

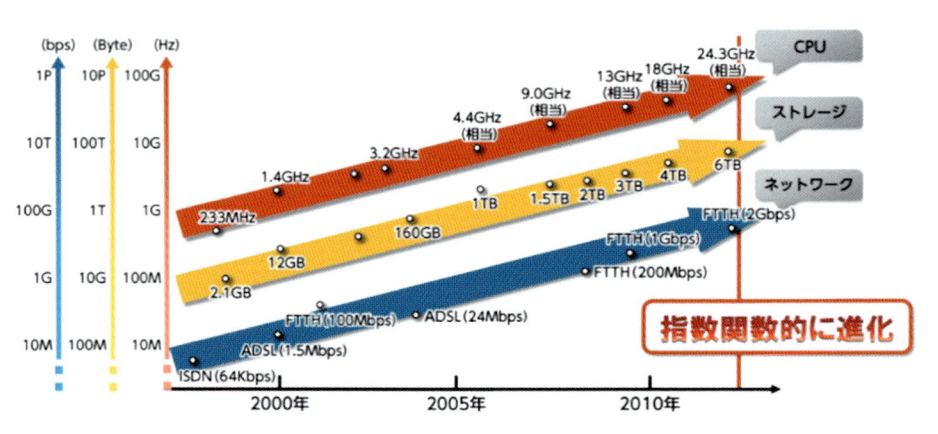

出典：情報通信白書

図 14　情報通信システム発達の推移（p.178）

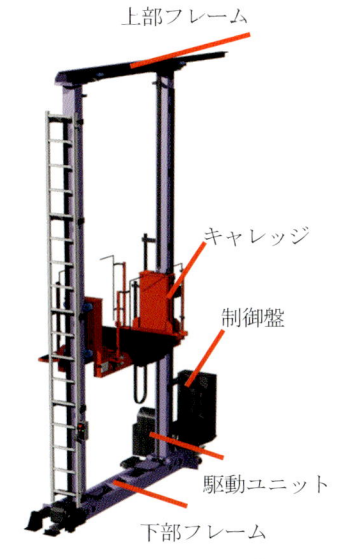

図3 スタッカークレーン[2] (p.195)

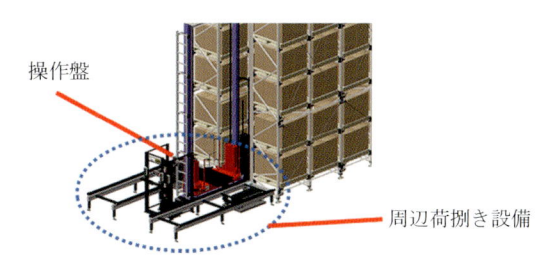

図4 周辺設備[2] (p.195)

図3 押し出し式シュースライド型仕分けシステム[2] (p.209)

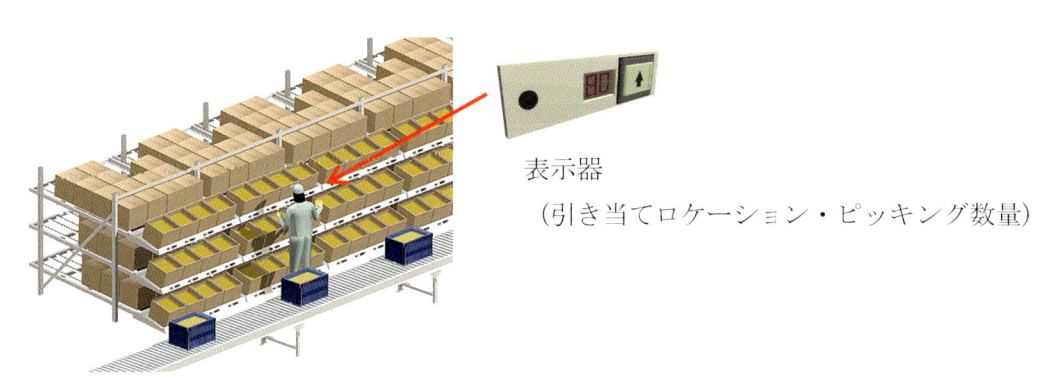

表示器

（引き当てロケーション・ピッキング数量）

図7　ラック式ピッキングシステム[2]（p.214）

図2　2階部分は高速パレット立体自動倉庫
　　　1階部分はケースピッキングエリア[2]
　　　（p.220）

時間当たり2万3,400個を仕分けられるキャリアローラ式選果機（p.254）

八王子・稲城SC向けのピッキングステーション。仕分け側の作業はシャトルラックMから出庫した商品を棚間口のデジタル表示器の指示に従って仕分ける（p.256）

高さ 10 m，荷姿質量最大 2.5 t のラックマスター。デュアル式にすることで入出庫能力を高めている（p.258）

台車数 18，最大 2,700 ケースを格納する SR。SR の下にピッキングステーションを設置している（p.260）

業界でも先駆的となる冷凍仕様のケース自動倉庫（クレーン 9 基，格納数 1 万 5,000 ケース）を導入（p.262）

▶ 監修者・執筆者一覧 ◀

監修者　　　　　花房　　陵

編集委員長　　　西田　光男

編集委員　　　　新林　康則, 遠藤　八郎, 朴　　成浩

執筆者（執筆順）

花房　　陵　　　ロジスティクス・トレンド株式会社　代表取締役

新林　康則　　　グラットン・アソシエイツ株式会社　代表取締役

遠藤　八郎　　　ロジザード株式会社　取締役会長

朴　　成浩　　　株式会社ライナロジクス　代表取締役

簑口　　巌　　　光英システム株式会社システム開発部　主幹技師

石田　　学　　　株式会社ナビタイムジャパンビジネス開発1部　部長

西田　光男　　　株式会社アイオイ・システム物流本部　常務取締役・本部長

関　　　護　　　有限会社ロジスティクス総合研究所　代表取締役

釜屋　大和　　　ロジ・ソリューション株式会社戦略コンサル部
　　　　　　　　上席コンサルタント

事例集

株式会社ダイフク　コーポレートコミュニケーション本部広報部

▷ 目 次 ◁

第1編 サプライチェーンマネジメント

第1章 物流，ロジスティクス，SCM

第2章 経営技術としての SCM

第3章 SCM を経営に生かす

第3編　ロジスティクスシステム

第1章　倉庫管理システム（WMS）

第2章　輸配送管理（TMS）

第4編　現場報告：物流事業者の課題　　　　　　　　　　釜屋　大和

第1章　物流事業者に横たわるカルチャー

第2章　大手物流事業者のスマートロジスティクス構想

第3章　物流領域からの脱皮

第4章　新しいビジネスへのチャレンジ

第5章　進むべき方向性

Column10　　　　　　　　　　　　　　　　　　　　　　花房　　陵

第5編　物流センターの事例　㈱ダイフク コーポレートコミュニケーション本部広報部

序論　スマートロジスティクスで実現するサプライチェーンの効率化

ロジスティクス・トレンド株式会社　花房　陵

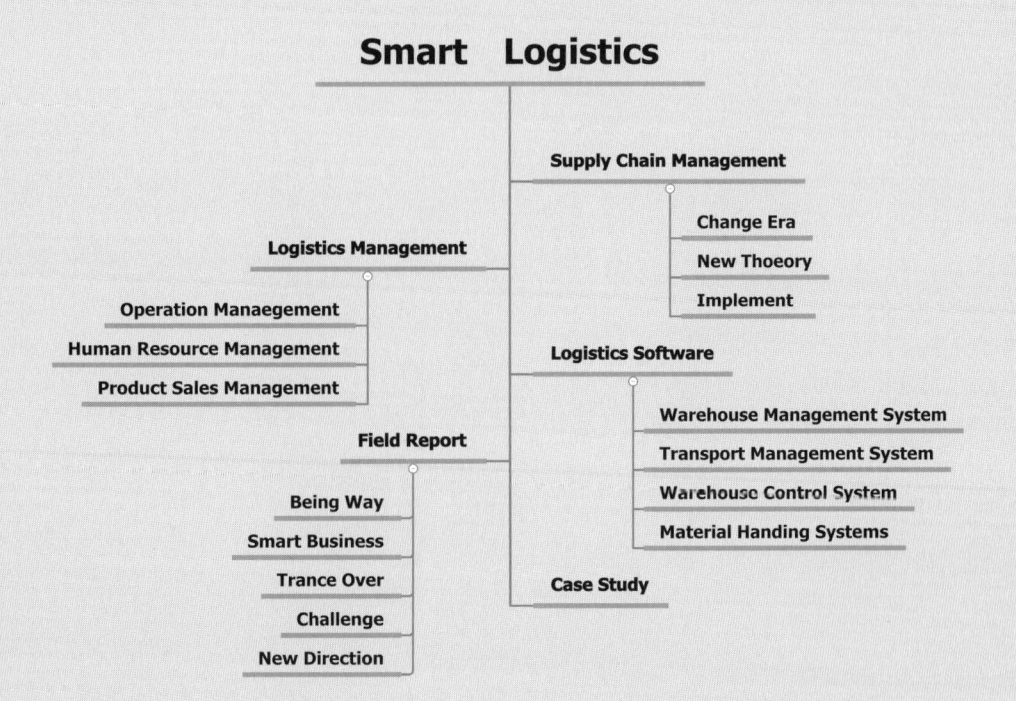

1 はじめに

　昨今の技術進化は，さまざまな領域で驚愕の発見と発明が行われてきている。私たちの職業さえも自動化とロボットによる置き換えが当然のように進み，現在の人手不足はいずれ，人過剰となる未来社会が見え隠れしているのが現実だ。

　物流，ロジスティクスという人手と労力，時間と汗で測るような活動も情報化と機械化が進み，「暗い，汚い，危険」な3K職場という呼び名も変わり始めてきている。

　全ての情報がインターネットを経由して生産や販売，物流の現場で活用できるようになった現在，最も貴重な経営資源は「考える，創造する」人材だろう。アウトソーシング全盛の時代にあって，希少資源は自社の社員である，というジレンマはどのように解決したら良いのだろうか。それゆえ企業内学習，教育，研修をディープラーニングとして声だかに言われ続けているのだ。

　どのようにロボットが進化しても，その行動は「条件反射と反応，状況判断，分析」にとどまり，新たな価値を作り出すことはまだまだ未知の領域であるといえる。

　科学や物理の分野ではシンギュラリティという，人工知能が人間の能力を超越する時代が間もなくやってくると予言されてはいるが，私たちの職業分野に浸透するまではまだ猶予があるようだ。

　しかしながら，生産活動から販売，消費，終了という物の流れを司るサプライチェーンでは，受発注という条件反射，情報判断と生産活動への反応，在庫の分析と販売計画の状況判断と反応など，情報技術によって多くの局面で画期的な改善と膨大な価値創造が期待できる。

　サプライチェーンをさまざまなプレイヤー，ステークホルダーによる商品供給連鎖活動と捉えて，どのような局面に効率化の余地が残されているかを概観してみよう（図1）。

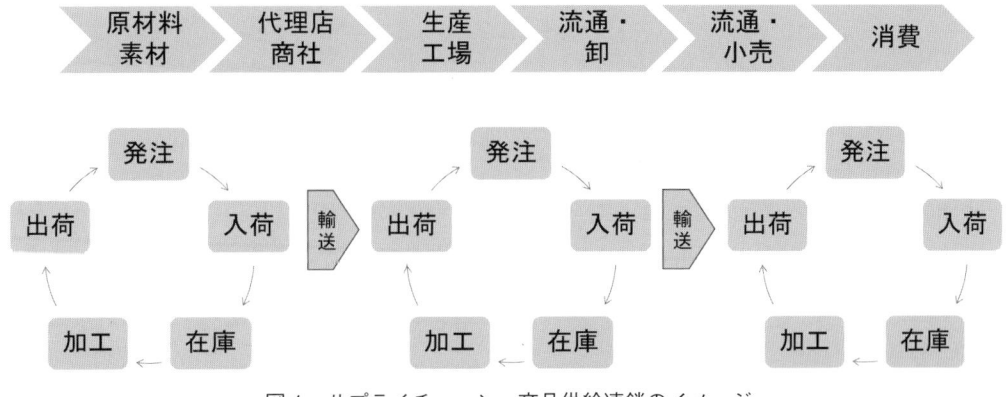

図1　サプライチェーン，商品供給連鎖のイメージ

2　賢いスマートな時代

　物流活動には作業と輸送，保管などの5つの機能が内在されている。包装や加工，伝票作成などの情報処理などが含まれており，それぞれの機能が接続・連携して，結果としての数えて運ぶという活動を行っている。

　物流機能のさまざまな局面でも技術革新が進み，高度な情報処理が行われるようになってはきたが，その実態は「手作業の延長線」を描いている段階である。

　物流の情報処理が高速正確な処理といえども，それらは手入力，手書き伝票の進化であり，荷役搬送作業の機械化，自動化にすぎない。しかし，これらの技術進歩も時代を経て処理能力の拡大という量の発展から徐々に質への転換が行われるようになってくるだろう。産業革命とは量の拡大能力が仕事の質を変え，価値を生み出したのだからだ。

　新しい質の変化，価値の創造を称してスマート機能と呼ぶことにする。情報技術によって実現する賢いスマートな機能とは次のように整理できるであろう（図2）。

- スマート機能とは
  - トレース：照合（計画データの進捗状況を照合する）
  - トラック：追跡（貨物や機材の位置情報を補足する）
  - センサー：測定（様々な環境指数を測定する）
  - モニター：監視（異常値発生を感知すると速報する）
  - レスポンド：反応（決められた条件で起動する）
  - レコード：記録（情報の記録）
  - リセット：消去（無用となった情報や記録の消去）
  - アナリシス：分析（様々なデータの集積と解析，分析）

というように整理され，認識されるだろう。

　すなわち，人の五感を遙かに越えた情報収集能力と反応速度，高度な判断をシステムで実現できる機能である。

　物流および商品供給連鎖の内部にこのようなスマート機能が導入されることによって，さまざまな環境変化が起きることになる。

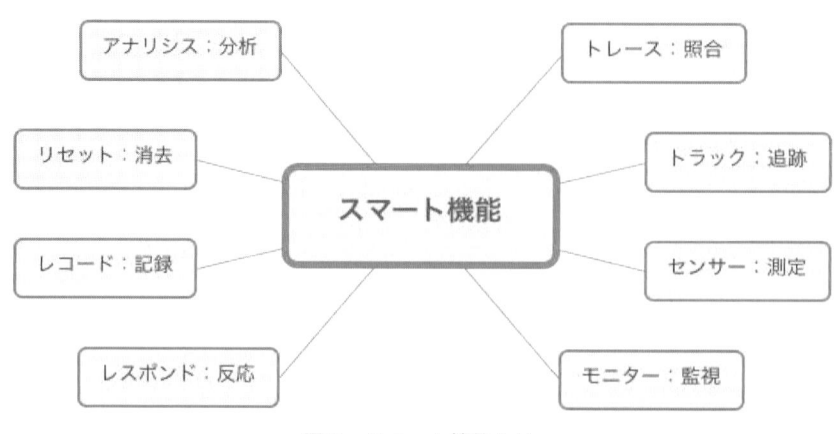

図2　スマート機能とは

表 1　物流のスマート機能展開

	正 確	確 実	迅 速	機 能	性 能	状 態	記 録	警 告	伝 達
保 管	✓	✓	✓	✓	✓	✓	✓	✓	✓
輸 送	✓	✓	✓	✓	✓	✓	✓	✓	✓
作業荷役	✓	✓	✓	✓	✓	✓	✓	✓	✓
梱包包装	✓	✓	✓	✓	✓	✓	✓	✓	✓
伝票情報処理	✓	✓	✓	✓	✓	✓	✓	✓	✓

　物流の 5 つの機能にスマート機能を展開すると，**表 1** のような拡張が描けるはずだ。

　このような物流機能の応用，発展によってどのような成果が期待できるであろうか。

　業務や成果の正確性やコストダウン，迅速性や予測，マネジメントサイクルへのより正確な情報収集は確実に上がるが，果たして創造的な成果と効果はどうであろうか。

　さらに物流の作業性や生産性だけでなく，経営活動全体への貢献はどのように図られるであろうか。

3　効率化と生産性

　システムや新機能の導入・採用は「コストダウン・価値創造」の視点でチャレンジが行われてきている。そこでは多くの活動資源が投入され，コストやエネルギーの消費状況を監視しながら，必要な成果を生みだすためのシステム設計と改良が続けられている。

　より少ないエネルギーや短い時間を利用して，より多くの成果を生み出すことを効率化と呼び，生産性が上昇したと評価される。生産活動における分業の推進は，活動を細かく区切れば区切るほど，その改良の成果は生まれると考えられてきたからだ。前提となっていたのは，活動に利用できる資源が潤沢にあるということであり，労働時間，作業員も資材や輸送機器も十分に確保できるならば，規模の経済性によって生産性は上げることができると信じられてきた。

　しかしながら経営環境が新しい問題を突きつけることとなった。それは，規模の経済性そのものへの疑問と限界点が見えてきたのだ。それは，

・生産効率を上げて大量の商品供給が可能になっても，肝心の生産品が消費に繋がらず，むしろ余剰や過剰を生み出してしまう市場問題
・輸送効率を上げようとしても輸送機器やトラック，ドライバーや作業者の確保ができない業界人手不足問題

このような矛盾が生まれてきているのだ。

　規模の経済性という原則に制限がかかり，活用できる資源にも制約が課せられるということは，生産と販売，消費のアンバランスが欠品と過剰在庫を生み，人手不足と輸送機材の手配が遅れることによる販売機会ロスと売り逃がしによる流通在庫の増加という症状が見られるようになったのである。

　このような事態を回避するために発明された技術がサプライチェーンマネジメントと呼ぶ，細かな管理と在庫の適正化であった。商品供給連鎖というサプライチェーンを独特の技法でマネジメントしようという試みである。

4 業務効率と経営有効性

　物流分野やサプライチェーンをマネジメントする技術や技法については，［第2編］で後述するが，マネジメントの意義と意味を紹介しておこう。

　マネジメントの概念は古く，生産管理や科学的管理手法などの20世紀製造業発足の時代まで遡る。

　昨今ではピーター・ドラッガーの連載著書によって，再評価が行われているが原点は製造業での分業体制による生産管理と組織開発にあった。

　生産現場ではさまざまな機材と原材料，作業者が列をなして連続工程を維持してきた。生産量の変化は，さまざまな要因に左右され，労働環境や設計技法，作業手順や工程の組み替えなど，およそ多変数関数ともいえるような多くの指数によって影響を受けていた。このような複雑な環境下において，最大の生産を目指す活動を「部分最適から全体最適への思考」と呼び，マネジメントはこのような全体最適の思考法と運用技術なのである（図3）。

　マネジメントとは生産現場の運用から発生した管理手法であるから，作業要員の組織化や分業体制を前提としている。そのために，複数の階層組織が構成され，それぞれの組織に所属する作業員は自発的努力を要請され，業務負荷の調整や維持のためにメンバー数の安定確保が経営管理側から保証されていた。

　組織間や役割別の業務では規律が重視され，公正と秩序，結束が明文化され，与えられた権限と責任は業務規定集として整備される。同時にそのような規格を管理するために経営は権威を集権化して，従業員への報酬，命令の一元化，指揮の一元化が徹底されることになる。

　このようなマネジメントの原理は現代までの経営活動でも応用されてきた。職業人の常識や慣習として刷り込まれた手法であり，前提条件が満たされているときには自然発生的にも発展を遂げてきた。

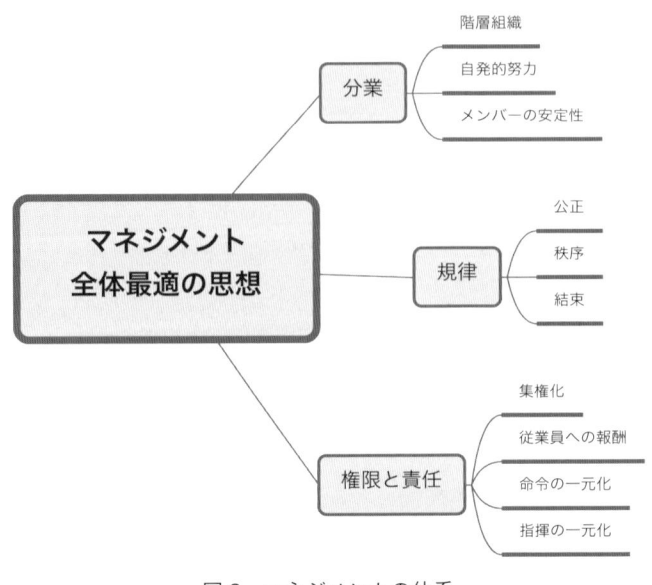

図3　マネジメントの体系

　近年の市場問題における需要不足，供給過剰，労働力不足と代替案の欠如は，マネジメント環境を大きく左右している。

　放任や自然発生状態での最適活動が必ずしも全体最適とはならない理由は，このような前提条件の欠如に影響し，マネジメントの変化が求められている。

　規模の経済性を支えてきた大量生産，大量販売という時代が終わったにもかかわらず，生産現場ではロットという縛りがあり，物流でも輸送積載率を上げることが重要だと信じられている。「まとめて作る，まとめて運ぶ」ことへの注力が効率化と信じられ，生産や物流の効率だけを見ていると全体への影響を誤ることとなるのが，供給過剰による市場問題だ。

　原材料の投入も輸送の単位も，すべて消費されることが前提であり，売り切る以上のモノを作れば在庫となり，棚に入りきらないモノを運べば別のモノが返品されることになる。

　生産工場にとっては売れるスピードでモノを作りたいし，物流も売れるタイミングで運ぶことが理想なのだが，タイミングの問題で実際には在庫も返品も余儀なくされている。「生産が遅れるかもしれない」，「いつ何が売れるかも分からない」という予測不能な不確実性と過剰なリスク回避のために，在庫を積み上げることととなる。そのための緊急配送や輸送が必要になっている。

　部分への着目で効率化を目指し，結果的に利益が生み出されることが経営にとっての有効性であり，部分と全体の関係性こそがあるべき姿なのだ。在庫問題を不確実性の排除とリスクの受容という視点で見直せば，過剰生産や輸送問題は解決に向かう。このような部分から全体へ，効率から利益極大化へという視点こそがマネジメント本来の姿なのである。

5　全体最適化 SCM の思想

　サプライチェーンは製造と流通の最適化を目指し，結果としての経営有効性を保証しなければならない。より良い結果を保証するためには途中経過や先行指標を理解し，その計測によって軌道修正をかけたり，アクセルとブレーキを使い分ける必要がある（図4）。

　この時の基準や進行状況を示すものが計画であり，設計値でなければならない。

　そして，全体最適となる計画に合わせて先行指標を見出し，そこに焦点を当てることが重要である。理想的にはアクセルやブレーキを必要とする状況把握を計画と連動した先行指標という情報判断で行えることだ。

　物流活動を語る際に必ず登場する効率化概念を整理してみよう。活動単位を小さく捉えると，活動資源であるヒト・モノ・カネ・情報・時間などの投入資源によって，どのような成果をもたらしているかという生産性指標が認識される。物流活動に限らず，経営は資源の獲得と有効活用に尽きるが，経営の各機能における資源の活用成果と全体効率としての利益獲得には法則も公式も存在しない。そのために優れた企業は単独でしか存続できず，事業要素や経営資源をふんだんに獲得したとしても，コピー企業のような全く同じ企業体は再び生まれることがない。

　マイクロソフトやトヨタ自動車のコピー企業が誕生しないのは，経営資源とその活用方法に違いがあるからなのだ。マネジメントに正解がなく，その違いが企業の違いとなっているといえよう。

経営活動においても，生産販売を除く物流活動ではインプット要素とアウトプット成果という交換がシステムとして機能していることを理解することができるだろう。

資源消費，資源の獲得にはコストがかかるから，物流活動はコストセンターとして捉えられてきた。コスト成果によって内部自営やアウトソーシングが選択されてきた。

しかし，昨今の物流活動の広がりや物流がもたらす新しいマーケティング活動では，物流が単に「数えて運ぶという物理的」作業ではなく，より戦略性や事業拡張に有効であることが明らかとなってきている。

たとえば，EC ネット通販事業では物流の役割は小売店舗であり，生産工場でもあるような機能を物流センター内部に実装している。物流の役割が大きく変わってきたという背景には，商品供給の SCM 全領域での変化も含まれている。これも物流を広く大きく捉えた全体観の結果であるといえる。

SCM 効率化の展開として，8つの側面が挙げられ，何より経済原則に当てはまる販売機会の獲得，コストやロスの削減，社会への期待応答，事業の継続と経営説明責任，正確迅速な意思決定，時代風潮である安全性，そしてステークホルダーを含む企業体としてのコンプライアンスが代表的なものである(図5)。

このような側面，視点，機能評価を無視して，商品供給をどれほど原価低減，高速化しても経営的，社会的な意味はない。また商品を通じて企業や団体の信頼性を損なうことにも繋がりか

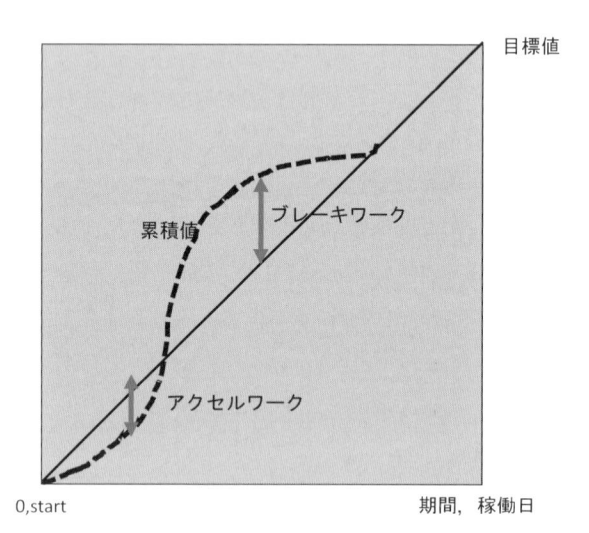

図4　45度線，計画進捗トレースグラフ

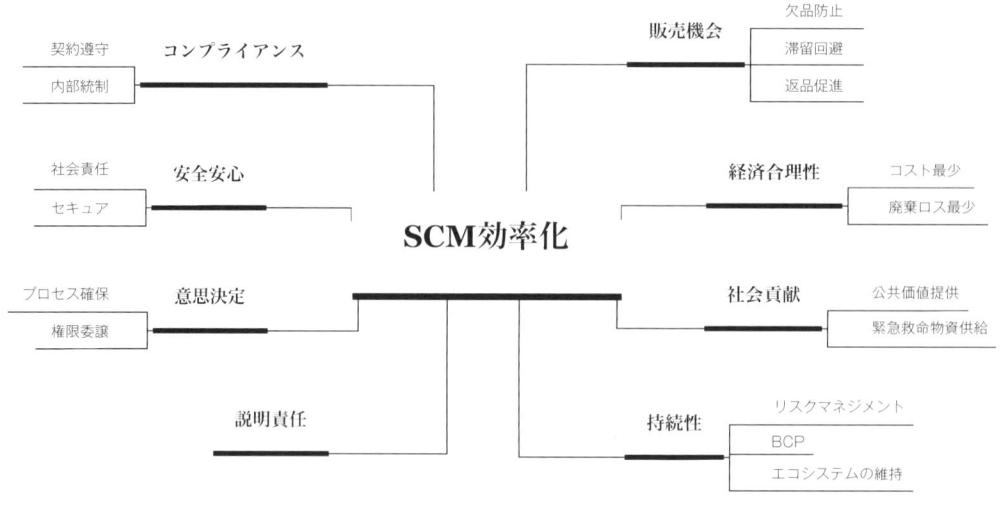

図5　SCM 効率化の視点

ねない。

　大量生産，大量販売が終わり，小売業も生産工場も個別対応，一個流しなどの工程別の技術が重要視されるようになった。これは同時に生産計画や販売計画もより一層細かな管理メッシュの中で最適化を目指すようになり，SCM の新しい時代が到来しているのだ。

6　債権移動と消費活動

　SCM は個別明細管理を得意としており，半期や月次の生産・販売計画から週次や日次への計画単位，実行評価や点検サイクルを短期化させるのが特徴である。管理時間の圧縮や小刻み化がもたらす効果は，アイドルタイム，ロスタイム，滞留や待機という活動停止の排除にある。SCM 活動の生産から供給，販売消費までの工程が接続され，待機時間なく連続していることは，工程別の活動が瞬時に連動していることになり，より細かな単位で指示命令が出されるようになった。

　いわばまとめて作る，まとめて運ぶという物流活動から，小売業であれば陳列棚の商品構成に合わせた運び方を期待され，多品種少量という概念をさらに高度化させている。

　生産から販売流通，消費完了，もしくは消費者からの返却という流通の構造は，生産物流，販売物流，還流返却物流と区別されるだろう。経営活動においては，販売は次工程への商品移動を表すセルイン（売買，債権移動），店舗から消費者に引き継がれたセルスルー（売買と消費）が区別され，それぞれに物流活動が行われる（**図6**）。課題は，物流のタイミングは事業者が異なるために，物流の情報が上位の経営活動に有効に機能しているかどうかの判定がつかない点にある。

　つまり，コストセンターとしての物流活動によってコスト効果的な保管と輸送が行われた結果，それらの商品がセルインを経て確実にセルスルーされているかどうか，という視点である。

　輸配送を行なったとしても売買，消費に繋がらなければ，商品はいつか廃棄され，もしくは返却されてくるからであり，移動した債権のキャンセルすら起きかねない。むしろ業界問題の返品廃棄を生んでいる。

　サプライヤー関係ではなく，社会や地球規模で見た場合には廃棄や処分は社会コストとなり，経営環境阻害要因にもなる。このコスト負担は不明確であり，個別企業の最適化が社会という産業が営まれるエコシステム内部では悪影響をもたらしていることになる。影響はいつしか社会全体のコスト増加となり，租税や負担問題が回り巡ってくることが容易に想像できる。社会全体のサステナビリティにも影響しているのだ。

　このような事例はたとえば食品業界で特に話題にあがっている。我が国の食品業界では可食廃棄物量が1700万トンにも上がり，焼却廃棄量がコメ生産量約900万トンとほぼ同量であることの無駄が問題視されている。消費者の鮮度感覚，流通事業者の安全と安心取引，製造業者に課せられた賞味期限や製造品質保証期間の問題もあるが，結果としての廃棄処分となることの製造，流通，物流の問題指摘は依然として改善の余地があるためにさまざまな施策の取り組みがなされているわけである。

　製造，販売としてのセルイン，消費活動としてのセルスルーを支える物流活動では，製造量

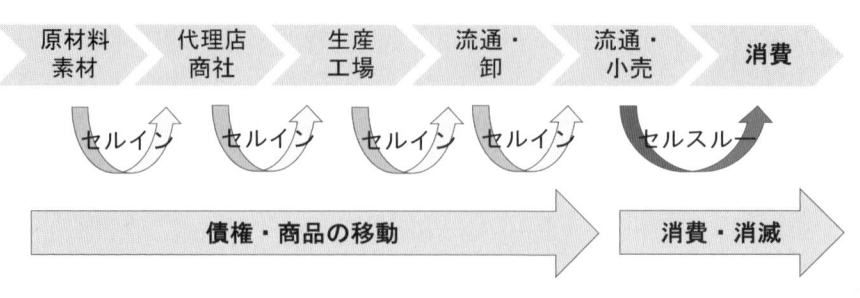

図6 セルインとセルスルー

がセルスルーと等しくなるような一貫性，手戻りや待機，廃棄や処分などが生じない物流が求められている。

　このような課題観をもって経営全般を見れば，耐用年数の短い消費財や修理不能の耐久消費財供給などは，社会公正価値からみた商品寿命の問題は直接物流とは縁がないけれども，経営や社会への無用な物流活動を行なっているともいえるであろう。

　昨今はこのような高い視点，広い視野，個別最適ではなく全体最適，社会価値の模索という概念がとりわけ重要視されるようになっている。それが事業や経営の持続性と連携して，社会公正価値となっている。

　このような視点を持つ限り，従来のコストセンターとしての物流から新たな役割を期待されていることが明らかであり，スマートと定義される知的活動，情報収集・判断，分析と結果の蓄積が課題解決につながるはずである。

　本書籍ではロジスティクスに従事する多くの識者によって展開されるスマート物流の全貌から，次世代における経営の視座，新たな物流の機能と性能の発展について学ぶことができるであろう。

─────── 花房　陵　プロフィール ───────

　1978年慶應義塾大学経済学部卒　SCM 経営改善指導など，生産流通物流の現場実務を重視したコンサルティングを行っている。主な著作：『現場でできる物流改善』『物流改善 Q&A100』『物流コストダウンマニュアル』『物流リスクマネジメント』『戦略物流の基本とカラクリ』

人手不足対策

　物流業界，特に運輸企業ではドライバー不足で車庫にトラックが停めたままという事態が深刻になってきた。国も自治体も生活物資の輸送問題を民活に任せるばかりでは追いつかない事態だ。バスや鉄道を使って，貨客同時輸送として行政法も試行錯誤を始めている。ヤマト運輸が数十年ぶりに値上げを持ち出したのもドライバーの待遇改善問題がきっかけだった。

　運輸企業は特別法規で守られる規制産業であり，自由化されたとはいえども登録制度によってグリーンのナンバープレートを付けている。その数，130万台として専属ドライバは83万人が不足状態にあるといわれている（平成26年度労働力調査結果）。求められているのは抜本的な待遇改善，勤務時間の短縮と賃金の上昇なのである。

　ところが自家用トラックという，営業マンが運行している自ナンバープレートのトラックは600万台もある。ということはトラックを運転できる物流マンが潜在的に数百万人の規模でいることを示しているのだ。

　彼らは製造工場勤務や流通問屋，商社の営業マンだから副業禁止だし，他社の仕事，ましてや運輸企業の輸送貨物を運ぶことはしないであろう。

　そこでテストを試みたいのがシェアリングエコノミー調査なのである。アメリカのUBER（ウーバー）は，タクシー会社に反発を受けながらも，さすがに自由の国であるから民活としての旅客輸送をシステムで可能にした。日本は規制緩和がそこまで進まず，タクシーも営業トラックも進展が見られない。

　いつまで持ちこたえられるのだろうか。営業トラックのドライバー不足，自家用トラックの業績低迷による副業開放，そして全面的な規制緩和による本格的な輸送サービスのシェリングエコノミースタート。規制緩和が進まないのは，業界保護やあまりに急激な競争を回避したい思惑が見え隠れしている。特に物流業界では，将来の消費低迷，物量減少が明らかであり，さらに競争状態が激化するのことは明らかなのだ。ソフトランディングという計画経済や業界指導を得意とする行政は，バランスを取ることに苦慮していることが窺える。しかし，時代の圧力はさらに進み，まもなく規制緩和によって，ドライバー不足が解消されることになるのは明らかだろう。

（花房　陵）

第1編　サプライチェーンマネジメント

グラットン・アソシエイツ株式会社　新林　康則

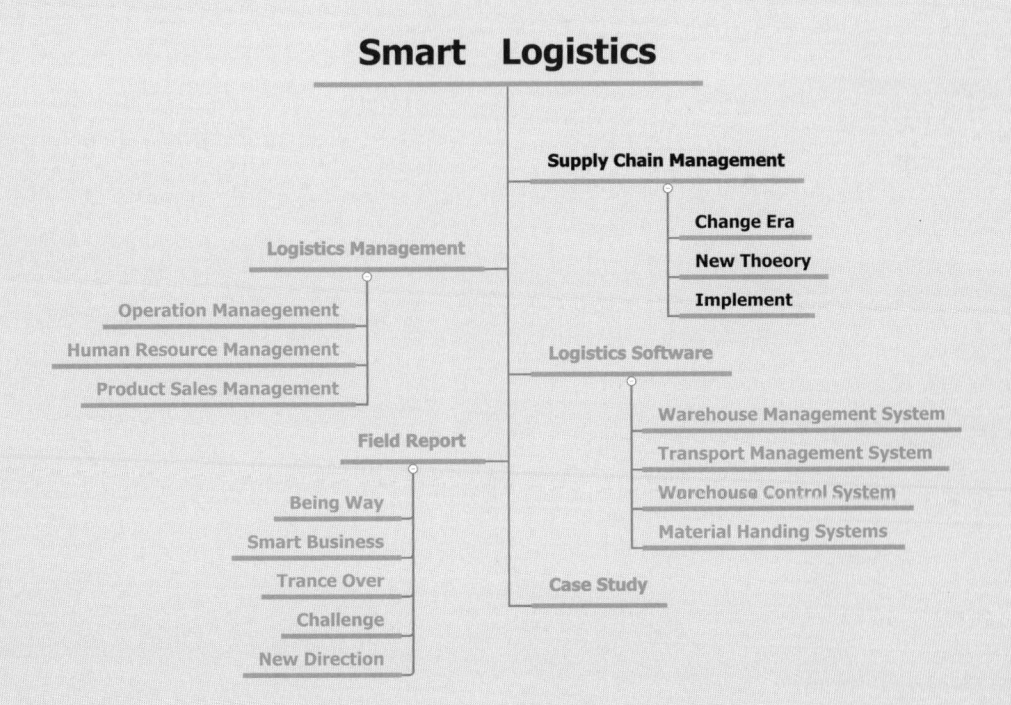

第1章　物流，ロジスティクス，SCM

1　物流を取り巻く環境変化

　日本の産業史を振り返ると重厚長大産業といわれた重化学，鉄鋼，建設業から現在では流通商業，医療教育などのサービス業が主流となっている。依然として最大産業は自動車関連であるが，これも内需から貿易へとシフトしている。これらの産業推移は我が国 GDP における家計消費の割合がもっとも高いことからも明らかであり，この傾向はいずれモノ消費からサービス消費へと向かい，長期的には古典的な物流の重要性は徐々に薄れてくることが予測できる。

　物流を取り巻く大きな潮流の転換期を迎えた現在において，どのような背景から物流が誕生しそれがロジスティクスへと変貌をとげ，今サプライチェーンマネジメント（以降 SCM：Supply Chain Management）として大企業のみならず中小企業を巻き込んで産業界において新たな潮流を作り始めているかを整理してみよう。

　物流が企業経営で果たしてきた役割に関するこれまでの認識は，P. コトラーが『マーケティング・マネジメント』[1] で指摘しているように，物流活動とはまさに経営における純コスト行為であり，顧客サービスの一部分要素という捉え方が主なものであった。つまり，物流活動は経営全体の中では主力活動とはいえず，製造や販売の付属物であるお荷物であり，さして重要な経営要素とはいえないと見られていたのである。

　信州大学唐沢豊教授『現代ロジスティクス論』[2] によると我が国産業と物流の関係は，昭和20年代前半は経済活動による供給が国民総需要をかなり下回っていた時代であり，1950年の朝鮮動乱がもたらした特需景気によって日本経済は戦後復興にはずみがつき，生産性の向上だけでなく科学的管理法による生産の合理化の時代に入ったとされた。そして 1960 年代には生産合理化も量から質へと移行し，情報システムは帳票管理を主体とする事務の合理化へ移行し始めたという。経営情報技術は 1960 年代後半から 1970 年代前半にかけてのコンピューター進歩により，事務管理から企業全体の情報管理へと移行することになった。ところが 1974 年の第一次石油危機により，低成長・低利益率の時代になり，経営不振の中でも「第3の利潤原資」（利益発生は販売増加，原価低減によるものとされていた）と呼ばれる物流の合理化＝コストダウンが一層着目されるようになった。また，物流は生産の完了時点から最終消費者に至るまでの物の流れを主たる領域としているとし，その事業領域が生産の完了時点から最終消費者までの販売物流に重点を置いているという。

　神奈川大学中田信哉教授『現代物流システム論』[3] によれば，「高度経済成長が軌道に乗り始めた 1950 年代後半から 60 年代前半にかけて，生産拠点から市場に向けて物理的に商品を流通させることが大きな問題となり始め」，産業界から物理的な財の流通に関する機能構築への強い要望が起こっていたという。しかし「財を生産から市場まで物理的に供給していくという経

済機能・経営機能が存在しない」という問題があり,「これはその概念が存在しないということであり,概念がない以上言葉もない」という状況であった。これら一連の流れの中で物的流通という言葉が,1965 年の政府の中期経済計画で公式に初めて発表された。ちなみに同年の運輸白書では,物流を物資流通と物的流通の双方で使い分けており,前者は主に農水産業の生産者からみた政策課題を論じる際に使われ,後者は企業の経営課題,国民生活の要として捉えている。

　物流概念が登場したことにより,学術研究も盛んに行われるようになってきた。

　法政大学矢作敏行教授『現代流通』[4] は,企業内活動としての物流を次のように定義している。「物流には原材料,部品,製品が調達・購買を通してはいってくるインバウンドな流れと,製品が販売を通じて顧客に向けて出ていくアウトバウンドな流れの2つがある」とし,「前者は調達物流,後者は販売物流(製品物流ともいう)と呼ばれる」。

　企業内物流は通常この2つが1つになって展開されることになり,企業間物流では買い手にとっての調達物流は売り手にとっての販売物流となるわけで,販売面にまで踏み込んで物流を定義しており,「物流の主要活動は輸送,在庫管理,注文処理の3つに集約され,保管,荷役,包装(流通加工),情報処理の各支援活動によって構成される」とし,物流の7つの機能説明がなされた。

　物流が企業間取引にとっての2面性(調達と販売)を持つことは,その後の SCM 概念の登場にも理解普及に影響を及ぼすことになるので,記憶されたい。

　物流活動のコスト削減が,経営へのインパクトをどのように与えるかを**表1**で確認する。

　売上高 160 億円,経常利益率4%,物流コストが売上高の10%の 16 億円の企業において,現行の物流コストを10%カットの1億6千万円削減すると,勘定科目の販売管理費である物流コストはそのまま経常利益に上乗せとなり,経常利益6億4千万円は8億円となる。他の販管費およびコストなどが仮に同じと仮定すると,経常利益8億円を獲得するためには経常利益率が4%であるので,売上は40億円増収の 200 億円が必要となる。このように物流コスト削減活動は企業勘定において大きな収益源となるのである。これを「物流コスト削減の乗数効果」

表1　コスト削減における経営上のインパクト

	オプション 1.	オプション 2.	オプション 3.
売上高	160 億円	40 億円売り上げ拡大が必要 160 億円	*200 億円* ←
物流コスト 対売上高 10%	10%（1 億 6 千万円）コストダウン 16 億円 →	*14.4 億円*	2 億円
その他コスト	137.6 億円	137.6 億円	17.2 億円
経常利益 対売上高 4%	6 億 4 千万円 →	*8 億円* 1 億 6 千万円利益アップ　25%Up	8 億円

と呼び，かつてはコストダウンに躍起になった時期がある。オペレーションの改善，仕組みの変更を行うことなく，単に物流企業へ「単価」を下げることのみに注力することでその影響が運輸企業における運賃交渉の強力な圧力となり，我が国の物流業界構造に歪みをもたらしているともいえるのである。

　後述する SCM においてはこのような単純な「単価削減」によるコストダウンをめざすのでなく，調達から販売までのチェーンの中での無駄を見つけ改善すべき点を明確にすることで，チェーン全体のコスト削減を目指すことになる。

　製造資本と流通資本の規模逆転が起きると顧客嗜好の多様化と同時に，製品ライフサイクルの急激な短縮化が起こり，企業間競争は非常に激しいものとなった。また主要産業である流通業界では近年，国際化も急速に進み，外資系流通業が日本に次々と進出している。

　同時に製品調達の範囲がグローバルに広がり，世界中から製品を調達する必要も求められている。このような経営環境においては従来の製造や販売に従属的な物流活動だけでは，機能不全に陥ることが明らかになってきた。つまり物流の重要性は，過去と比較して一段と増してきており，物流を単なるコストセンターとして認識し，また顧客までのリードタイム短縮程度の差別化に重点をおいたものでは機能不足が明らかになっているのである。

　前述のコトラー[1]は「ビジネスをモノと情報の流れの面から見た時，ある企業の流通システムは別の企業にとっては供給システムであるという関係が成り立つ」とし，連鎖するモノと情報の流れの中にある各企業は，互いにそのビジネスに何らかの影響を及ぼしあうと主張する。つまり，単独企業でモノと情報の仕組みを考えるのではなく，利益の相反する複数企業間において効率的な仕組みをいかに構築するかを考える方が，より効率的にそのビジネスの経営を行うことができるとした。

　1990 年代のアメリカで考え始められ，1990 年代後半にはその概念が SCM として日本に入ってくることとなるのである。

2　ロジスティクス登場

　ロジスティクスの概念や用語の誕生は古く，1832 年 C. P. クラウゼヴィッツの『戦争論』[5]でもナポレオン戦争後期にはすでに重要な役割として存在，登場している。現代では 1990 年湾岸戦争勃発の期に発行された軍事戦記 W. G. パゴニス中将著作の『山・動く・湾岸戦争に学ぶ経営戦略』[6]によって，ロジスティクスの実務と事例が広く浸透するようになったと言われている。

　ロジスティクスとは兵站（へいたん）と訳される専門用語であり，武器弾薬支給と将兵の生活物資補給に関わる重要な業務であり，ビジネスマーケティングが戦略，戦術のように軍事用語を踏襲する例から，最近では物流という表意文字よりも幅広い概念を含む用語として使われるようになってきている。

　アメリカ・マーケティング学会（AMA：American Marketing Association）の解説では，ロジスティクスはマーケティング活動の一環に内在されており，完全にマーケティング活動として認識されている。

　　AMA でのマーケティング定義：Marketing is the activity, set of institutions, and processes for creating, communicating, delivering, and exchanging offerings that have value for customers, clients, partners, and society at large.（Approved July 2013）

　またロジスティクス研究の専門機関である米国ロジスティクス管理協議会（CLM：Council of Logistics Management）は，1986 年の宣言によって「顧客の必要性に応じるという目的達成のため，起点から消費点に至る原材料，仕掛り品，製品，およびそれに関連した情報の効率的・効果的な流れと保管を計画，実行，管理するプロセス」とも定義している。

　前述のコトラーによれば，「マーケティング・ロジスティクスとは，企業活動において利益を確保しつつ顧客の要求に応えるために，原材料や最終製品とそれに関る情報の起点から消費地にいたるまでの物流を計画，実行，コントロールすることである」としている。

　このように物流活動とは調達，生産，販売のそれぞれを指し，ロジスティクスはこれらを統合した生産地（工場内）を含め，調達先から消費地までをその対象領域として認識することが重要なのである（**図1**，**図2**）。つまり調達物流，販売物流の両方をその領域とし，かつ工場内の

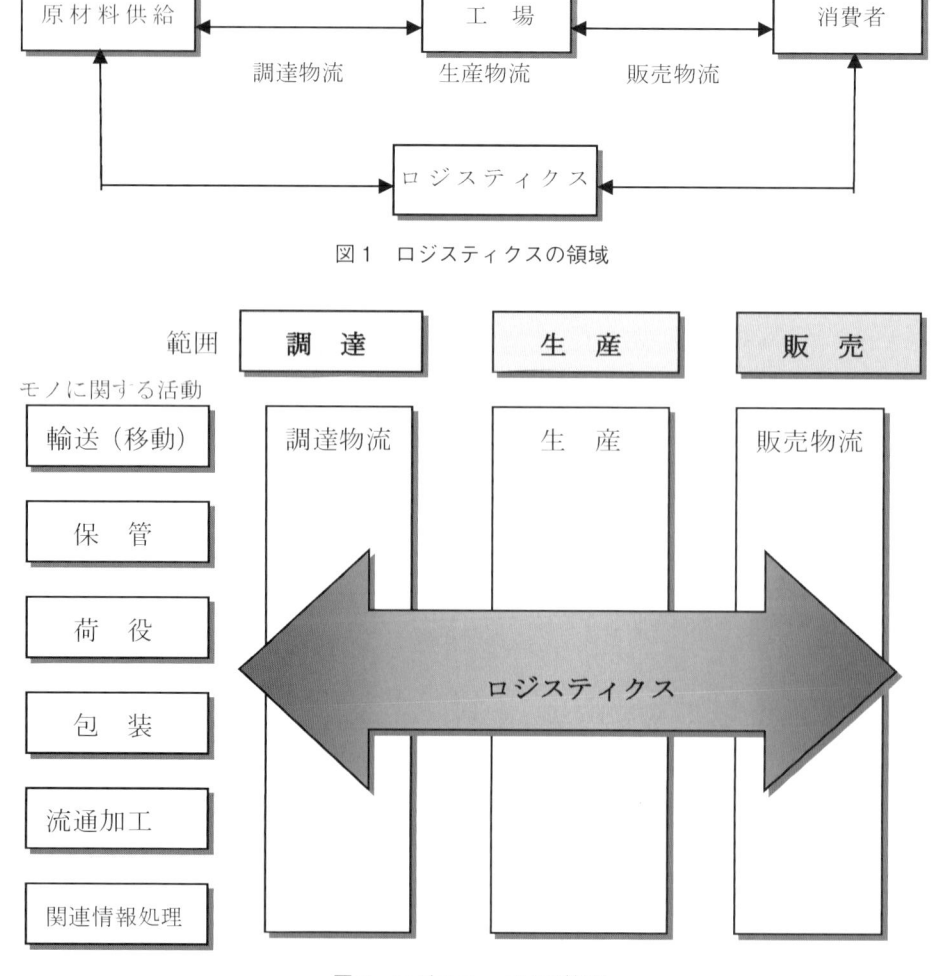

図1　ロジスティクスの領域

図2　ロジスティクスの範囲

生産物流もその対象としているのである。

　物流とロジスティクスとの大きな違いはその対象領域にあるとしたが，次に経営機能から見てみよう。

　前述の中田信哉教授[3]によると「我が国でも 1990 年頃から物流管理にロジスティクスマネジメントを採用する企業が増えてきた。それはロジスティクスが単に物流を構成する活動を個々に管理するものでなく，物流全体を管理する体系管理の考え方をもっていたと同時に，ロジスティクスは物流活動の効率のみを追求するのでなく，市場への適合性を強く要求するものであったからである」と単純な物的機能としての管理だけを行う物流から，各企業の経営管理および市場における自社の優位性を獲得する経営手法としての面が登場したと主張する。さらに物流管理とロジスティクスの違いについて，下記のように整理している（**表 2**）。

(1)　物流が市場に向けての製品出荷以降を対象としていたのに対して，ロジスティクスマネジメントは調達と市場に対する出荷以降の物流の両方を合わせて対象としている。

(2)　物流管理では物流の効率化が第一の目標とされていたのに対して，ロジスティクスでは戦略性，特に市場への効果的適合が目標に設定される。たとえば保管業務についていえば，保管効率を高めることに重点をおくことになり，坪当たりの保管数量が高い方が高評価となる。一方ロジスティクスでは，戦略性，市場への効果的適合が目的となり，保管効率を高めた結果過剰な在庫をもつことでキャッシュフローの悪化はマイナス評価となる。

(3)　物流管理は活動管理であったが，ロジスティクスは体系管理である。

(4)　物流管理の中心は輸送・保管が核になっているが，ロジスティクスは情報が核になっている。

(5)　物流管理はプロダクトアウト志向であるが，ロジスティクスはマーケットイン志向である。

　このように，物流管理はオペレーションフォーカス（作業効率重視）であり，ロジスティクスは市場への適合のための戦略重視といえるであろう。

　また前述の矢作敏行教授[4]では「物価上昇や人手・資源不足を背景に，物流近代化があらたな利潤源として注目され，物流政策が意識された。その後，物流がトータル・システムとしてとらえられるようになるのは 1980 年代，それがロジスティクス戦略としてとらえなおされるのは，さらに遅く 1990 年代のこととなる」と述べている。

表2　ロジスティクスマネジメント

	物流管理	ロジスティクスマネジメント
目標	物流の効率化（コスト削減）	市場適合戦略に基づく効率：効果のバランス
対象と領域	物流活動 生産から（仕入れ）から顧客まで	物流体系 調達から販売物流および最終顧客まで
内容	・プロダクトアウト ・熟練的・経験的管理 ・輸送及び拠点中心 ・コストコントロール ・戦術重視	・マーケットイン ・科学的管理 ・情報中心 ・インベントリーコントロール ・戦略重視

表3　物流とロジスティクスにおける定義の比較

相違項目	物　流	ロジスティクス
対象領域	製品の完成後，消費者までを対象	原材料供給者から工場までの調達物流，工場から消費者までの販売物流および工場内での生産物流までを対象（図1）
分析アプローチ	モノの動きに重点をおいた分析方法	モノと情報の流れの両方から分析
目　標	納期と在庫投資とのトレードオフ・アプローチからの効率化	顧客の必要性への対応

　ここで物流とロジスティクスにおける定義の違いに矢作の定義においてはCLMが行ったロジスティクスに関する定義と従来の物流についての定義において，対象領域，分析アプローチ，目標の3点について異なっているとしている。この3点について概要をまとめると**表3**のようになる。

　以上のように概観すると，物流とロジスティクスの定義認識の違いは学術的にも多くの見解があり，対象領域，機能の範囲，視座の与え方によって分かれているといえよう。実務者レベルでは，すでに述べたように調達，生産，販売という機能を述べる際には物流を使い，流通全般を戦略的思考や全体最適化を検証する際にはロジスティクスというマーケティング概念まで拡大して使用しているのが実態のようである。

3　SCMの誕生

　物流からロジスティクス，そしてSCMへとモノと情報の流れに関するビジネス・プロセスは，時代変遷，市場変化に対応する企業経営の要求により変化を続けてきた（図3）。

　東京工業大学圓川隆夫教授の『サプライチェーン　理論と実践』[7]によると「SCM自体の定義にもつながることになるが，現在の競争は個々の企業間同士ではなく，産業や業界を構成するサプライチェーン全体で展開されており，サプライチェーンマネジメントの能力が競争優位の源泉となっているといっても過言ではない」と主張しているが，SCM能力の獲得とはどのようなことなのかを整理してみよう。

　圓川はサプライチェーンを効果的に活用する経営手法として，イスラエルのゴールドラット博士が提唱している『ザ・ゴール―企業の究極の目的とは何か』[8]で紹介されている制約条件の理論（TOC）を取り上げている。

　それは，サプライチェーン全体をシステムとしてとらえ，「システムの目的（ゴール）達成を阻害する制約条件を見つけ，それを活用・補強する」という思考法である。

　企業は業務プロセスや組織活動，すべての経営活動内部における制約条件や同期を阻害している要素を意識することで，サプライチェーンの全体最適化を目指し，競争力の向上を図るべきであるとしている。TOCにおいての優先事項は，工程間の同期化を阻害している要因を発見し，「スループット（Throughput）」極大化，「在庫（Inventory）」最小化，最終的にコストダウン「作業経費（Operating expense）」であり，経営改善とはコスト削減ではなくスループットの向上であるとしている。ちなみにTOCでいうスループットとは，〈売上高−変動費〉のこ

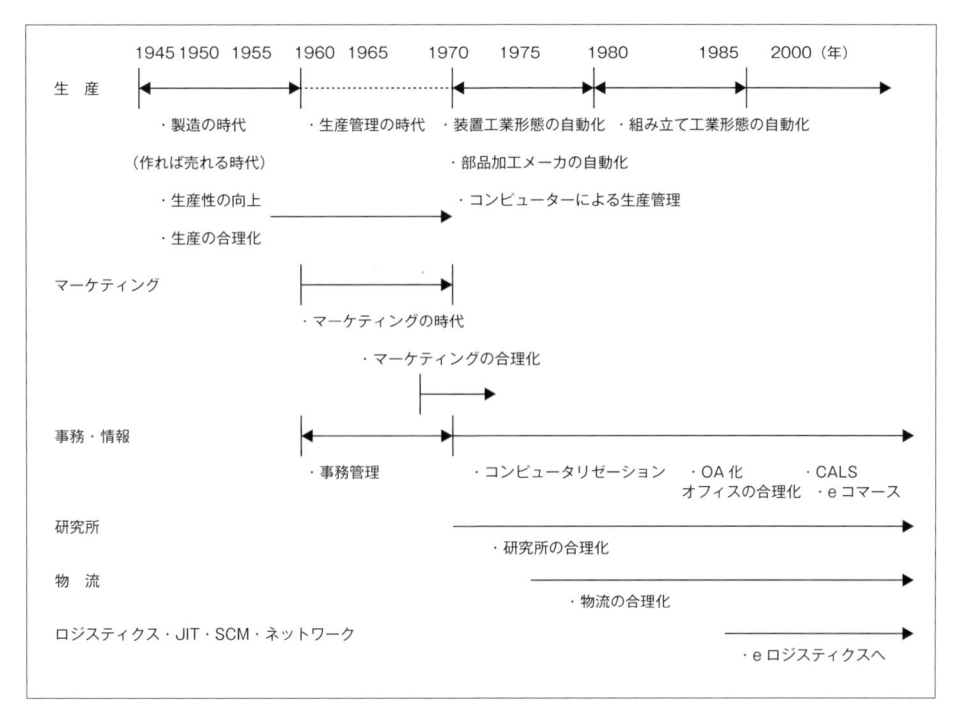

図3　物流の合理化の歴史

とであり，固定費や減価償却費を考慮しない粗利額ともいえる。ゴールドラット博士の主張では，制約条件に注目しないで生産工程に注力すれば，作業や工程の生産性や原価率などに関心が集まり，より速く多くを生産することになり，結果的には仕掛り在庫や完成品在庫が膨らむことが観察されると指摘する。ザ・ゴールという小説ではまさに部分最適の結果が在庫増加という全体影響をもたらす習性を見事に描いていた。

　また，前述の矢作によれば「サプライチェーンは高度に統合されたロジスティクスシステムであり，供給業者，顧客，関連補助者が必要な情報を共有し，生産，販売，配送，在庫，情報処理等の計画を調整し，一貫したモノの流れをつくりだすことに目的がある」としている。これは，従来の縦割りの組織で行えるビジネス・プロセスではなく，部門間の壁を取り払い，需要動向に関する情報をリアルタイムで共有することで，一連のプロセスの同期を図り，留まることなく円滑にモノと情報が流れる必要があることを示している。また，それは一企業内にて完結するものではなくサプライチェーン上の各企業間の壁を取り払うことで，より効率のよいスループットが業種業界のサプライチェーン全体内部で実現するということなのである。

　これら一連のサプライチェーン理論の普及をJ.ガートナーの『サプライチェーン戦略（Best solution）』[9]では，急速な技術革新と規制緩和によりビジネスの在り方が変わったからだとしている。「1990年代，ビジネスのやり方は劇的に変化した。急速な技術革新と規制緩和の進展により，競争のルールが変わったのだ。企業はグローバルな競争にさらされ，伝統的な業種間の壁は崩れてきている」。

　この急速な技術革新の成果として，新たな仕組みとしてQR（Quick Response），ECR（Efficient Consumer Response：最終消費者への効果的対応）やERP（Enterprise Resource

Planning)が開発された。アパレル業界で始まった QR は，"適切な時間で，適切な場所に，適切な製品"の供給をもたらすために，日本のトヨタで生まれた **JIT**（Just In Time）というロジスティクスシステムと情報システムが統合したものである。一方，ウォールマートなどの大手流通事業者による流通戦略としての ECR は，メーカーと小売業者による実売実績などの情報共有化という戦略同盟（Strategic Alliance）が特徴的といえるであろう。

　前述の背景により誕生した SCM についての定義および具体的な目的をまとめてみる。

　SCM とは供給業者から最終消費者までの業界の流れを統合的に見直し，プロセス全体の効率化と最適化を実現するための経営管理手法のことをいい，各プロセスをつなぐコアの機能である物流システムをある1つの企業の内部のみに限定することなく，複数の企業間で統合的な物流システムを構築し，リードタイム削減，コスト削減，在庫削減等の経営の成果を高めるための経営手法であるといえるであろう。

　製造業における事例として見ると，各プレイヤー事業者のオーダーはサプライチェーン上の下流から上流へとつながっていく（図4）。

　1　オーダー　……　お客様から組立会社（完成品製造業）へ完成品の発注
　2　オーダー　……　組立会社から部品製造会社へ部品の発注
　3　オーダー　……　部品製造会社から素材・原材料会社へ原材料の発注

　また，その発せられたオーダーにより素材・原料はサプライチェーン上の上流から下流へと流れていく過程で，部品から完成品へとその姿を変えてお客様へ出荷されてゆく。

　このようにお客様からのオーダーに始まる一連の調達，製造そしてお客様への出荷までの流れをサプライチェーン（供給連鎖）と呼び，個々の業務プロセスを，繋げて考えることであたかも一つのビジネスユニットとしてとらえ直し，企業や組織の壁を取り除くことで，単独各企業の利益を高めるのでなくこのプロセス全体を最適化することを目指すことが重要となる。

　そうすることで一連のプロセスに参加している各企業が結果として高い利益を獲得できると考える。企業間や組織間の壁を取り除くためにはそれぞれの企業がまずそれぞれの企業への相互信頼が必須であり，それをベースにした情報開示（製造計画・販売計画・在庫計画等）を行い，全体プロセスにとって最適任者が各プロセスを遂行することが重要である。別な言葉で言

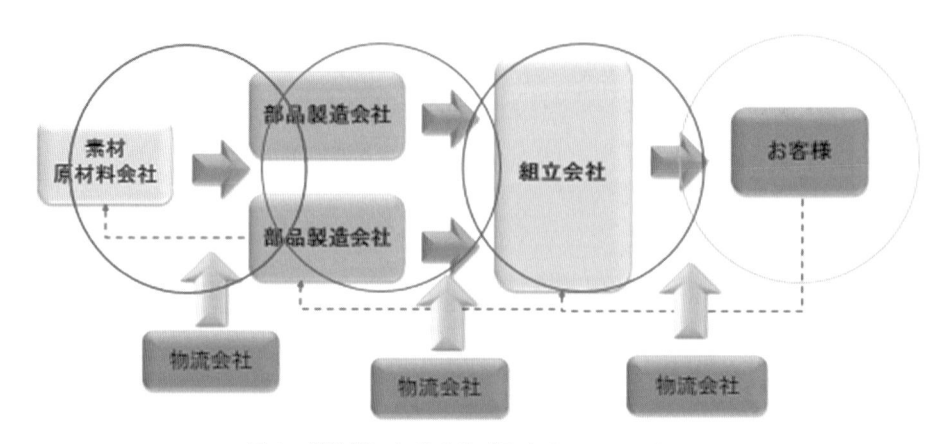

図4　製造業におけるサプライチェーン MODEL

えば, このあたかもひとつのビジネスユニットとしてみた供給連鎖の効率化のレベルが, マーケットにおける優位性をもたらすことになるのだ。

4 SCM が目指すべきもの

SCM 能力を獲得することにより, 次のような経営目標が達成されるであろう。

(1) 売上の最大化

市場への商品供給を確実に行い, 店頭での欠品を防止することでチャンスロスの回避, 納期遵守率, 受注充足率を高めることでお客様からの信頼を高め, 売上の最大化を目指すことができる。

(2) 製品リードタイム削減

原材料の調達から製品の生産, 配送までのリードタイムの分析と同期化, 最短化による, マーケットへのタイムリーな投入, 即応によりチャンスロス回避を目指すことができる。より少ない単位での生産を実現するために, 計画メッシュの短期化や高速化も求められるが, 供給速度の短縮はそのまま市場即応力となる。

(3) 在庫最適化

欠品や納期遅れ防止のための過剰な在庫保持は資金繰りの悪化につながり, そのことの構造と業務分掌の改良によって在庫責任が明らかになる。サプライチェーンの各プロセスでの活動を情報システムによる見える化で過剰在庫(滞留)を防止し, フリーキャッシュフローを高めることができる。

(4) コストの最小化

サプライチェーン上の各プロセス(調達・製造・保管・配送等)に対して最適なオペレーションを行える専任事業者が担当となることで, 運用コスト削減を目指すことができる。これは前述の「物流」における単純に単価を下げることでのコスト削減と大きく異なる点である。業務オペレーションは分業特化によって, 専門性とローコスト化が実現する。

以上のように SCM は経営における理想的な環境実現を可能とする理論と技術といえるのである。コスト最小にして売上最大を目指すために, 関係事業者との協調体制, 生産から販売, 消費完結までのすべての工程状況の把握と適切な対応という神の手を持つことができる時代が到来しているといっても良いのである。

このように SCM は売上最大, 経費最小, 生産と在庫も最適の経営を目指す理念であり, 哲学ともいえる。理想経営が実現するための条件が整い始めているのが現代といえよう。それは安価で容易に獲得できる情報システムの貢献やロジスティクスの専門アウトソーサーの登場により, 優れた実績が証明されつつあるのだ。まさに秀でたスマート経営は優れたスマート物流・ロジスティクスによって可能となるのである。

文　献

1) P. コトラー：コトラーのマーケティング・マネージメント，ピアソンエデュケーション社(2002).

2) 唐沢豊：現代ロジスティクス論，NTT 出版(2000).

3) 中田信哉，湯浅和夫ほか：現代物流システム論，有斐閣アルマ(2003).

4) 矢作敏行：現代流通，有斐閣(1996).

5) C.P. クラウゼヴィッツ：戦争論，(1832).

6) W.G. パゴニス：山・動く・湾岸戦争に学ぶ経営戦略，(1990).

7) 圓川隆夫：サプライチェーン　理論と実践，ダイヤモンド社(1998).

8) E.M. ゴールドラット：The Goal，ダイヤモンド社(2001).

9) J. ガートナー：サプライチェーン戦略，東洋経済(1999).

────── 新林　康則　プロフィール ──────

　1959 年広島県生れ。法政大学大学院修士課程卒。日本通運㈱の海外勤務を経て，KSA(USA)にてコンサルティングに従事。その後マースクロジスティクス(デンマーク本社)，ドイツ系メーカーにてSCM 推進責任者としてマネージメントに参画。2014 年にグラットン・アソシエイツ㈱を創業。

　　　(2018 年 2 月ご病気のためにご逝去なさいました。謹んでご冥福をお祈り申し上げます。)

第2章　経営技術としてのSCM

1　商品ライフサイクルと在庫問題

　藤野直明の『サプライチェーン経営入門』[1]によると、「近年における製造・流通業を取り巻く環境変化として最も重要な点は、製品ライフサイクルの短縮化と多品種化が同時に進展してきた結果、市場変化が激しく、市場動向の予測が困難になってきていること(不確定性)であり、その順応性が重要だ」としている。

　ライフサイクルとは商品の市場登場から退場までの期間と総需要量を意味しているが、ポイントはその描くカーブの形状をどれだけ把握できるかにかかっている。

　新商品として市場に登場させた直後、どれだけの需要が発生するかの売れ行きが生産在庫量の根拠になる。想定していたライフサイクルカーブを下回わる供給量であれば、直ちに欠品・売り切れが生じて得意先の支持を失うだろう。

　また逆に結果としてのライフサイクルカーブを超える生産と在庫で立ち向かうなら、すぐさま売れ残り、返品、在庫除却の憂き目を負うことになる。計画売上の損失であり、在庫の廃棄となるであろう。このように、需要と供給をどのようにバランスさせるかの技術が、そのまま企業収益を左右することになる。時代要請と消費者の志向をどのように把握するか、いうなれば予測することができるのであればその精度をどのように高めるかにかかっている。

　しかし、予測精度を高めることは可能なのであろうか。

　情報システムの技術によってさまざまなデータ分析が可能となり、ビッグデータも蓄積されるようになった。予測精度の確率は確かに高まってはきているはずだ。しかし、保証はどこにもない。確率に頼った勝負をかけるとは、聞こえが良いギャンブルに等しい。

　ライフサイクルに最も敏感なのは販売部門だろう。品切れ、欠品は得意先からのクレームに等しく、何より辛い仕打ちに聞こえるはずだ。すると、保身からどうしても在庫を厚めに持ちたがることになる。

　「いつ注文が入るかわからないので、早めに生産、十分な在庫を確保して欲しい。何より強気の販売計画は必達なのだ」と社内に触れ回ることになる。
これを受けて生産部門は、
　「品切れは許されない、原材料調達のロット単位を多くして、製造コストを下げながら十分な在庫を確保しよう。販売計画は強気だ、在庫不安は大丈夫だ」となる。

　しかし、プロダクト・ライフサイクルが短くなれば、在庫を保有することは売れ残りリスクを抱えることになる。延命策のためにさまざまな販売促進と値引き、広告宣伝をかけることになるだろう。売れても売れても経費を投入している事態が生まれることになる。

　販売部門の強気の計画に合わせ、生産部門は生産性の向上・生産の合理化により、販売より

遥かに速いスピードで製造して，期待通りに在庫を積み上げている。もし，同様にプロダクト・ライフサイクルがより短くなった場合には，過剰在庫という形で不良資産化することになる。

　在庫が増えれば，保管コストが発生し，製品の陳腐化のリスクが増し，ファイナンス的には，キャッシュフローを低下させる。

　生産と在庫というビジネス・プロセスが互いに影響を及ぼし合っていることは，製造の最適化，販売の最適化を追求するあまり，在庫拡大という経営全体の最適化から遠く離れてしまうことになりかねないということなのである。

　現代の企業経営は諸上茂登の『グローバルSCM』[2]によると，「大量生産と多品種・多仕様生産が本来もつ二律背反性を減じ，それらの同時達成による競争優位性を引き出すシステム開発にしのぎを削っている」といえる状況なのである。

　つまり，競合企業間での競争は，販売のみ，製品のみによる優劣から企業経営全体のシステムによりその優劣がつく時代になったと理解すべきであり，まさにSCMの優劣にてその供給連合体の優劣が決定されることになる。

　では，このような環境激変に対応するには，いかなる方法があるのであろうか。

　経営の視点を高め，さらに広げて，全体最適のためにどうあるべきかを思考することが重要であり，これまでの部門ごとの最適化，企業ごとの最適化にとどまっていた情報，物流，キャシュフローに関る業務の流れを，サプライチェーン全体の視点から見直し，ビジネスプロセスの抜本的な変革を行うことにより，サプライチェーン全体のキャッシュフローの効率を向上させることに注力すべきなのだ。

　不確定性の高い市場変化に対しては，長い期間を対象とした機能別組織の部分最適計画による供給体制では通用しない。市場変化に即応し，サプライチェーン全体の最適な状態の維持を図ることが必要なのだ。

　各企業は自社単独でのビジネスプロセス構築を行うのでなく，部門のみならず企業までをも超えた協働によるビジネスプロセス構築が有効なのだ。原材料・資材サプライヤーから顧客までの物の流れを，供給活動の連鎖構造として捉え，単独企業で物の流れを構築するのではなく，供給連鎖全体の流れの中で再構築することで，各企業での無駄が減り，コストが下がり効率的であるはずだからだ。

　しかし，企業間連携，同盟，協働体制の目的と効果は理解できても，各企業はそれぞれが利益相反の関係にある。つまり売り手は，その商品（サービスも含む）をより高く売ろうとし，買い手はできるだけ安く買おうとするであろう。こうした一見相反する関係のなかで両者が長期的に継続してビジネスを行うには，企業間の関係を新たな枠組みとする必要がある。短期的な相反利益を超越するパラダイムシフト，長期的展望が重要になるのだ。

　つまり各企業が資材サプライヤーから顧客までの物の流れを，二者間における売買の関係としてではなく，業界全体，市場全体に対して供給活動の連鎖構造として認識することができるのかどうか，ということなのだ。

　これらの企業間を連続して繋ぐ機能が物流，ロジスティクスへの深い理解であると考える。ここに，単なるコスト削減の対象としてきた過去の物流とは違った価値がロジスティクスという概念に加わったと考えなくてはならない。

　市場の要求変化と企業の対応について，大量生産システム存続の前提条件は未来に関する予測可能性が高く存在している，という基本思考があった。しかし，多品種化や製品ライフサイクルの短縮化が進む現在，未来は予測不可能ということを基本とした不確定性のパラダイムを経営システムデザインの前提として採用することが必要となってきているのだ。

　つまり市場の不確定性を前提とし，変化に対し即応できるサプライチェーン全体のダイナミックな最適化に転換しなくてはならない（**表1**）。

　SCMが高度に統合されたロジスティクスシステムであり，供給業者，顧客，関連補助者が必要な情報を共有し，生産，販売，配送，在庫，情報処理などの計画を調整し，一貫したモノの流れをつくりだすことに目的があり，SCMの実行はコスト削減の対象ではなく，企業群戦略として捉えなくてはならない。

　従来はサプライヤーが主導権を握り，生産した分だけを市場に押し込んで販売するプッシュ方式が主流であったが，これから期待されてくる流通システムでは，顧客に最も近接している小売業から必要な量の発注を順次に行い，必要な量のみを引き取るプル方式が採用されるようになるだろう。小売企業と卸やメーカーとの関係もQRやECRに代表されるように，企業群パートナーシップを重視する形態へ発展しつつある。流通システムを顧客サポート・システムに転換すべく，個別企業や単独業界の壁を超えて，多面的なアライアンスによるコラボレーション形成が必要とされているのである。

　これらの企業群戦略の事例として，協働活動を実際に行うのが，北米ウォールマートにおけるロジスティクス変革であろう。VMI(Vender Management Inventory)に代表されるP&Gへの販売データ開示，それによるP&G側での製品補充システムの構築である。VMIはその名の通りに，ベンダー・サプライヤーが在庫維持を行うために自発的発注を行うものだ。売り場のPOS情報をもとに，品切れなく在庫補充を行い，その判断を委ねられている。

　発注結果を双方が同意確認できるように情報開示を行う，いわば利益相反を超越した取り組みといえよう。

　これらは，高度な情報システムの構築が安価に行われるようになって初めて実現可能となった。互いに高度な情報システムの利用により即時性をもって，さまざまなデータの開示により，流通経路の全体最適を目指しているのだ。

表1　経済構造のパラダイムシフトとサプライチェーンマネジメント

経済構造の パラダイムシフト	大量生産システム ➡	アジリティ（俊敏性）パラダイム
経営システム デザインの前提条件	予測可能性 ➡	不確定性
経営システムの 設計思想	機能別組織別 ごとの部分最適化 ➡	サプライチェーンマネジメント （サプライチェーン全体のダイナミックな 最適化）
経営管理方式	現場ヒューマン ウエア主義 ➡	先端ITを利用したホリスティックな視点 からのマネジメント
業績管理システム	財務会計システム ➡	キャッシュフロー会計，スループット会計 システム

2　ロジスティクスにおけるコスト・トレードオフ問題

　前述の矢作によれば倉庫の数や輸送手段の選択に関して次のような指摘がある。

　「物流活動には流通全般と同様，**コスト・トレードオフ**(コスト移転問題)関係が生ずる」とし，「例えば，倉庫の数を増やすと，平均輸送距離は短縮するから輸送費用は低下するが，在庫は分散的となり，全体の在庫量は増えざるをえない。倉庫の数を減らすと，逆の関係が起こる」としている。倉庫拠点の配置や在庫量，輸送費用の判定はマーケティング予算に関わるといえる。即納体制が要求される食品業界(当日早朝受注分は午後納品，いわゆる D0 納品が業界慣習になっている)では，得意先と拠点配置の関係性が最も重要であり，その意味で倉庫コストと販売促進費用のトレードオフが生じていると考えられる。

　コスト・トレードオフについて，マーケティングと物流の括りをつけて**図1**を確認して欲しい。

　物流活動やロジスティクス，SCM 能力獲得においても，コスト問題は需要な課題であるが，コスト発生とトレードオフが，販売促進や顧客支持，継続的な売上維持やマーケットにおけるプレゼンス獲得に貢献するのであれば，売上拡大にもつながることとなり，コストを凌ぐ経営効果とみなすことができる。このような，コストを部分最適問題から経営的な全体最適課題とみなすことが，トレードオフの解消につながるのである。

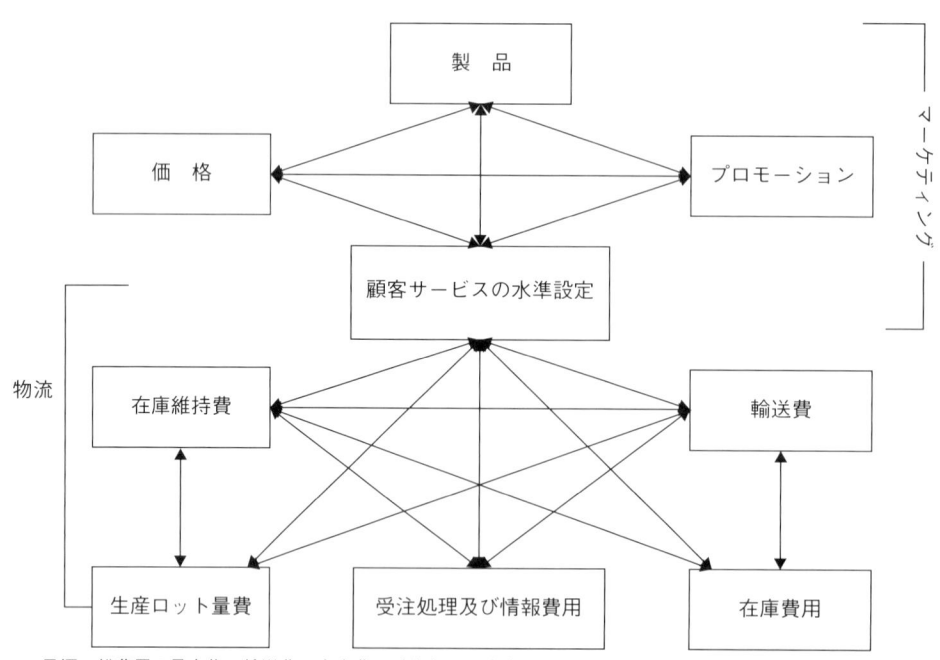

目標：総費用の最小化＝輸送費＋倉庫費＋受注処理＋生産コスト費＋在庫維持費＋販売できなかった販売費

図1　ロジスティクスにおけるトレードオフの関係

3　SCM，ロジスティクス組織設計

　高度成長期の1960年代当初は，物流コスト削減と物流効率化に重点がおかれた。しかし，当時でも物流部門の組織的位置付けは明確にされないままであり，そのことが将来の企業経営において大きな問題を残すことになった。

　当時の問題点として，

(1)　物流部門が担当する物流機能の領域がはっきりせず，職務分掌が明確ではない。

(2)　物流を構成する活動(在庫管理，輸送，作業，受発注)と担当者はそれぞれの組織に散在して，ライン・アンド・スタッフ制において入り組んだ形になっており，明確な物流部門として存在しない。

(3)　物流活動は販売や生産，仕入れなどの他の組織機能内部において行われ，物流機能と他の経営機能の関係が明確化されていないため，経営上の問題が発生した場合，責任が不明確である(例：不良在庫，過剰在庫発生時の責任部門)。

(4)　物流がもつ経営的役割が費用・合理化問題に特化され，後方支援的なコストセンターとしてのみ理解された。

　このように企業経営における物流に関する最初の認識は，決定権限もなく，その管理する領域も曖昧で，費用削減が最大の目的とする，非常に消極的で企業内におけるまさにお荷物的存在であった。1980年代から90年代にかけて経済は成熟期を迎え，消費は高度化および複雑化の度合いを増し，企業のマーケティングはこの経済の成熟化による高度化・複雑化した消費に対応してより高度な戦略が求められるようになった。物流はそのマーケティングの変化に対応してより高度化していかねばならなくなった。

　このような物流の役割の変化は，市場の変化に対応した企業戦略の変更によるものであり，単純に能率だけを追及する物流でなく，物流システム全体が経営におけるひとつの機能として，経営戦略における重要なサポーティング・エレメント(貢献・支援要素)として認められるようになってきたのだ。物流はロジスティクスへとその方法および手順が変化し，単なる機能から企業の戦略そのものとして認識され始めているといえよう。

　その後ロジスティクスは，より高度に統合されたシステムであるSCMへと変革していくことになる(図2)。

　次に組織内における物流の位置付けについて考察を行う。企業において物流を管理する組織体制を物流管理組織と呼び，そのための担当部署を物流管理部門と呼ぶが，かつては物流という経営機能が認知される以前には，物流部門は存在していなかったのは前述のとおりである。現在は物流機能がどのように認識されているかを表2にまとめた。

　現代では物流活動に必要な情報を集約し，関係部門に的確に伝えるには4つのパターンが望まれる組織体制である。本社独立となった物流部門または，本部制のなかの物流部門が代表的な組織形態としてある(図3，図4)。

　物流部門が他部門とどのような情報共有，意思決定関係を行うかを整理してみよう。

　まず販売(マーケティング)とロジスティクスおよび工場(製造)との関係についてである。R.バルーの『ビジネスロジスティクスマネジメント』[3)]が示しているのは，ロジスティクスのマー

ケティングと製造とのインターフェースに関する**図5**では，企業内において製造とロジスティクス，マーケティングとロジスティクスはそれぞれが独立して業務を行っているのでなく，協働によるインターフェースを持つことを示している。

　例えば，生産とロジスティクスのインターフェースに製品計画・工場立地・購買があげられるが，これは製品材料の調達から工場内での製造および市場に製品を流すまでの時間と距離について，生産とロジスティクスは協働して活動を行うものとしている。つまりインターフェース内の活動について，一つの機能領域内では効果的に管理できないものとしている。

　しかし一方で，「インターフェース活動を効果的に管理するためには包含されている諸機能

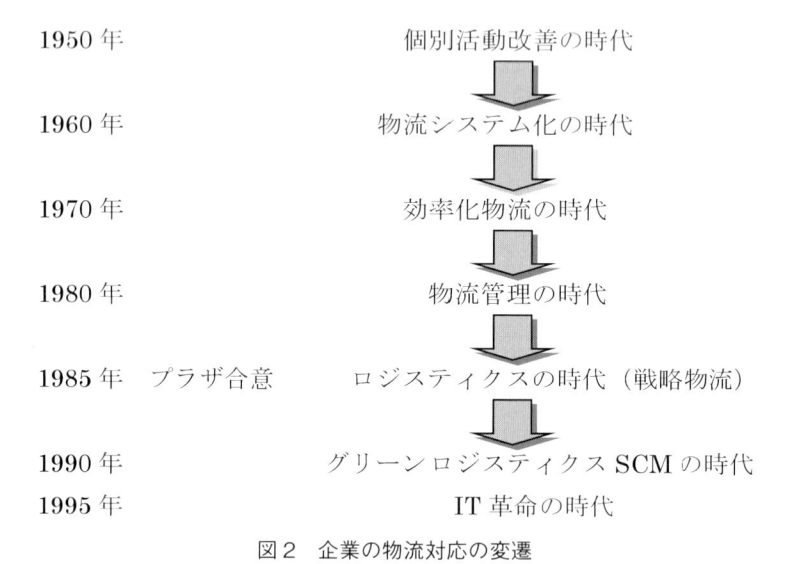

1950 年	個別活動改善の時代
1960 年	物流システム化の時代
1970 年	効率化物流の時代
1980 年	物流管理の時代
1985 年　プラザ合意	ロジスティクスの時代（戦略物流）
1990 年	グリーンロジスティクス SCM の時代
1995 年	IT 革命の時代

図2　企業の物流対応の変遷

表2　現代の物流管理組織パターン

NO	組織名称	内　　　容
1	本社分権・現場分散	本社に物流部はなく，現場も活動別
2	本社分権・現場集約	本社に物流部はないが，現場は流通センターなどの独立部門
3	本社集権・現場分散	本社に物流部があり，現場は活動別
4	本社集権・現場集約	本社に物流部があり，現場も独立の部門

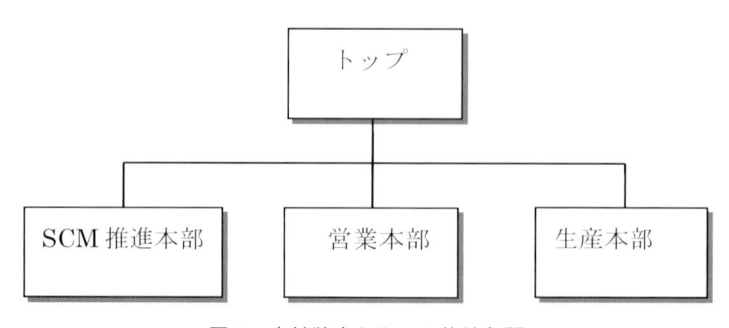

図3　本社独立となった物流部門

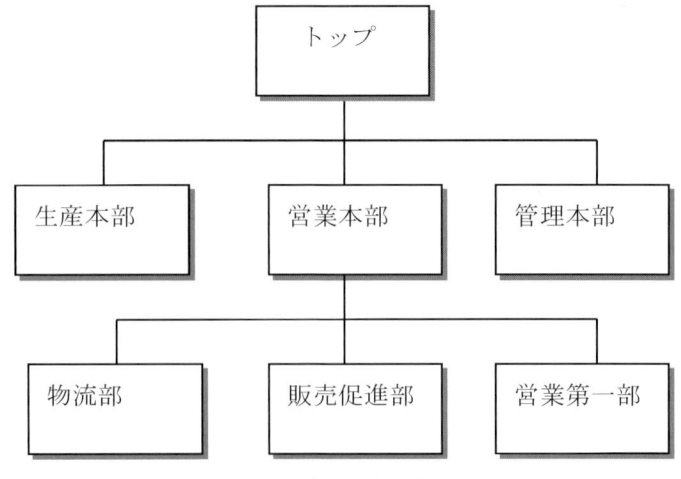

図4　本部体制の中の物流部門

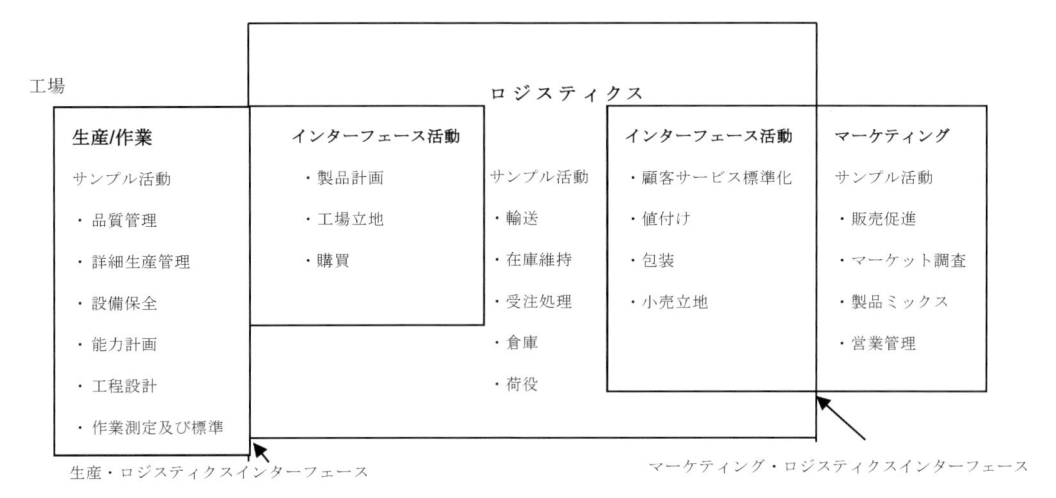

図5　ロジスティクスのマーケティングと製造とのインターフェース

間を調整するメカニズムかインセンティブを確立しなければならない」とし，各部門は放っておくと，各部門最適に陥ることを示唆している。

　このような流れによって，大企業における物流がロジスティクスへそして SCM へとその役割，機能，目的を変えてきたことになる訳だが，情報管理においてロジスティクスが高度に発達したかたちである SCM は，大企業のみでなく中小企業にも広がっていくことになる。

4　SCM の中小企業による取り組み

　これまでを通して企業内の物流活動が，ロジスティクス概念を持つものへ変化することは，オペレーション重視から各企業における戦略性を持つようになってきたことを確認できたが，さらに SCM においては企業内の部門間のみならず，他企業連携までも広がることを検証してきた。

他社との連携，協働という壁を取り払い，サプライチェーン上に参加しているすべての企業でさまざまな情報を共有することで，あたかもひとつのビジネスユニットとしてとらえることが，企業群優劣を決めることになるのだ。

この企業群情報の共有のために QR，ECR，ERP などの情報システムが各企業におけるさまざまなオペレーションをサポートしていると述べてきたが，SCM はシステム革新のみにより引き起こされ発展してきたのであろうか。

かつて SCM 浸透は大企業に限られ，中小企業においては進行していないとされてきたが，最近の調査では中小企業においても SCM への関心度がたかまっているとのアンケート結果も出てきている。

表3　大企業及び中小企業（小規模含む）における企業数

中小企業		大企業
中小企業	うち小規模	大企業
3,809,228	3,252,254	11,110
99.7%	85.4%	0.3%

出典：中小企業庁統計表一覧 2014 年実績より

表4　大企業及び中小企業（小規模含む）における従業員数

中小企業		大企業
中小企業	うち小規模	大企業
33,609,810	11,268,566	14,325,652
70.1%	33.5%	29.9%

出典：中小企業庁統計表一覧 2014 年実績より

J. ガトーナが「サプライチェーンマネジメントは，技術上・業務上プロセス上の要素が強調されるあまり，単純だが非常に重要な要素である人間の行動様式にほとんど注意が向けられてこなかった。しかし実際には，人間およびその行動様式は消費者レベルで，また企業内および企業間で，サプライチェーン上の相互関係を活性化する源なのである」と述べている。

このように従来は SCM に関わる情報システムの革新性のみ注視されてきたが，実際は人間社会における隣人と友好関係をつくるための手順として，ドアをノックし自己紹介を行いお互い知りあう中で握手に始まり，さまざまな情報を交換することで関係性，絆を強めていく手順と同様なプロセスを企業間でも行っているはずである。このような手順は多層階で多くの部門がその組織の中にある大企業より，むしろ中小企業における方が浸透のスピードにおいてより優位性があると考える。また日本における企業数においては，大企業が希少であり中小企業が圧倒的に 99.7% を占めている（**表3**，**表4**）。

このような状況で部材，部品，加工などの供給連鎖のサプライチェーン観点からみると，日本における企業を強くする要は，中小企業を含めたサプライチェーンの構築とその効率的な運営に他ならないと考えられる。当初大企業のみによる莫大な費用をかけたシステム構築を主流とした SCM から，中小企業においてもその手法はさまざまであるが情報の共有化によるコスト削減，リードタイム短縮，在庫削減という目的達成を目指す中小企業版ともいえる SCM が芽生えてくることになるのだ。

文　献

1)　藤野直明：サプライチェーン経営入門．日経文庫（1998）．
2)　諸上茂登：グローバル SCM．有斐閣（2003）．
3)　R. バルー：Business Logistics Management．Pearson Hall（2004）．

第3章　SCMを経営に生かす

1　中小企業のSCMへの取り組みの開始

　第2章において検証したように1990年代から2000年代前半においてSCMはシステムに大規模な投資ができるトヨタをはじめとする大企業においてのみ導入が進んでいたが，2011年の東日本大震災においてサプライチェーンが寸断され，自動車業界において製造ができない状況が発生した。それ以降，大企業は大企業間のみでのSCMにて完結するのでなく，サプライヤーのサプライヤーまで含めたサプライチェーン構築を目指すことになり，大企業主導による中小企業を含めたSCM構築が大企業としての課題となる。中小企業経営者にとってもその時点まで無知であったSCMに関してNHKのTVニュースにて何度もサプライチェーンの寸断による製造の中止というニュースを聴く機会が増え，関心が高まることとなったと考えられる。また以前は莫大な費用をかけてERPを導入しSCM構築を進めてきたが，2017年にはクラウドによる安価な費用でのシステム導入，運営が可能となり，中小企業にとってSCM構築のためのシステム導入のハードルが大きく下がることとなる。

　これら二つの外的要因から中小企業においてもSCM構築が進み始めることとなるが，その大半は，関心はあるがまだ物流の域を出ていない状況と考えられる。物流のレベルではコスト削減が主な目的であり，それも自社内，自部門内だけで考える非常に狭い範囲でのオペレーションであり，企業全体の進むべき方向を検証する経営戦略には程遠い状況であるといわざるを得ない。SCMというコンセプトを知ることで，以前のような物流でいいとは考えていない一部経営者も出始めており，物流からロジスティクスそしてSCMへと段階的に繋がる大企業が歩んできた道標でなく，コンセプトとしてのロジスティクスのレベルを飛ばすあるいは非常に短い期間でモノと情報の流れをSCMのレベルへと目指そうとする企業も現れている。これらの中小企業に関して次項にて具体例を使いながらSCMの経営への活用という観点から検証を行う。

2　SCMの経営への活用

　SCMの目的であるコスト削減，納期短縮は中小企業にとってのお客様である大企業からの強い要望事項であり，中小企業経営者にとってSCM導入は自然な流れともいえる。課題は具体的にどのような手順で導入していき，経営にどのように生かしていくかという具体的な方法に関する知見がないところにある。筆者はサプライチェーン上のパートナーとの情報共有，社内部門間の壁の撤廃，各プロセスにおける最適なパートナーとの提携によるオペレーションの遂行というSCMのコンセプトを核としたコンサルティングを行い，クライアント企業の業務

変革による業績向上を実際に行っており，業務改革を実現した事例に基づいて本稿の表題である「SCM を経営に生かす」について検証を行うこととする。以降では KPI（Key Performance Indicator）としてコスト削減，リードタイム短縮，納期遵守率向上を設定する。

3　SCM を活用した業務改革の具体的な事例

3.1　事例 1

工業用部品を製造している千葉県の工業団地にある A 社の事例にて検証を行う。

3.1.1　概　要

千葉県内工業団地にて工業用部品を製造し関東近県のお客様へ販売している社員数 20 名の部品メーカー。部品はお客様ごとの特注品が大半で汎用品はほとんどなし。リーマンショック時に一度人員削減を主とするリストラを実施しており，40 歳代の社長（二代目）は自社強化のために，さまざまな勉強に取り組んでいる。その一環として SCM への関心があり，グラットン・アソシエイツ㈱（以後当社）へコンサルティングの依頼を行う。

3.1.2　課　題

(1)　高い遅延率（2015 年 12 月時点 66.7％）：納期遅れのため，お客様からクレームが続出し，新たな案件の獲得につながらない。

(2)　低い社内コミュニケーション力：製造，営業，業務（物流担当）の三部門あるが，それぞれの部門がバラバラで情報の共有ができていない。

(3)　低い社外コミュニケーション力：お客様の製造予定について正しい情報を入手していない。また前倒しの情報入手に関して重要視していない。お客様に言われたモノを製造する。ただし前述のとおり多くの納期遅れが発生している。

(4)　高物流費：物流コスト（配送費）が高いと感じているが，それを分析・交渉する能力がない。

(5)　生産の未計画：生産に関して各担当者まかせで部門としての生産計画がない。

図 1 は営業課，業務課，製造課と個別にお客様からのオーダー受注から製造，梱包，出荷までのプロセスに関して行ったヒアリングから作成した内容である。同じプロセスであるはずの出荷までのプロセスが，部門間でその複雑さに大きな違いがでている。

また同様に各部門からの課題解決に関する意見に関してヒアリングを行ったものが図 2 になる。こちらでは，部門間のコミュニケーションがない。製造工程の見える化のため生産計画部門が必要である，とする共通な意見が出されているが，本内容に関して他部門間にて討議を行っていない。これらの点から A 社においては SCM の基本事項である社内部門間の壁の取り外しがなされていないと判断する。

3.1.3　解決策

SCM の基本である自社内にある部門間の壁を取り除き，お客様を含む社外の関係者とも情

営業課

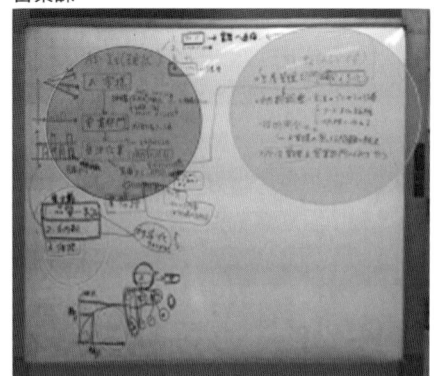

業務課・製造課

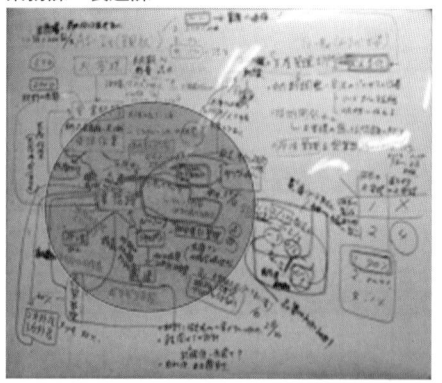

図1　現行のオペレーションフロー

部　門	問題点あるいは To-Be Model－あるべき姿
営業課	・全ての工程の見える化－「生産管理部門」の設置 ・納期管理の改善－受注プロセスの改善 　　　　　　　　1. リードタイムの短縮 　　　　　　　　2. 納期を明確に伝える ・技術開発チームの設置 ・外注管理を営業部門以外で行う ・他部門とのコミュニケーションがない
業務課	・作業のシンプル化－複雑過ぎ・お客様別の仕様が多すぎる作業手順 ・工程の見える化－生産管理部門が必要 ・標準的な作業手順が必要－お客様により梱包仕様が違う
製造課	・工程の見える化－生産管理部門が必要 ・全体のスケジュール管理の向上－日々のスケジュールは担当者が行っている ・スタッフの多能工化－スタッフによって能力の差がある ・工場全体のキャパシティが見えていない－機械毎のキャパが見えない ・納期管理がうまく行われていない－システムがサポート出来ていない ・営業部門とのコミュニケーション不足

図2　現状改善に向けて各部門からの要望事項

報共有化を促進する。

(1)　部門によるオーダ受注から発送までのプロセス認識の違い：高い遅延率（2015年12月時点66.7%）に関してお客様からのオーダーは，各担当者が個々に対応して全社的な生産計画表がなく，時間当たりの生産数量，段替え時間，想定生産時間などを誰も管理していない。時間当たり生産数量，段替え時間などのデータベースを集め，想定生産時間を計画できるすべてのオーダーに関する「生産計画表」および機械別生産計画表，担当者稼働表の作成（**表1，表2**）。これによりPDCAを回しKPI（主要評価基準）は遅延率とする（**図3**）。

(2)　低い社内コミュニケーション力：製造，営業，業務（物流担当）の三部門での合同ミーティングを定期的に設定し，前述生産計画表をもとに具体的な生産スケジュールについて進捗確認，課題の炙り出しを行う。

(3)　低い社外コミュニケーション力：お客様への定期訪問の実施とそこでのスケジュール

表1　生産計画部門作成生産計画表抜粋

機種	No.	1		2	
		機械別仕様計画			
SE-12	10	17-11			
SE-12-M	22	17-28			
SE-12	23				
VF712	24				
VF712	25				
VF-712-EL	26				
SE-12	28		320-178	64-1	
SE-12	822				
SE-20	30	8-5331			
VF-730-EL	31				
SC-30	32	320-120			

表2　生産計画部門作成機械生生産定表抜粋

受注No.	区分	客先コード	お客様名	製品コード	製品名	受注日	お客様希望納期	約束納期	変更納期	納期-受注日営業日	最低必要営業日	製作依頼数量	生産予定数量	在庫割合	実生産数量
269945						2017/9/7	2017/10/5	2017/10/5		19	8	18,700			20,000
270055						2017/9/15	2017/10/20	2017/10/20		23	17	4,100			5,000
270181						2017/9/28	2017/10/26	2017/10/26				16,100			20,000
269545						2017/7/31	2017/11/1	2017/11/1			22	100,000	100,000	100%	100,000
270246						2017/10/3	2017/11/1	2017/11/1				28,000	40,000	143%	40,000
270247						2017/10/3	2017/11/1	2017/11/1		20	9	40,000			40,000
268995						2017/6/23	2017/11/2	2017/11/2		87	24	163,800			200,000
270111						2017/9/21	2017/11/20	2017/11/20				20,000			37,000
269546						2017/7/31	2017/12/5	2017/12/5			23	100,000	100,000	100%	
269547						2017/7/31	2018/2/1	2018/2/1			19	100,000	100,000	100%	
269548						2017/7/31	2018/4/4	2018/4/4			29	200,000	200,000	100%	
269552						2017/8/1	2017/8/10	2017/8/10		7	6	6,000			6,000

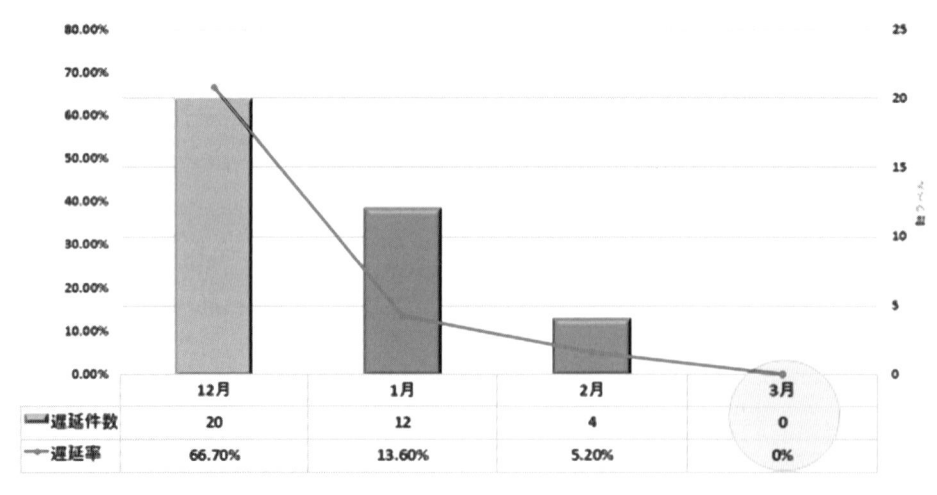

	12月	1月	2月	3月
遅延件数	20	12	4	0
遅延率	66.70%	13.60%	5.20%	0%

図3　遅延率・遅延件数推移および3月目標

　　開示の依頼の実施―営業部門強化。

(4)　高物流費：自社の貨物の性質を分析し，最適な物流企業と提携することでコスト削減（図4，図5，図6）。

(5)　生産の未計画：社内に生産計画作成部門を設置して前述(1)の内容の生産計画を作成（表1，表2）。

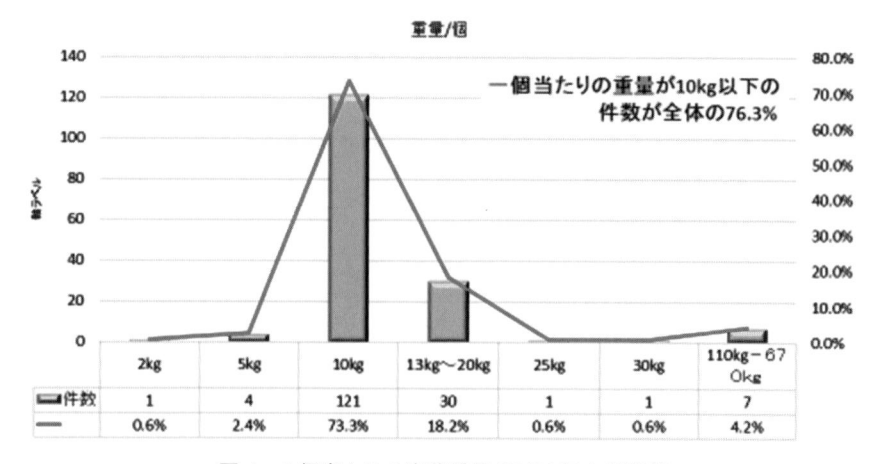

図4　1個当たりの出荷重量 2015 年 1 月実績

出荷状況の現状　件数 vs 個数

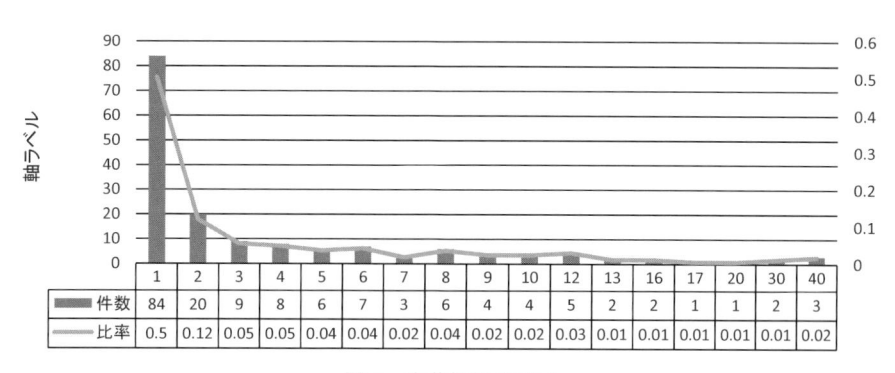

図5　出荷個数の現状

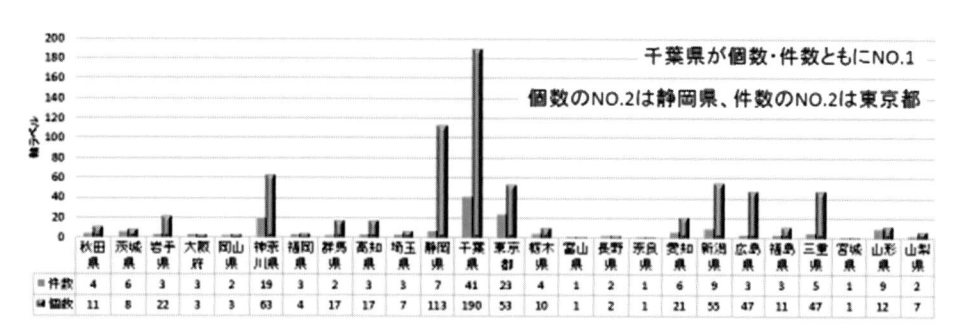

図6　県別配達先　都道府県別出荷個数・件数

3.1.4　改善結果

　社内にあった部門間の壁を取り払い，全社共通の生産計画ですべてのオーダー毎に進捗管理を行うことで遅延率は0%を達成する。これにより社内の正確なキャパ認識が可能となり，新たな案件の獲得も進む。また今まで納期遅れ回避のために外注していたオーダーを内製化することで利益率向上となる。納期遵守率が高まることでお客様との信頼関係が向上し，お客様か

ら正しい希望納期の入手が進むこととなる。これにより過剰在庫が減りキャッシュフローも向上する。物流コストに関しては，自社の貨物の性格を正しく分析することで（10 kg 以下が全体の 76.3％，1件当たりの個数1個口 50.3％，主な配達先は千葉県）最適な物流会社をパートナー（10 kg 以下で一個口の千葉の配達に強い物流企業）として認識ができ，輸送コスト削減も達成（25％削減）できる。

　これらの結果から SCM のコンセプトであるサプライチェーン上のパートナーとの情報の共有化と，そのサプライチェーン上でその機能が最も得意とするパートナーとの業務委託によるサプライチェーンそのものの強化という戦略を，A 社は経営に生かしていると判断する。

3.2　事例2

　中国地方にある製造業 B 社の事例にて検証を行う。

3.2.1　概　要

　B 社はヨーロッパから材料を輸入し，関西，関東のお客様へその製品を販売する売上金額 150 億円の製造業。輸入にあたっては 20 ft コンテナで行い，揚港は神戸港と大阪港。お客様への配達は大型トラックによる輸送を行っている。

3.2.2　課　題

(1)　高物流コスト：物流コストが売上の 10％以上かかっており，利益率を上げるため削減の必要あり。

(2)　低いコミュニケーション力：物流パートナーと上手くコミュニケーションが取れておらず，改善が進みにくい。

(3)　過剰在庫：過剰在庫の傾向あり。

3.2.3　解決策

(1)　高物流コスト：現状の物流フローを分析し，どこに無駄があるか明確にする（図7，図8，図9，図10）。その無駄についての改善策を最適な物流パートナーと検証，解決案を作成し導入する。

(2)　低いコミュニケーション力：今まで物流企業と荷主という関係で業務を進めてきたため，情報の開示共有化が進まず改善策が生まれてこなかった。今後はサプライチェーン上のパートナーとして物流企業を認識し，協働にて物流フローの無駄についてプロジェクトを組み改善を進める。

(3)　過剰在庫：海外への発注の方法の改善・生産計画の変更により無駄な製品は作らない。完成品の出荷は 16.7％のみで完成品の 83.3％は倉庫へ移動する。物流フローを外部倉庫からの出庫から，工場内の出荷機能を高めて工場からの出荷にすることで倉庫移動が激減する。これにより倉庫移動にかかっていた費用が削減される。

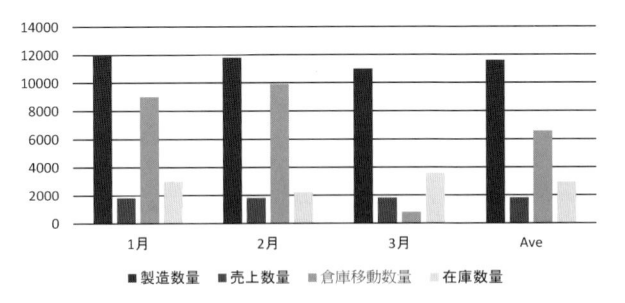
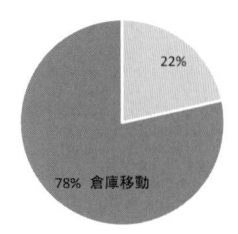

図7 本社倉庫における製品状況

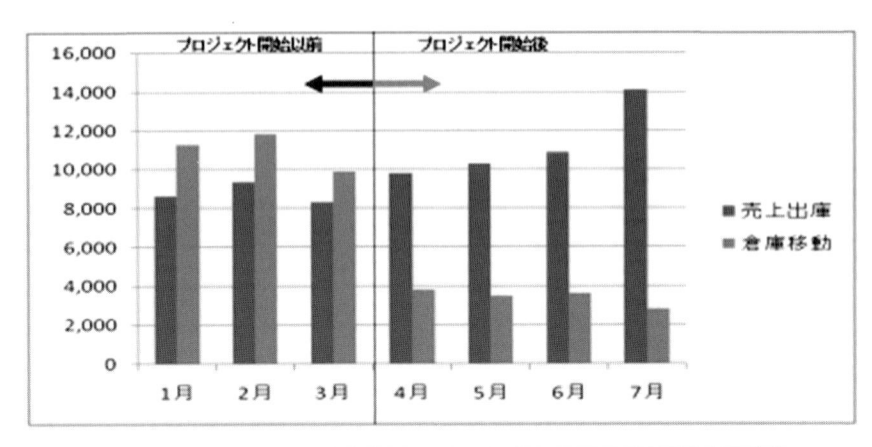

M3	1月	2月	3月	4月	5月	6月	7月
売上出庫	8,625	9,330	8,330	9,787	10,294	10,847	14,057
倉庫移動	11,259	11,790	9,877	3,791	3,474	3,642	2,795

図8 売上出庫数量と出庫数量推移

3.2.4 改善結果

　物流コストに関しては，物流フローを図9から図10に変更することで，平均30%以上の削減効果があった。この改善ルートはコンテナがまだ海上にあるうちからその中身をデータとして入手し，お客様からのオーダーと合わせて最適な生産計画を作成することにより実現する。サプライチェーン上のパートナー(この場合は海外の輸出者，船会社，日本国内のフォワーダー，倉庫会社，お客様，B社)が船荷データ，生産計画を共有することで無駄なオペレーションを削除し，単価を下げずにコストを落とすことが可能となる。フォワーダー，倉庫会社と荷主という以前の関係では実現が困難である。パートナーとしてお互いリスペクトがあって可能となる。SCMを経営に生かしていると判断する。

3.3 事例3

　海外に製品輸出をおこなっている製造業C社の事例にて検証を行う。

3.3.1 概　要

　海外向けに毎日輸出用梱包(木箱)にて出荷している製造業。梱包のサイズが不揃いなため重

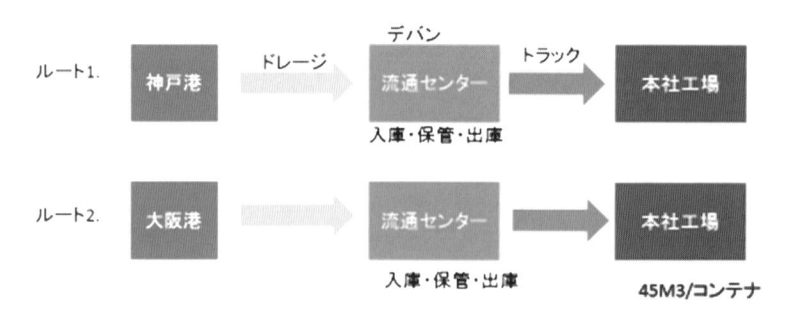

ルート1.　神戸港で通関を切りドレージにて流通センターまで配達。デバンを行いすべてを入庫し保管を行う。
　　　　本社工場からの出荷オーダーにてピッキング・トラック積み込み配達

ルート2.　大阪港で通関を切りドレージにて流通センターまで配達。デバンを行いすべてを入庫し保管を行う。
　　　　本社工場からの出荷オーダーにてピッキング・トラック積み込み配達

図9　現状の物流フロー

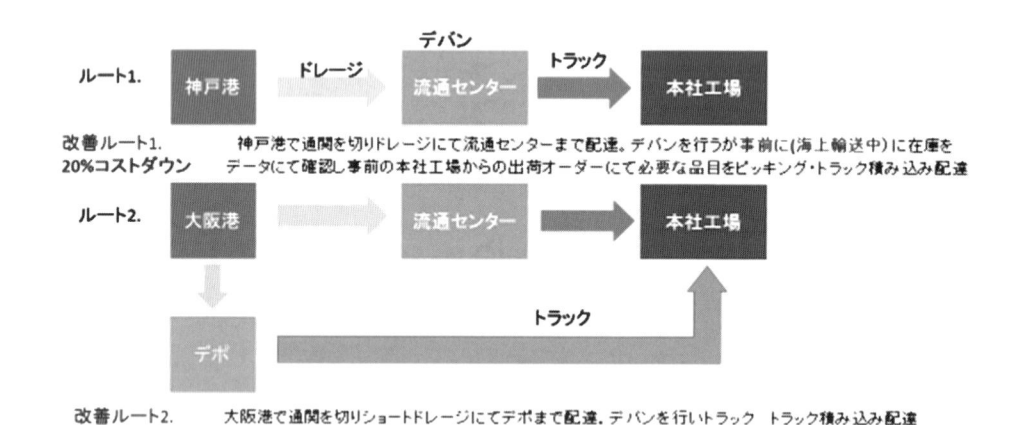

改善ルート1.　神戸港で通関を切りドレージにて流通センターまで配達。デバンを行うが事前に(海上輸送中)に在庫を
20%コストダウン　データにて確認し事前の本社工場からの出荷オーダーにて必要な品目をピッキング・トラック積み込み配達

改善ルート2.　大阪港で通関を切りショートドレージにてデポまで配達。デバンを行いトラック　トラック積み込み配達
40%コストダウン

図10　改善された物流フロー

量では大型車1台にて輸送可能であるが，積み付けで全数1台に積載することが困難なため，4トン車を追加しての輸送となる。物流コスト削減を検討中。

3.3.2　課　題

　高物流コスト：本来10トン車1台で重量的には問題がないのだが，積み付け上の問題で4トン車を追加使用し（**図11**），コスト高となっている。さらに物流会社は，4トン車の料金は赤字料金での運行のため値上げを検討中。

3.3.3　解決策

　高物流コスト：10トン車の荷台にラックを組み，その上に貨物を載せることで（**図12**），4トン車を追加することなく，10トン車1台にて輸送可能となる。この提案が物流企業からのものであるとすれば，物流企業としては赤字料金の4トン車を使用しないことで収益が上り，かつ10トン車の料金を値上げすることも可能であろう。またC社にとってはコスト削減が実現できる。

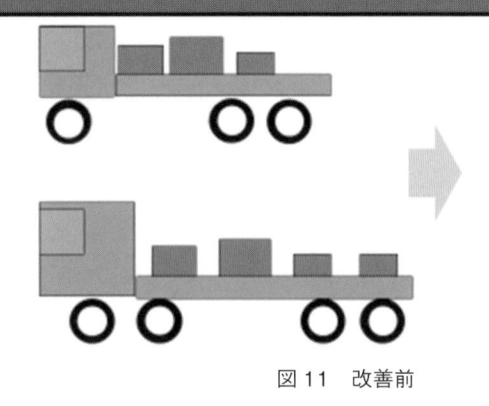

図11　改善前

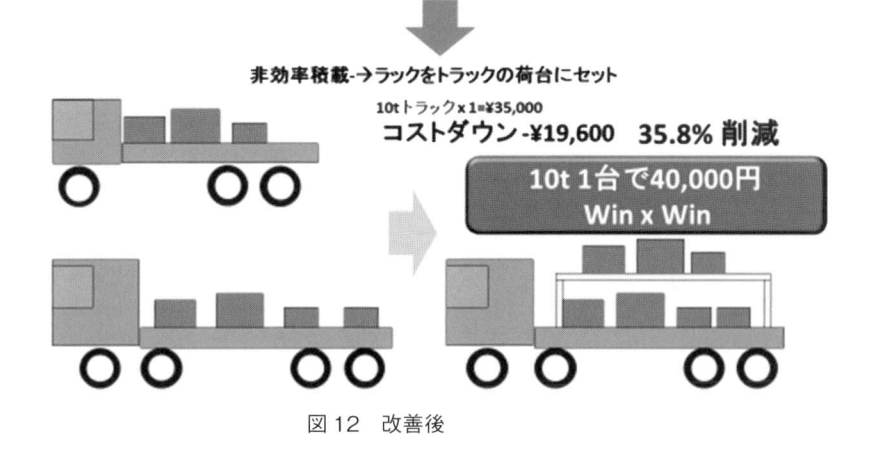

図12　改善後

3.3.4　改善結果

　サプライチェーン上のメンバーの協働により，そのサプライチェーン自体に収益が発生し，その収益をメンバーで分配するという考え方から見ると，本事例は SCM を経営に生かしていると判断される。本事例の場合，C 社も物流企業も通常の解決策としては単なる値下げあるいは値上げのパワーバランスによる交渉のみに陥りやすい状況であったと考える。

　今回は互いにパートナーとして第三の解決策を見つけ出す努力を行ったことで新たな見方による両者 Win×Win が成立する解決策を発見することができた。SCM における基本的な考え方として一人勝ちでは継続的な関係は結べないというのがあるが，今回の事例はそれを見事に証明した内容であると考える。

需要予測は可能になるか

　日々変化する市場の動向や得意先の意向に合わせた製販活動は，在庫確保が重要になる。需要予測は必要な作業だが，未来を正確に予知することはできない。予測の精度を上げるには，予測するタイミングや期間の幅を狭く，小さくするしかない。

　「来週の予測は分からないが，明日はたぶんこれくらい」という商売のコツを元にした在庫発注方式を考える。実需に追随しながら連続補充発注を行うのだ。トヨタカンバン方式と同じと考えて構わない。売れた分だけ確保するために，調達・生産のリードタイム分を予備在庫にするのだ。つまり，在庫を見る時に金額や数量ではなく，実売日数で換算する方法を利用する。「10日分の在庫」というときには数量も金額も季節や時期によって異なり，かつ在庫を管理する担当には多すぎず，少なすぎずという判断ができる。

　発注担当は10日分の在庫量を計算して，発注・生産手配を行う。営業部門は販売計画の変化に合わせて，予備的な在庫確保を10日＋αのαで指示する。営業の意思や特売の計画がある場合には，αを厚く保ち，シーズンが落ち着いてきたときには元に戻せば良いのだ。

　そこで情報システムを利用すれば単品毎の販売実績（実需そのもの）は容易に入手できる。しかも現在庫を同じように日数換算で判定するようにしておけば，在庫情報と同時に発注業務のアラームが出せるようになる（現在庫量が販売実績の3日分を下回る時には警報を出す）。取扱商品が多すぎてシステムに載せられないといわれそうだが，主力商品や新商品は誰もが在庫情報に関心があるので，この方法を採用するのは販売主力商品でなく，売れ行きが落ちてきたBランク商材なのだ。全社の関心が薄くなり，生産もピークを過ぎた商品こそ在庫過剰になりがちであるからだ。

　600〜1000品目についての計算や発注業務であれば，軽いシステムやパソコンでも可能だろう。

　今の在庫が販売の実績で何日分に相当するかを判断して，調達・生産のリードタイムから発注を行えば，結果的には未来予測を行っていることになる。

　遠い未来を予測するのではなく，実需に欠品が生じないように対応することが現実的なのだ。

　そこで，SCMでの合言葉は「予測はしない，実需に即応するだけ」ということになるのだ。かつてのQR（Quick Response）がまさにその意味だったわけである。

（花房　陵）

第2編　ロジスティクスマネジメント

ロジスティクス・トレンド株式会社　花房　陵

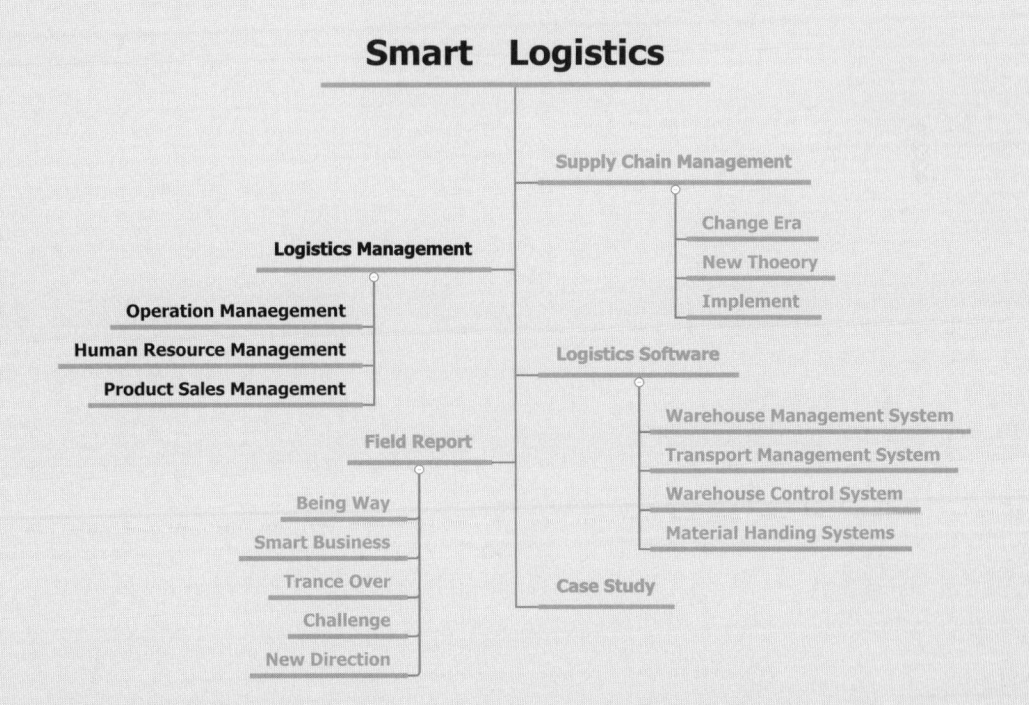

第1章　物流マネジメント

1　物流の目的

　物流は経済活動の実体を支えている。生産，流通，消費，生活，医療，教育，観光，行政，救急，災害対応の各場面で商品や物資の保管と輸送が繰り返されている。まさに物流は私たちの生活と国家形成までもその役割を担っているといえよう。

　では物流本来の目的とは何であろうか。マネジメントが全体最適化を目指すための思考であり，手法であるから，目的と目標，それらを達成するための計画技法が必要になるからだ。

　従来までの物流活動は，生産や販売活動，消費者の要請に合わせた従属的な位置づけが強かった。そのため，「必要な時に，必要な量を，届ける」ということが言われ続けていた。

　上位の意思決定が正しければ，システムとしての物流もまた正しい成果を生み出すことができた。ところが，社会情勢や環境問題，消費者の趣向や時代の要請から価値観が大きく変わることになった。

　それは，企業体の存続問題に大きく現れている。社会が必要としない企業は継続が危うく，場合によっては退場宣告を受けることになる。今，製造業も流通業も従来の業界維持が困難になっており，経営統合，新規参入と退場が混在する業界評価の時代となっている。

　多くの流通業が経営困難となり退場した。製造業も産業空洞化を受けて，事業規模が急激に縮小している。商品は街にあふれるほどにあるが，それでも消費活動は高まらずに，流通業は苦戦を続けている。

　「必要な時，必要な量」という判断は誰が正しく，守るべき指示命令は常に正解なのかどうかが疑わしいほどになっているのが現代だ。

　作っても売れない，運んでも返品される，消費されずに廃棄される商品の物流は，いったいなぜこのような状況下になってしまったのだろうか。しかも，肝心の物流事業者も人手不足，トラック不足ですべてのニーズに応えることが難しい環境になってしまっている。

　商品やサービスの開発が価値の創造であり，社会への貢献であるならば，物流の目的もそこにあるはずだ。消費者にとっての価値創造と社会にとっての貢献と奉仕，安定した事業の継続と地球の環境配慮を成し遂げなければ未来はない。

　改めて物流活動の価値を，そして事業者の商品やサービスの価値を正しく理解しておきたい。

　価値とは何か，難しいようでもあるが，商品やサービス，効用や機能として認識されている要素は28に分類される（図1）。物流活動も同様に価値提供を行っているはずなので再確認して欲しい。

　商品価値は「高機能低価格」だけでなく，感性や自己表現，社会順応性などまで拡張している。社会の成長と成熟はもたらした価値観の変化といえる。商品や機材，サービスがこのよう

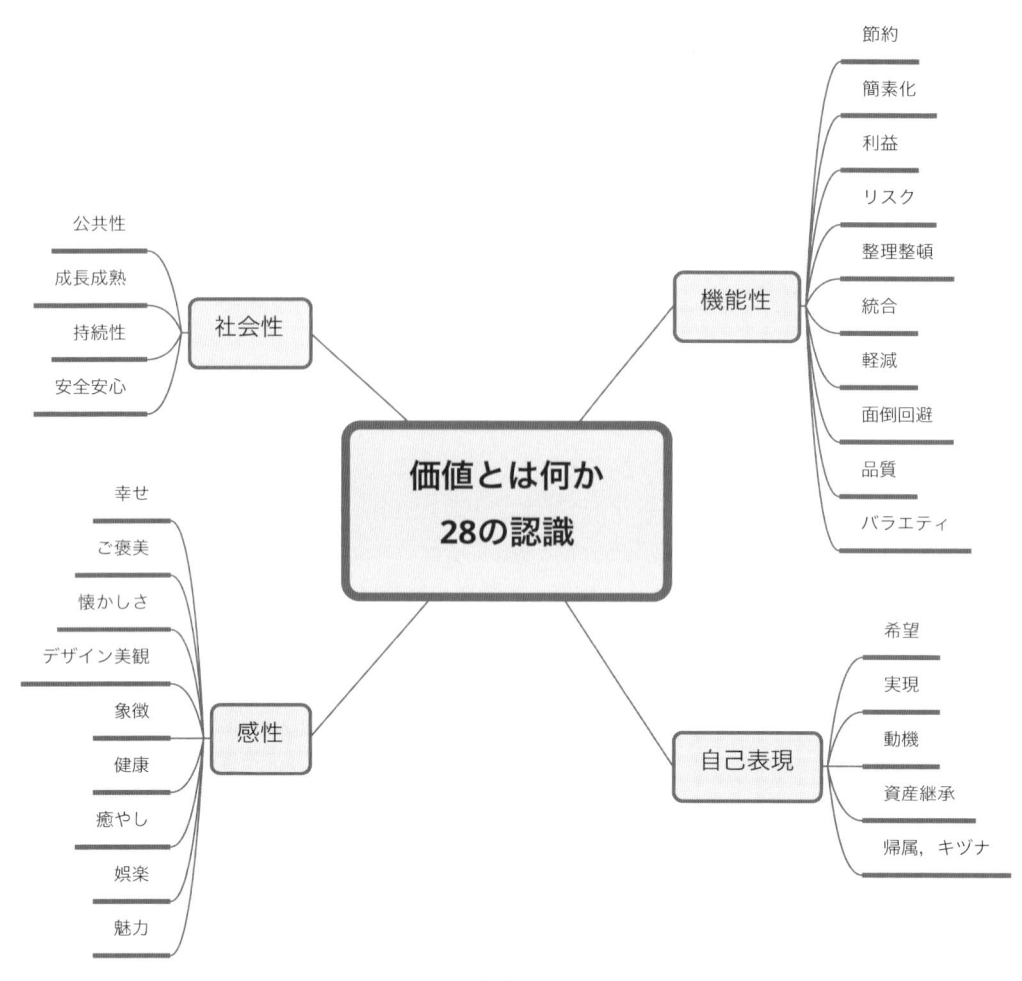

図1　価値とは何か

な価値観に影響を受けるなら，物流もまた商品やサービスを代弁する役割も担うことになる。
　「早く安く正確に」という従来の物流機能評価の観点から，「商品価値を維持できているか」という評価が生まれてくるのも自然である。

　物流の対象となる商品や機材もまた，このような価値の表現としているわけであるから，物流活動そのものも価値を意識しなくてはならず，また商品や機材の価値を損なうことのないように機能しなければならない。

　このように考えてゆくと，物流の目的も価値創造であることに気づくであろう。そして，目的を達成するための目標設定も単なる「必要な時と量」ではなく，もっと上位の概念からの「いつが必要とされるタイミングなのか」という判断にまで及ぶことになるであろう。

　つまり，指示命令からより上位の概念に及ぶ時，それがすなわち全体最適化となる領域であることに気づくであろう。

2　SCM 阻害要因

　自社のロジスティクス活動，および許認可を受けた物流事業者にとっての物流活動は，経営目的でもあり経営手段でもある。それは物流をなりわいとする者と物流を利用する者との違いである。

　いずれにも物流活動を効率的に行いながら，その目的と手段を全うするために日々の努力が積み上げられている。

　物流を事業とする者であっても，物流活動が荷主顧客の事業目的のための手段であることを十分に理解している。そのため，物流活動の停滞や停止，品質の維持や向上が重要であることを理解しながら，さまざまなリスクを排除して日々の運用に努めている。現在の物流活動は産業構造の転換と労働力人口の減少が始まったために，人材不足という業界問題を抱えるようになった。

　大量生産，大量販売が終焉し，全ての産業にとって最も重要な経営資源が現場労働力の人手や創造性のある人材となった。このような要請が生まれてきた背景には，経営活動の効率化と経営そのものへの有効性が離れ離れになってしまい，人材資源への対応策が出遅れているという反省がある。つまり希少な経営資源である人材の獲得と維持，教育と研修による長期雇用の定着化という人材投資を避けてきた結果なのだ。

　製造コスト，物流コストの最小化を志向した部分最適運営の結果，最大経費である人件費への抑制が異常に働き，優れた人材を確保したり，人材関係への投資余裕がなくなった。

　同時に行きすぎた物流コストダウンの弊害が，物流事業者の安定確保と維持すら困難な状況に追い込まれているといえる。

　サプライチェーンを構成する多くの物流現場でも同様な症状が現れるようになり，生産物流，販売物流共に共通の経営課題を抱えるようになった。その影響はともすれば SCM を阻害

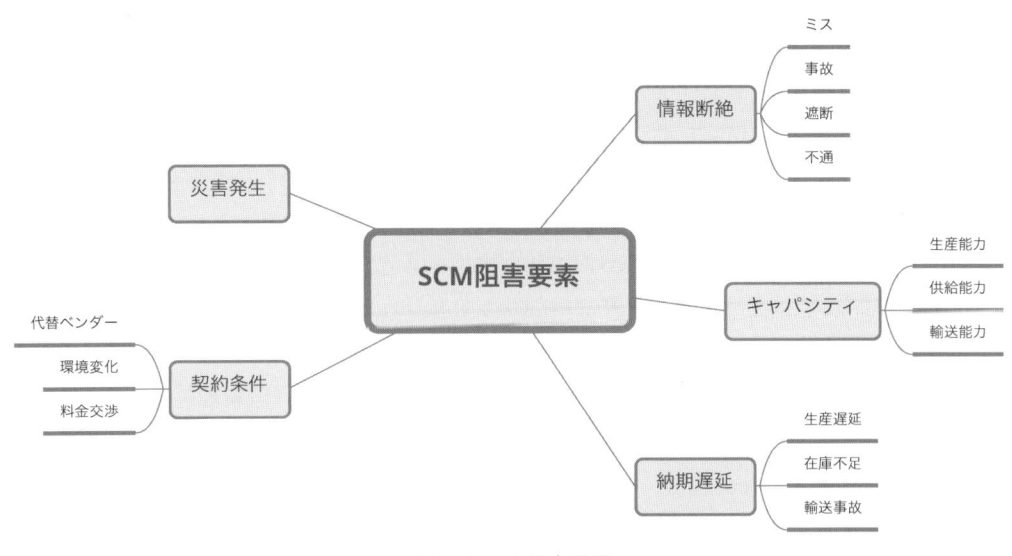

図2　SCM 阻害要因

する原因を生み出し，物流の停止や停滞を招くようになってしまった。

　SCM 阻害要因は全てがコスト要請原因とはいえないが，状況を正しく正確にトレースする余裕と体制を失い，適切なマネジメントというより，指示命令だけの一方通行的な管理が横行しており，結果を保証できない現場が増えてきているといえる(**図2**)。

　本来であれば任された現場ごとにマネジメントが機能することで，最終成果を保証するような情報分析，状況監視，負荷のコントロールなどが適切に行われなければならない。

　物流が止まる原因は事前に想定できるわけで，予測，監視，状況把握が適切なタイミングで行われていれば停止を逃れることができる(自然災害などのリスク対策は別解する)。

　安定した商品供給連鎖が機能しているかどうかを把握するのは，現場からの情報収集であり，状況監視と適切なタイミングでのサポート支援が必要なのである。

　しかし，実態としてさまざまなトラブルと事故が多発するのは，マネジメントが十分に機能しておらず，全体最適ではない部分最適な行動に限られているのではないかと疑わざるを得ない。実際に多くの現場を見学すると，マネジメントが十分に機能していることを体感することが少ないからである。

3　物流マネジメント

　どのようなマネジメントを施せば，良好な運営と SCM の保証が可能になるだろうか。

　マネジメントに期待される要素は多く，素直な質問に対しての回答はさまざまであろう。

　「マネジメントとは PDCA サイクルそのものである」

　「5W2H で示される具体的な指示命令管理体系である」

　「重要管理指標の KPI 数値データを監視しながら，改善を積み上げること」

　実際にも物流現場のマネージャーに遭遇すると日々の業務に追われてはいるものの，マネジメントが有効に機能しているという実感を持つことは少ないという。

　「日々の現場改善に遅れが生じており，常に追われる立場で全体感を見失うことがある」という声も聞いたことがある。

　マネジメントは全体最適を目指した組織化によって実現できるものである，という古来の定義はあるものの，現代の現場を預かる者にとっては，何をどのように下すことがマネジメント業務なのかを明確にイメージすることは難しいといわれる。

　たとえば多くの現場で抱えている重要なテーマに，コストダウンが挙げられるだろう。

　物流コスト最少化が経営活動の利益極大化と連携できるかどうかは，販売のタイミングやマーケットへの供給量も見極め，実際に計測してみなければならない。安いコストだからといって，大量に供給しすぎることは売れ残りと返品のリスクを抱え込むことになる。

　また，トラックあたりの積載率向上のために輸送タイミングを遅らせることは，販売機会の喪失につながることも考えられるであろう。その意味では販売と物流のマネジメントこそが，全体最適を目指し，同時に利益極大化が実現できるかどうかを検証すべきものなのだ。

　輸送や保管のコストダウンを図り，債権移動ではなく，確実なセルスルーにつながってこそ，初めて自社製品の販売が完了することになる。

　セルインという概念は理解し難いことであろう。市場やマーケット，業界の常識では次の工程，プレイヤーへの商談こそが売上やビジネスと考えてきたからだ。ところが，さらに視座を高めてみると，自社やマーケットは社会循環という生態系と呼ばれるエコシステムの中で活動していることに気づく。すると，自社の都合や最適化が社会全体では必ずしも最適とならないことに気づくはずだ。セルインが最終消費のセルスルーにつながらない限り，自社の売上は返品や値引き，キャンセルとなることの想像が及ぶだろう。

　SCMとは商品供給の概念であり，実務そのものを指している。しかしその活動の効率化にはムダや遅れ，失敗ややり直しという作業レベルや評価問題よりも，活動のもたらす機能と性能という上位概念を先に列挙しなければならない。いわばSCM活動の目的や狙いの妥当性ともいえる要素であり，それは**図3**のように整理できる。

　商品を供給するのはその販売のためであり，販売活動の側面からは経済合理性，社会貢献度，持続性が重視される。それはまた同時に販売の上位概念である経営活動でのコンプライアンス，社会への安全安心の確保，外部環境の変化による不断の意思決定と結果に対する説明責任を果たさねばならない。

　このようなSCM機能の効率化とその結果の経営における有効性は両面から，また双方向からの検証が必要と言えるだろう。すると，物流におけるマネジメント要素は，いわゆる物流機能である5つの要素，輸送や保管，作業と情報処理以外にも多岐に渡ることが想像できるであろう。筆者が提唱する物流のマネジメント活動は**図4**の12要素にある。

　12要素の詳しい解説は後述するが，物流活動を生産や販売に隷属的な位置付けからの脱却ができなければ，このような視点を持つことはできない。いうなれば，「言われたことを言われたままに，数えて運ぶだけ」ということになる。「必要な時に必要な量を運ぶ」という指示命令を待つだけになり，全体最適の視点は完全に見失われ，保管の効率，輸送のタイミング，コストダウンだけに注目が行くことになるはずだ。

　その行く末は現場運営の疲弊とマンネリ，従事者の意欲の低迷につながるだろう。暗い，危険，きついと言われる3K職場を改善することは不可能に違いない。そこで真っ先に取り組む

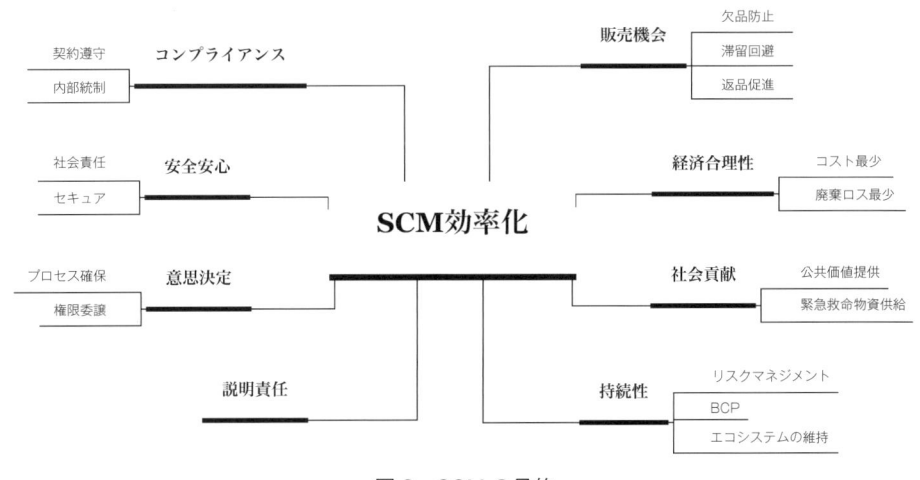

図3　SCMの目的

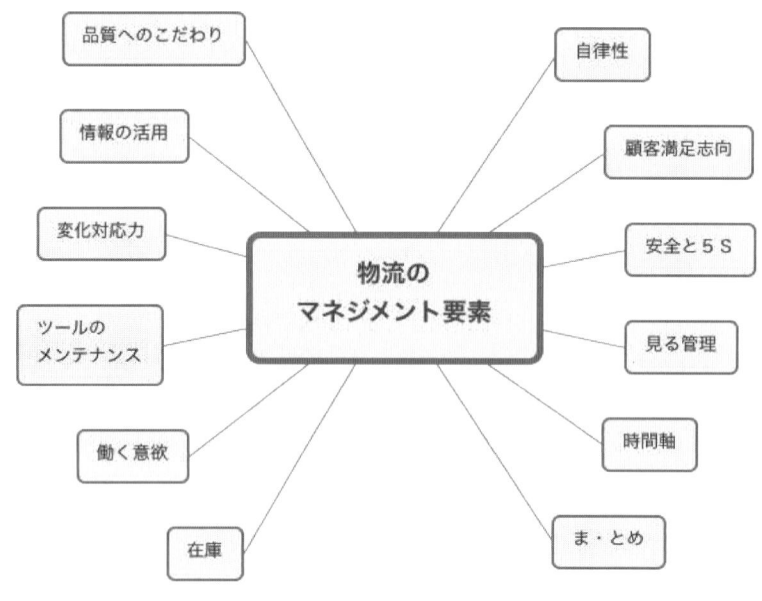

図4　物流マネジメント要素

べきマネジメントのテーマは，〈物流の自立〉である。隷属からの離脱であり，自らの意思と計画を持った組織化の推進である。項番は付けているが順位ではない。

1.　物流部門独自の自律性があるか
2.　他部門や顧客を基準とした，満足志向の取り組みがあるか
3.　安全を最優先し，整理・整頓・清掃・清潔・しつけの5Sへの徹底があるか
4.　目で見てわかる管理をあらゆる場面で採用しようとしているか
5.　スケジュール，優先順位など時間を意識した計画と実績を捉えようとしているか
6.　適切な空間，時間の区切り，束ね方などの，間，止め，まとめが採用されているか
7.　あらゆる在庫を適切に管理して，いっそうの削減施策を実行しているか
8.　職場の意欲を高める工夫と実際の作業者に意欲が感じられるか
9.　利用する施設，設備，道具に保守計画と点検記録が実物に貼付されているか
10.　新しい取り組みや季節変動，緊急対応の準備や訓練，取り組みが感じられるか
11.　職場で把握できる情報を追究し，活用や転用，情報の発信に意欲的か
12.　すべての活動によりよい品質と目標や実績の記録が取られているか

これら12の要素がすべて満たされた時，マネジメントは完成されたと呼んでいいだろう。その結果は自浄改善が進み，計画は達成できていることになる。12の管理項目をPDCAに置き換えれば，それこそがマネジメントサイクルであり，12の項目をさらに具体的に5W2Hに落とし込めれば，日々のマネジメント業務といえるだろう。つまり，この視点は必ずしも物流だけには限らないが，マネジメントの具体的な指標や方向を示しているといえる。そこで，自社の現場やあなた自身の取り組みがどのレベルに到達しているかを測定することも，マネジメント(管理実態)をメジャーメント(測定評価)することにつながる。

4　ベンチマーキング診断

　表1は，マネジメント12要素がどのように現場で機能しているかを診断するものであり，それぞれの質問が整備されている。もっとも簡易な方法は各質問に対して，YES・NOで回答する方法だ。直観判断でYESの数を調べてみれば，簡易なマネジメントレベルがわかる。しかも，NOと回答した項目はいわば，「忘れてきた，注力していなかった，気づかなかった，見落としていた」，程度の問題であり，次回までに具体的な作業が思い浮かぶはずなのだ。

　診断表の結果を振り返ると気づくように，現場での改善テーマや問題の発生原因まで遡ることができる。物流現場にありがちな改善の遅れや問題発生の原因が，12の要素に分類できるかどうかを把握することもできるはずだ。

　物流現場での作業員による事故やミスという人的問題も，実は背景にあるマネジメント原因

表1　物流改善ベンチマーキング診断表

項　目	設　問	YES	ランク
1	見学者を歓迎しているか（表示，挨拶，安全，特徴の説明）	0.0	
2	場内のレイアウト，従業員，顧客および取扱商品の情報を分かりやすく表示しているか	0.0	
3	社内外顧客への満足思想（CS）と安全に関する評価や目標が分かりやすく掲示されているか	1.0	
4	すべての施設は安全で，清掃かつ整理整頓されており，照明は十分か	0.5	
5	場内は見て分かる管理や表示で，工程や作業の内容が分かるようにしているか	0.0	
6	あらゆるモノに専用の場所があり，その場所に置かれているか	0.5	
7	最新の作業目標と実績評価が目立つところに掲示されているか	0.0	
8	生産性，品質，安全および問題解決状況について，実績データ，グラフが掲示されているか	0.0	
9	現在の稼働や勤務，運行状況が，事務所にある掲示板ボードあるいは情報システムで確認できるようになっているか	0.5	
10	作業や人員，工程のスケジュール，タイムチャート管理が見て分かるようになっているか	0.0	
11	モノを運ぶのに最短の距離を1回動かすだけですんでいるか。適切な器具，マテハン，器で効率よく運ぶことができるようになっているか	0.5	
12	場所や方向を示すロケーション表示が目に付きやすいところに掲示されているか	1.0	
13	作業チームがそれぞれによく訓練されており，問題解決と継続的な改善に関わっているか	0.5	
14	管理者は継続的な改善を進めているように感じられるか	1.0	
15	保守整備が必要な機材，マテハン，ツールに点検予定表が付属し，処理日付は妥当か	1.0	
16	新しい取扱商品や新しい業務を開始するのに目標や生産性，期限を定めた効果的なプロジェクトマネジメントが行われているか	0.5	
17	納品業者，協力会社に対して，品質と基準を定める評価項目があるか	0.5	
18	事故やミスの代表的な原因が示されており，欠陥や再発を防止するために機能しているか	1.0	
19	運営の業績を記録報告管理するレポートは定期的に発行されているか	0.5	
20	前回視察のこの現場から，進化して学ぶべきことを見つけられたか	0.0	
	YESの数	9.0	

が影響していることにも気づくであろう。優れた物流，スマートなロジスティクスを実現するためにも，まず初めに現状把握，現段階での評価というものをこの診断表で行って欲しい。そのことによって，明日からの改善着手項目が見出せるであろう。

5　止まらない物流

　物流活動はさまざまな資源，リソースを元に活動基盤が成り立っている。万が一の災害や事件によってそれぞれのリソース，代表的な事例でいえば要員，輸送手段，電気通信，情報混乱，倉庫や道路事情などが不能になれば活動は停止する。物流活動のリスクはこのリソース喪失にかかっているのだ。

　社会インフラである水道，光熱，電気，通信や道路事情に障害があれば，すぐさま物流停止に追い込まれることは明白であり，そのためにもバックアップや備蓄，自社供給，ルート計画などが整備されていることだろう。

　昨今ではBCP（事業継続計画）の重要性がISO 国際規格や JIS 日本工業規格でも取り上げられ，各社でも取り組みが行われるようになった。詳細は別の機会に触れるが，物流活動はさまざまなリソースを利用したシステム活動であるから，情報とリソースの確保自体がもっとも重要なリスクマネジメントといえる。

　物流を止めないためのリスクマネジメントは，**図 5** に図解したように，6 つの要素で整理ができる。

　物流が止まる原因は，活動に必要なリソースの喪失である（**図 6**）。その理由は自然災害という脅威もあるが，管理者や従業員の過失事故という人災も十分に想定できる。

　特に物流活動にとって最も重要な情報通信機能は，停電や遮断の他にも操作ミス，ウィルス

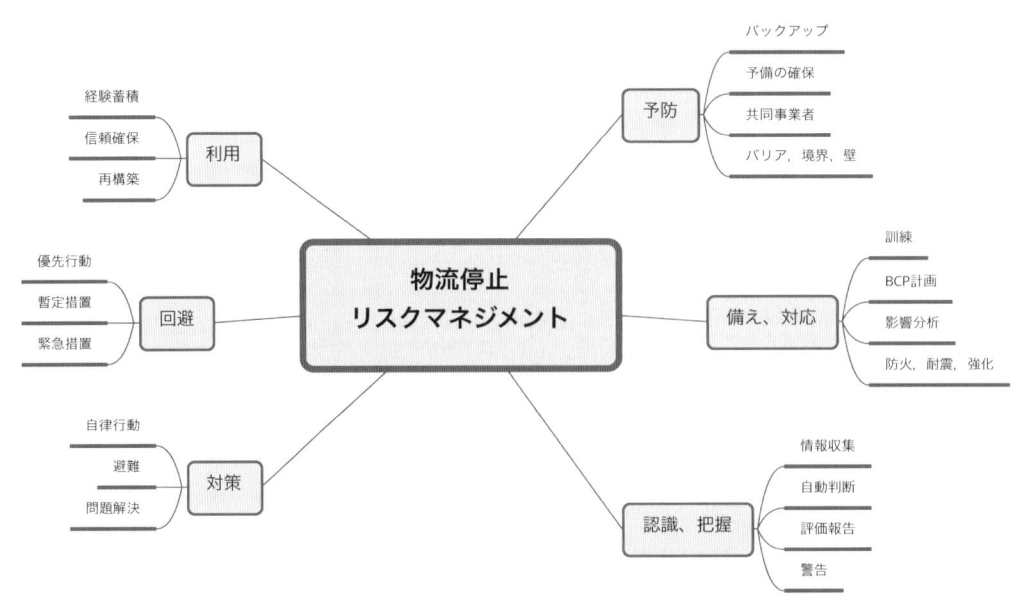

図5　リスクマネジメント

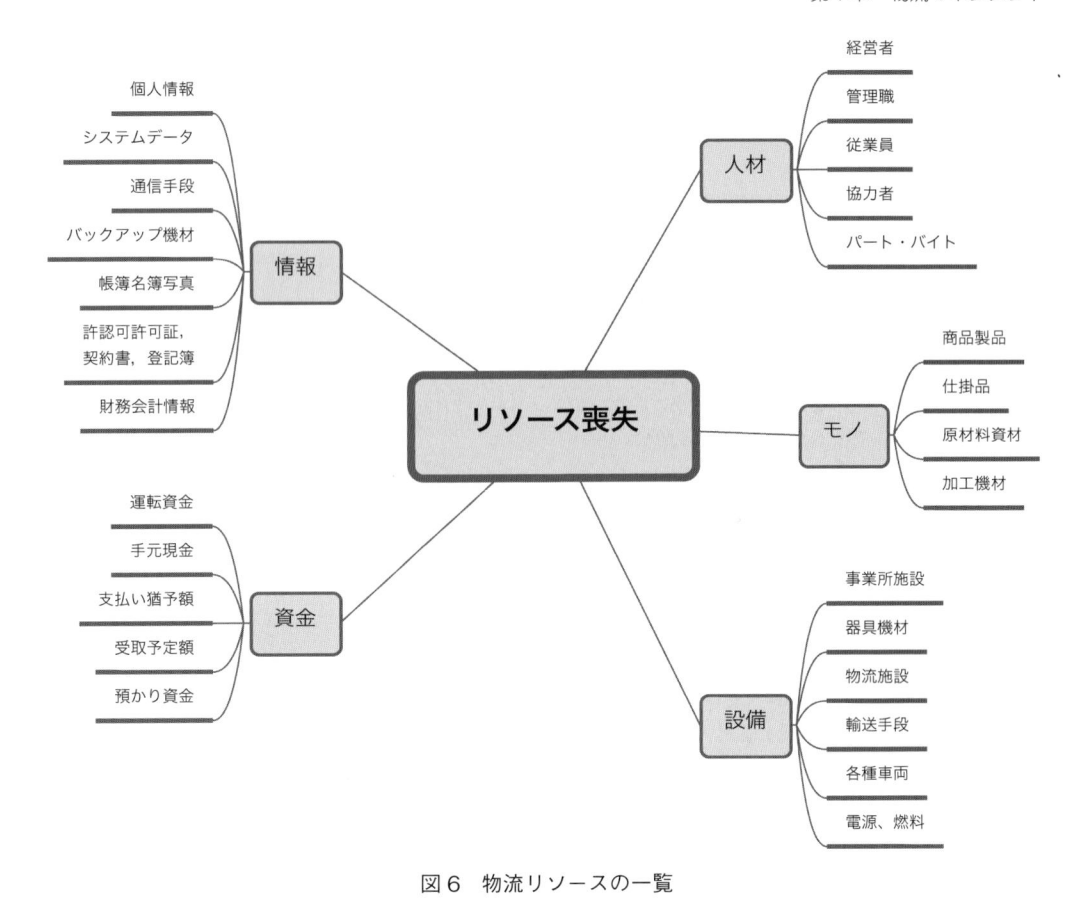

図6　物流リソースの一覧

の侵入，悪意によるデータ送信などが考えられるだろう。

　また疾病やパンデミックによる従業員，ドライバーの大量欠員も備えることが難しいリソース確保の課題といえる。

　このようなリスクに備えるには，予防，備え，認識，把握，対策，回避，利用というリスクマネジメントの公式に合わせて備えや訓練，演習準備が必要になる。

　止めないための物流にはこのような予防のほか，最悪の事態でダウンしたリソースを早期に回復するための能力，リジリエンス（回復力）を強化する必要もある。

　災害や被害が金額で語られることの多い中で，物流活動も喪失割合で計画をたてるようにしたい。

　たとえば地域を越えたネットワーク先を確保することで，自然災害時には活動停止に追い込まれたとしても協力者が代替活動を支援することで，罹災率被災率稼働率は50％を確保することができる。

　従業員の出動が停止されたとしても，業務提携先がバックアップ機能を発揮してもらえれば，同様に稼働率は大幅に下がらないで済むようになる。

　このようなネットワーク，事業協同，業務提携，災害協定などの備えが，復旧力となるリジリエンス強化になる（**図7**）。

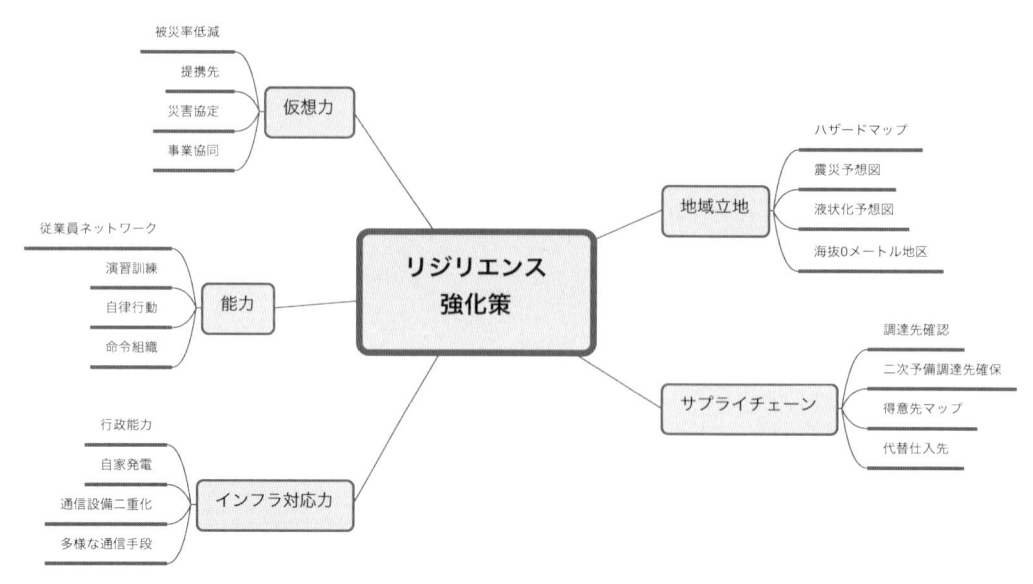

図7　リジリエンス強化策

　日常業務や計画立案業務の内部にこのようなリスクマネジメント要素を組み入れ，定期的な計画見直し，自発的演習や訓練などを織り込むことが，これからの体制強化には重要な要素といえるだろう。

● 物流改善マネジメント 12 の視点

それぞれの視点は，次のように整理できる。

1）自律性

　物流は組織上，営業部門や製造工場に従属している場合もある。だからといって，仕事がすべて後処理専門になってはならない。営業や工場に物流が支配されていると「言われたことだけする。できて当たり前であり，提案や働きかけは余計だ」という立場に陥ってしまう。「物流が経営戦略の重要な役割を持っている」というのは後処理がうまい意味ではなく，経営にとって本当に重要なこと，必要なことを率先して仕掛けてゆく独自性が経営面から求められていることにほかなならない。

　　　We are the BACK.　我々の後には何もない，すべてを止める

　営業や生産の最終処理を担うのが物流であり，代金精算やお客様への最終交渉を行うのが役割なのだ。物流の成功が会社の売上につながり，信用の積み上げとなり社会からの評価をいただくことになる。物流マンたる我々は社内のすべての問題をこの現場で解決し，後ろには何も申し送りできない状況にあることを肝に銘じたい。「最後の砦」というのが物流現場にもっともふさわしい称号であるといえる。

　販売計画や生産計画が予定外に振れることもあるし，予定どおりに商品が入荷しなかったり，急激に出荷指示が始まることもある。そんな時でも常に事態を予測して覚悟することが最後の砦の役目なのだ。「誰にも支配されない覚悟」があるのとないのとでは職場のプライドが全く変わる。後処理で疲れるのか，想定内のトラブルをきれいにクリアするのとでは充実感，志気が心意気が変わる。何より自らが決めるという自律性が最も重要なのである。

2) 顧客満足

　「真実は会社の常識外にある」。物流はコストダウンが重要といつもいわれるが，物流事業者にとってしてみれば，業務効率化によって内部コストを引き下げても，収入が減ってしまっては運営ができない。顧客にとっての物流コストが我々の収入だから，顧客のコストダウンを進めれば進めるほど苦しくなる。顧客満足とは値下げや売上の低下をわざわざ促進することではない。

　とはいえ事業を進めるためのコストは顧客の財布にある。社内の物流部門であれば，工場や販売部門こそが顧客の位置付けになる。そこから頂戴するのがビジネスで，何が正しいかといえば顧客が正しい。すべてはお客様の側にあって，我々の都合などは聞いて貰えないであろう。では，お客様の言い分をすべて呑み込むことが本当の顧客満足なのだろうか。それは違うはずだ。同じサービスを他社よりただ安く提供するなら，自分の首が絞まる。お客様の満足は私たちへの支払いであり，売上額が満足指標と見なくてはならない。売上額そのものが伸びないで，顧客満足とはいえず，本末転倒となる。

　新たなサービス，お客様が考えもしなかったサービスを次々と打ち出して，きちんと対価を頂戴してこそ顧客満足に徹したことになる。自らが考え，自らが生み出し，そして顧客や他部門への奉仕と正当な対価を求めることが顧客満足の真の姿である。

　売上は顧客の支持そのものを表している。売上が伸びない，というのは安い料金で事業を進めているからではなく，お客様の絶対数が少ないと考えなくてはならない。取り扱う物量や商材が少ないのかも知れない。売上は単価と数量の掛け算で成り立つから，デフレであろうとインフレであろうと，売上を追求するには単価か数量，新たなサービスを生み出すか，既存のサービスに付加する価値を生み出すしかない。

　売上を上げるための努力，新たなサービスを提供し続けて売上を維持する努力，それらの結果，売上が伸び続けることが顧客満足経営といえる。奉仕と開発こそが物流部門に欠かせない重要な要素なのだ。

3) 安全と 5S 活動

　安全対策は物流部門では憲法のように常に意識され，誰もがいつでも気に掛けており朝礼でも終礼でも，年度始めでも新人への説明もいつも行われている。しかし時々事故がおきるし，上司から「だらしないからだ」と叱られることは日常茶飯時であろう。安全も 5S（整理・整頓・清掃・清潔・しつけ）も結果が大事だから，どんな理由も言い訳も通用しないというのが現場の厳しさなのである。事故発生や 5S 運動に必要なのは，プロ意識と行動，恥と誇りという気概，心がけや業務態度なのだ。

　昔，南極観測船の越冬隊隊長だった西堀栄三郎は隊員に向かって激を飛ばした。「恥知らずを忘れるな」，隊員には学者や学生，自衛隊や役人，研究者ばかりだけでなく，料理人や医者まで雑多な人種が呉越同舟した。船室は狭く，二段ベッドの隅に私物や研究器材を置くしかない。貴重な器材や研究書を開きながら数ヶ月の航海を続けている。狭い船内ではすぐにモノがあふれ，だらしない人がいたら大変な状況になってしまうのは目に見えている。頭も良く，訓練された自衛官や素人が同居するわけだから，命令やルールは聞く人次第で守られる保証はない。

「あれをしろ，これをするな，……」指示命令にはきりがなく，かといって統率を取るのもイライラが講じる連続が航海中は続く。

そこで考えたのは「自ら誇りを持って職務に当たる」ということだった。職場という船の中や基地の中で，どうすれば誇りを維持できるか。だらしなくなる気分を抑えて，いつでもどこでもきちんと振舞えるようにするには「誇りと恥」，という号令が効果的だったそうだ。

「分かっているけど，やってない」，「そんなことより，ほかのこと」という言い訳を許さず，しかも自律させるには職務に誇りを持つ以外にはない。自分の職場，仕事，持分に対して誇りのある姿勢を持たせること，そのことが「見た目に美しい5Sの姿」であり，基本動作をないがしろにしない安全対策の最も重要な要素だったわけだ。

4）見る管理

時間は他人に盗まれるものだ，とその大事さと危うさを紹介したミヒャエル・エンデの『モモ』という小説がある。モモという女の子を主人公にした「時間ドロボー」との対決を著した。子どももおとなもセカセカとした現代を振り返り，本当に大切なものを探す旅を続けるのだ。

人に許された1日，1年で525,600分は誰にでも共通であり，その時間を豊かに過ごすか，しっかり稼ぎながら有意義な人生とするのか。はたまた回りの人に指示され，そのために使わされ，ムダの多さにため息を付くような時間を過ごすのかは，大きな違いを生む。

放っておけば人に自分の大切な時間を盗まれてしまうものだ。私たちの仕事は瞬間，瞬間が大切であり，同じ仕事は明日ではできない。作業や配送も今日というのは一回だけである。サービス業にはその宿命があり，やり直しができない。生産や販売とは全く違うという点では「その瞬間の時間」を大切にしなくてはいけない。

売上と経費も時間の問題である。配送回数や処理個数も時間の原価というものがかかっている。売上の計算には料金単価が決まっているが，それも原価を元にして決めているのである。1時間でどれだけ運べるか，どれほど処理できるか，だからいくらにしておけば良いのか。

利益も時間の管理次第で増やせる，ということが真理である。100万円の売上があるなら，どれほどの経費でこなすように計画するかによって利益は決まる。終わってみなければ分からない，というのなら自分の時間を誰かに盗まれていることになる。見る管理とは時間と量をわかりやすく表現することなのだ。

5）時間軸

一人あたり，時間あたりの出来高を生産性という。集品作業，加工作業，積込み，配送，およそすべての物流の仕事は時間との勝負になっている。だから時間を意識して仕事をしているはずだ。「これだけの仕事だから，〇時までに終えよう」というのが作業計画の基本であり，これによって利益が確定する。

先月の実績と昨日の実績が分かれば計画が立てられる。午前中の実績を比較すれば問題点の発見もできる。「そんなことは当たり前」と思われるであろうが，物流現場に掛け時計のない職場もたくさんある。今日の作業計画を標準の生産性に根ざした目標で設定していない現場もたくさんある。目標のないところで「利益が出ない，ミスが多い，儲からない」と問題を指摘するが，それでは本末転倒といえる。

タイムマネージャーこそ物流管理の基本であり，担当者，センター長，配送マン，物流部長

は毎月の総時間，総工数を記録できていなければならない。

　時計があるか，作業予定に終了時刻があるか，明日の予定工数は把握できているかどうか。

　時間生産性を取り入れているなら，このような資料や現物を見ることができる。なければ，すぐにでも始めなければならない。

　時間を盗まれればその分，損をすることになる。現場に期限の習慣がなければ，忙しい，忙しいと時間が過ぎてゆくことになる。そして，人手が足りない，間に合わない，残業が減らない，やり直しが多い，ミスが出る，と慌てることになる。

　物流コスト競争で儲からない原因の多くは，時間管理のまずさにある現場は多い。同じ料金でもきちんと利益管理ができている現場は，あちこちに時計があるし，作業記録に時刻が書かれている。もちろん，最新の生産性データが分析されているものなのだ。1年間の525,600分は誰にも平等に与えられているのだ。「金を稼ぐなら天から盗め」ともいい，特別な努力や苦労，必死にやらなくても自ら与えられた時間を大切に管理すれば，優れることができるものだ。

6）ま・とめ

　「きちんとしていない人を七厘と呼ぶ」ことを教わった。要するに間抜け，間が悪い，だらしない，ということらしい。人の動きや仕事の仕方，作法や礼儀，段取りや生活，生き方，話しぶり，およそすべての所作には『間』という悪魔が潜んでいる。間が悪い，魔が差した，というように，間と魔は同じことなのだ。「ま　とめ　まとめ」は，3連活用して考えることができる。

- 『間』は，タイミング，段取りなど
- 『止め』は，置き方，仕舞い方，留め方など
- 『まとめ』は，バッチ，まとめ作業，作業の計画，分割，分離など

　『ま・とめ』というのは，分かりやすく，でも忘れやすい，見たら気づく，言われたら分かる納得という物流でも一番効果のあるキーワードなのである。ヒトやモノ，作業や仕事，人の動きや意欲，計画と実績，社風と雰囲気，すべてを『ま・とめ』で測ることができる。

　『ま・とめ』のある職場はプライドが高い，誇りや自信に満ちている。品質やコスト，スピードもきっと成功する。『ま・とめ』スローガンの良さは，誰でも分かる，知っている，気づける，納得できる，評価できる，だんだん良くなる，先輩と新人の違いがハッキリする，ベテランの味が出せる，さすが！　という余地がいくつでもある，さらに研究できる，まだまだ奥がある，極めることが難しい，だから永久改善なのだ。

　方法や手段，最初にすること，最後にすること，毎日すること，点検する方法など誰にでもいつでも，いつまでも現場を見るときに使えるスローガンといえるのだ。

7）在　庫

　在庫は，時間のリスクであり，クスリの特効薬でもある。製造調達と販売までの時間が在庫の理由だからだ。「売れる時に製造が間に合わないから」，「たくさん揃えておかないといつ売れるか分からないから」，というように製造と販売の都合によって在庫がある。

　速く作る方法を生み出せれば，在庫は少なくても良い。売りたいタイミングをきちんと押さえておけば，在庫は少なくても良い。結局，「～～だが，○○できれば，在庫は少なくても良い」ということとなり，できない理由が在庫の理由となる。間に合わない，作れない，揃えられな

いamong，時間不足のリスクであり，在庫とは時間稼ぎのクスリとなっていて，担当者には責任回避の特効薬となっている。

在庫管理は入荷，出荷の繰り返しを正しい帳簿に正しい日付で記録することで行う。紛らわしい手書き伝票を止めて，デジタルコードで伝票を管理するようにすれば記録ミスは減るはずだが，なかなかそうならない。在庫誤差はこのような記録ミスから生まれるが，代表的な原因は，棚卸しや実物を点検する際のカウント作業にある。商品が混在していたり，品番を読み違えたり，カウント作業はたいへんな労力を掛けているが，ミスが生まれている。カウントミス防止策には二人作業，デジタル機器でのカウントが必要であろう。

次に誤差の原因になるのが帳簿の取り違えである。現物カウントが終わると，次は伝票と帳簿の連動を調べなくてはならない。大きく差異になってしまうのは伝票記録が漏れたり，ずれたりする原因が多い。特に返品処理や倉庫間移動の振替伝票では，伝票区分による処理ミスが生まれやすい。

在庫はモノだから，置き方，置かれ方にも違いが出てくる。きちんと揃えられているか，同じものは近くにまとめられているか，汚れたり，壊れたりしていないか，などと置き方にも違いが出てくる。現場のモノの管理は人の作業の作法や意欲にもつながっていて，倉庫内が整然としている現場ではミスも少なく，管理も安定している。きちんとした仕事は，きちんとした人からしか生まれないし，人を見なくとも扱っているモノの状況を見れば，その作業や作法を想像することができる。

在庫は物流作業の結果だが，作業者の意欲や現場の風土が如実に在庫に現れている。そんな在庫の原則がありながら，在庫を金額総額や総量だけで見ているのでは何も感じることはできない。あくまでも単品で見ること，売れた倍数を計算することが在庫管理の基本なのだ。

SCM というのは在庫管理方法論であり，売れるものを作る，売れたら補充する，売るために在庫を持つ，という原則がある。常に在庫はギリギリで持つようにしなくてはならない。

現場，製造，発注管理，資金計画すべてがつながった時に SCM が具体化したといえるのだ。在庫管理システムがあればよいということではなく，社内の情報共有と意識の統一，在庫というクスリを最小限にしておくことの大切さを皆が守ったときに，SCM が実現できるというものだ。商品の置き方，発注の方法などは詳しく調べなくても雰囲気や感触で知ることができる。在庫状況を見ると，その会社の台所が分かり，働く人々の意欲も分かる。管理の仕方もその会社の思想も現場で知ることができる。在庫を見られるのは，実は怖いことなのだ。

8）働く意欲

いい店，良い会社，優れた人材，素敵な人はどうやって分かるのか。我々は第六感というセンサーを持っている。元気のいい居酒屋，すし屋，ラーメン店は期待を裏切らない。優れた会社も受付や応接室で感じることができる。儲かっている，利益が出ている，良い人材がいる，素敵な経営者がいるという雰囲気は『感じるもの』だから，我々の直観は間違わない。

先入観や情報のゆがみ，間違えた認識や意見が自らの判断を間違える。組織はチームである。監督やプレイヤーが一人でがんばっても，勝利にはつながらない。スターがいなくても，チームが優れていれば勝利は近い。幸運で勝つこともあるが，その時には理由がない。けれども負けるチームには理由も原因も常にあり，「なぜ負けたのか分からない」などということは世の

中にない。素敵な人は立ち居振る舞い，言葉遣いや姿，衣装まで素敵なものだ。かたやダメな人は，雰囲気からしてダメと感じる。意欲的な職場に共通しているのは，チームワークを「感じたり，演出している」ところなのだ。仕事は一人では始まらないし，終わらない。業績は一人で稼ぎ出すことなど不可能である。優れた人材はチームの中でポジションがあり，役割をきっちり果たし，得意な者が得意な仕事をすればいい。すべてが分担，チームになっていることが，職場の意欲につながっていく。

　ガジェットとは小物，ちょっとした道具のことをいう。チームワークの表れ方は，ユニフォームやお互いの呼び方，掲示物や目標の状況，過去の戦歴や賞状の有無など，ガジェットで見つけることができる。たとえ清掃や朝礼の当番表でも皆で分担していることがチームワークの原点である。マネージャーを筆頭にして，小さなチーム単位で仕事が行われ，チームで業績を競い，チーム単位で応援やサポートに回る姿がメンバー意欲につながるものである。

9）メンテナンス

　従業員や人材を大切にしている証拠は，道具や物をていねいに，大切に長く使おうとする思想に変えているところに見ることができる。収支は大事ではあるけれども一度会社の用になったモノをどれほど大事にしているかは，丹精という言葉に表れる。盆栽の手入れに通じる精神は，日本企業ならではのものなのだ。

　新しくなくても，高価なものでなくても，手入れを怠らないという風土は日本独自のものであり，モノを扱う人への配慮と人こそが最大の資産であるという証拠にもなる。

　マテリアルハンドリング機器，設備，自動機器，事務所の文房具に至るまで，毎朝清掃を行い，定期点検を漏れなく行うことが道具を長く使うことにつながる。日本の名門企業では数十年も動き続ける古参の機材があちこちに見られる。びっくりするほど古い。ケチなのか，使い倒すという習慣なのかは分からないが，いずれの企業も人材を重視していることに疑いはない。

　優れた人材の働く職場には，古参の機材が輝きながら鎮座している，それが真実なのだ。

10）変化対応力

　物流は波動との戦いである。今日と全く同じことは，明日には起きない。毎日の仕事量，週間や月間の仕事の波が２倍や３倍は当たり前である。そこをどうやって備えておくか，どんな準備をしておくことかが腕の振るいどころである。昨日を振り返らずに明日を考えない，ということがあっては物流の仕事はできない。

　『慌てている現場に反省はあるか』。今年の夏が忙しいのは分かるが，去年も同じではなかったのか。明日の備えは今までに経験がなかったのか，ということである。去年も昔もすっかり忘れている現場が多いことにびっくりすることがある。会社は独自のカレンダーを持っているのに，物流現場では「来月の行事，今月の対策」という計画系に弱いのが気になることが多い。

　物流業務の波動も，「実は毎年繰り返される，不易ではないか」。それならば学びで対処できないか。変わることが命なのだ。同じことはしない，同じことを避ける，同じことなら観察する。変化を知るためには，誰よりも先んじて情報を取り入れなければならない。新鮮な情報はネットや新聞ではなく，ヒトにある。優れた新聞記者は「裏取り」といって必ずキーマンに当たる。ヒトの解釈を集めようとする。情報は公開された段階ではすでに常識となり，誰もが知っていることになる。新鮮な情報はヒトが持っているのだ。ベテラン，新人，ドライバー，

取引先，仕入れ先，訪問者など物流現場には思いの外にヒトがあふれている。ヒトの分だけ情報収集ができることになる。それを仕事に活かすことが現場に必要なのだ。

　ドライバが何を見ているか，どんな印象を持っているか，何に気づいたか。納品先，街角，競合，同業，同僚の雑談を砂金の山と見ることができれば，情報収集力が上がる。明日と同じことは繰り返さない誓いこそ，進歩と進化の原点なのだ。変化が力になる，そのように考えることができれば，物流は経営に欠かせない役割として胸を張れることになる。

11) 情報活用

　事業に投入できる経営資源は，人材，商品，資産，情報の4つといわれている。しかしどの企業もヒトとモノに苦労し，これといった解決策を探し出せてはいない。生産性を高めたり，付加価値を付けようとさまざまな苦労をしているが，なかなか効果が発揮できないでいる。

　ところが生産性や付加価値を高めるのに一番の近道が情報であることを忘れがちである。情報は誰にでも見えるし聞こえる，誰でも手を伸ばせば手に入れることができる。だだ，情報の価値や重要性は気づくヒトと気がつかないヒトがいるのが実態なのだ。感性が乏しければ情報は雑音と同じであり，近くにあっても気づかない。「情報とはそれを求めているヒトにしか到達しない」，と表したのがアメリカの科学者クロード・シャノンという人物で情報産業やコンピュータシステム，電話技術の発明者であった。シャノンの「求めるものにしか届かない」という情報の性質は，実感として理解できるであろう。同じ新聞記事を読んでも株を売るか，買うか，で勝負が分かれる。背景情報や複合情報，歴史や経験が情報の判断能力に関わっているわけで，情報そのものが価値を持つのではなく，情報をきっかけとした一連のアイデアの連鎖がビジネスを生む。新聞やテレビのニュースは誰でもが知る情報だが，その背景やその実態，その応用や評価，判断はヒトが行う。情報判断をコンピュータが全部肩代わりできない理由に，ヒトの判断力があるだ。そこで，真に役立つ情報，ビジネスに影響をもたらす情報はヒトから生まれるといえるのだ。

　新聞記事をそのまま掲示するのではなく，コメントを付ける，解説を併せて掲示するなど，情報を解釈したり活用したりするには人の手が必要なのだ。これを惜しんではならない。雑然と並べるだけなら，ただ単に雑音が増えるだけなのだ。

　自らが情報を発信するために，物流現場から情報を発信しなければ，会社からは何の情報も届かない。世の中のすべてはギブ＆ギブン，与えなければ得るものがないというのが現実なのだ。与えることによって，得るものが届くというのが本当の姿であろう。物流現場や納品先，配送先，店舗やマーケットの情報を物流の立場から情報として発信するなら，営業マンの集めた情報とクロスミックスすることによって信憑性や確度が高まる。マーケティング情報や公開情報の裏付けになるかも知れない。単なるモノの動きや動向であっても，新商品や次の事業企画のヒントになることがあるのだ。漫然と毎日を過ごしている物流現場とこのような情報の価値を知り，情報を集めようと努力し情報に関するセンサであることを自覚した物流現場では，企業の中における役割が全く変わってくるはずだ。

　「コストセンターだ，ミスクレームゼロを目指すだけの消耗する職場」と考えるか，新たな事業の芽を探し出す情報収集機関と考えるかによって，自らの仕事そのものが変わる。学ぶ組織＝ラーニング・オーガナイゼーションというのが現在の話題になっているが，学ぶ素材は物

流現場にたくさんあふれている。返品を見れば商品開発のヒントがかならずある。急に売れる，急に止まる，ドライバーの観察眼そんなものから競合の動きやマーケットの温度が知れるのだ。体を動かす職場だけれども，アタマやセンサを使えば将来の改善や現在の道の選択肢も変わってくる，そんな取り組みをする現場には明らかな違いがあるのだ。

12）品質へのこだわり

　圧倒的に生産性を高める手法にトヨタ生産方式が挙げられている。郵便局も銀行も生産工場も食品スーパーも件の方式が劇的改革をもたらすといわれている。

　作業動線や作業の一つひとつの工程を分析して，常に新しいやり方を研究するのは必要な手法であろう。自動車生産で培った日本の技ともいえるトヨタ生産方式は，自動車や製造工場に共通していて物流現場と全く異なる環境がある。それは，計画的に仕事が進められるという前提だ。本日の生産，本日の業務，本日の総労働時間と総工数の計画というのが，工場では常識である。すべてが計画，時間と共に予定が消化されてゆく。この仕事が終われば次に行く，次のそのまた次も計画に示されている製造工程と物流現場の違いは何であろうか。

　「次が分からない」，このことに尽きるのが物流現場なのだ。指示書が遅れる，入荷が遅れる，出荷の順番が変えられる，予定の人員が来ない，来ても使えない，多すぎて手待ちになるなど，予定が最初から順番違いになるのが当たり前の物流現場が多い。そこに科学的な工法が使えるか否か。

　作業指示書や計画書が無くても品物は出荷しなくては終わらない。せっかくの受注だから，営業さんの苦労を実らせるためには物流ががんばりを効かさなければならない。昨日もがんばれたんだから今日も同じようにミス無く，能率良く，同じように終わらせなければならない。しかし，時間がない，ヒトが足りない，機械がうまく働かないなど，物流現場では昨日と同じことが今日は難しいという現実がある。同じことを繰り返すという再現性が最も難しいのが物流現場なのだ。それでも品質は維持しなくてはならないのだ。そこには科学よりも人情や根性，努力が必要だ。乗り切ろうという意欲と強い心が何よりも必要なのだ。機械と情報と伝票があっても，作業者の意欲が弱まればすべてが下がってしまう。机の計算が活かされない現場の苦労がここにある。

　今日の仕事を終えて終礼を行うとき，本日の実績と昨日との比較を行うセンター長がいる。常に比較，いつも進化と向上を目指す姿勢は現場でも鬼軍曹といわれるほどだ。しかし，彼の心意気は「良い仕事を残したい，販売や生産に負けない価値を生み出したい」そのためには，生産性や品質の向上と進化，進歩を記録してゆくしかないという。改善は不都合を直すことというが，緩い弱い感性なら改善テーマすら見つけられない。「今のままでも充分だ」，と思いこんだ途端に進歩が止まる。

　仕事を量り記録を残すことで，生産性の変化と品質のブレが落ち着いてゆくのだ。何も心掛けなければ，何も変わらず，ただ漫然とこなしているだけになる。事故やミスはある一定の確率で起きるし，人は時間と共に消耗して脱落し，機械は性能を下げてゆく。自然と去年の成績を維持することすら難しく，言い訳ばかりを探そうとしている者もいる。

　仕事の醍醐味は自分でどこまでコントロールできるかにある。指示だけ，命令だけを消化するなら自分が機械になってしまう。プライドや職業への誇りをどうやって実現してゆくのか。

真に考えている人は悩み，試行して変化を記録する。整理整頓すら他人と比較して，自分の位置や意欲を確かめようとするはずだ。自分の位置を知るためには，評価や比較という尺度を持ちたいと願う人は少ないかも知れないが。だからこそプライドある仕事ぶりは目立つ。こだわり，がんこ，うるさい屋，……鬼軍曹といわれなくても，言葉に出さない決意や約束がある。声が大きいだけなら現場には不要だし，言うだけで実行できないなら反発される。

　積み上げ型の実行を続けるためには，何よりも良い仕事を残したいという決意が必要だ。小さな声でも心に残る誓いがあれば，仕事ぶりや態度，表情や発言が変わってくるものだ。仕事の品質へのこだわりはすべてに勝る要素であり，現場で感じることのできる空気のようなものなのだ。良い仕事をしようという意気込みは，感じることでしか確かめられないだろう。

第2章　物流人材マネジメント

1　人材のマネジメント手法

　経営活動や物流活動には活動資源が必要であり，ヒト・モノ・カネ・情報・時間が挙げられる。マネジメント活動はこれらの経営資源を有効に配置して，最大限のアウトプットを目指すものであるが，物流活動では何より情報が最優先であることは言を待たない。情報無くして物流は何事もなし得ないからだが，その情報を把握するのは人であり，人が必要な情報を選択して次工程に送り込んでいる。情報ネットワークといえども，その中心には人が介在している。つまりは人の感性，感覚，情報選択能力が重要なのだ。

　そこで，物流をマネジメントする際には人の管理，マネジメントを把握しておくことが重要となる。その意味でもマネジメントの対象は主に人であると考えられている。

　管理職は部下やチームがあっての存在であるし，経営も階層組織という人材資源を束ねて価値の創造が目的とされているからだ。

　確かに100年前に発明されたマネジメントの想定していたものは働く人であったことに違いはないが，現在では人が取り扱う情報機器や装置もマネジメントの対象として含めなければ，生産や販売活動，ましてや物流という量の活動をコントロールすることはできない。マネジメントを定義することでマネジメントを理解，説明，伝達，記録，改良してゆくことができる。

　物流活動を支える全ての活動資源をまとめると，設備や機材などのハードウェア，ITを含むネットワーク上で稼働しているソフトウェア，熟練やベテラン，継続的なモチベーションと能力発揮のマインドウェアがあることに気づく。ハード，ソフト，マインドやハートという3つの要素がマネジメントの対象である。

　全体最適を目指すための物流システム設計では，このようにハード，ソフト，マインド（ハートやモチベーション）がバランス良く組み立てられなければならない。

　感情を持たないハードやソフトは導入に際しての設計が全てであるが，従業員や作業者というマインドやハートは常にメンテナンス，サポートとチェックが必要なのである。ところが従来までの人材開発，組織開発のプロセスや研修などは，明らかに時代にそぐわない点が出てきている。それは，希少な人材資源を固定観念で均一化しようという思想が残っているからだ。

　高度経済成長期の標準化運動であるなら，人材も機械も同等であることが許されてきた。低成長，差別化，価値の普遍化が重視される現代において，多様化こそが重要視されなければならない。

　従来の人材教育，研修育成手法は固定的なステップで行われてきた。それは，

1. 個々人の現状評価，採点，診断
2. 原因追求，要素分解，特定化

3.　対策の検討，過去経験との照合，事例研究

4.　研修の実行と再評価

5.　結果としては弱点の補強

6.　全体レベルは従来通り

というように，明示的な欠点，弱点を指摘して補強するという手法だった。個々人の成果を重視するために，集合教育，集団研修であっても個人レベルのトレーニングや点検に終始しており，チームワークや組織力，集団的な総合力の開拓には不向きであった。

多様化する価値観の中では，かつての欠点が今もなお欠点や弱点である保証はない。むしろ，採点基準や比較水準ごと全部を見直さねばならない時代であるはずだ。特に求められる人材が多様な価値観と発想，アイデアや挑戦を期待しているのに，指導や研修の方式が画一的であること自体が時代錯誤といえよう。

これからの人材開発，組織開発のあり方は，図1で示すような要素を織り込まねばならない。

何よりフェアな価値観に基づく公正さと多様性が重視されるはずであり，労働人口構成から見ても女性やシニアの活用と進出を積極的に進めなければならない。

すると，従来の常識であった「OJTによる先輩指導」という場面は極端に制限されることになる。なぜなら，中間管理職の減少もあるが，女性やシニアを活用した経験が乏しいからであり，業務全体がシニアと女性にふさわしくない状況下にあるかもしれないのである。

また，従来からも職場に敷衍していた2つの不満を注視しなければならない。

職場にある空気には2種類があるだろう。それは「わかってはいるが，やりたくない。やりたいが，できない」という感覚だ。不安であり欲求でもある，不満でもあり怠惰であるかもしれない。

このような職場環境では個人に注力するのではなく，チームワークや組織力の増強を目指す必要があり，個人には対話を通じて全体観を持たせる必要がある。それは古来からも言われ続けており，旧海軍大将山本五十六の男の修行で語られている。

それは，対話の重視だ。

「やって見せ，言って聞かせて，させてみて，誉めてやらねば人は動かじ」

「話し合い，耳を傾け，承認し，任せてやらねば，人は育たず」

「やっている姿を感謝で見守って，信頼せねば，人は実らず」

私たちは指導や教育について，どうしても自分の経験，自分が受けてきたしくみを思い浮か

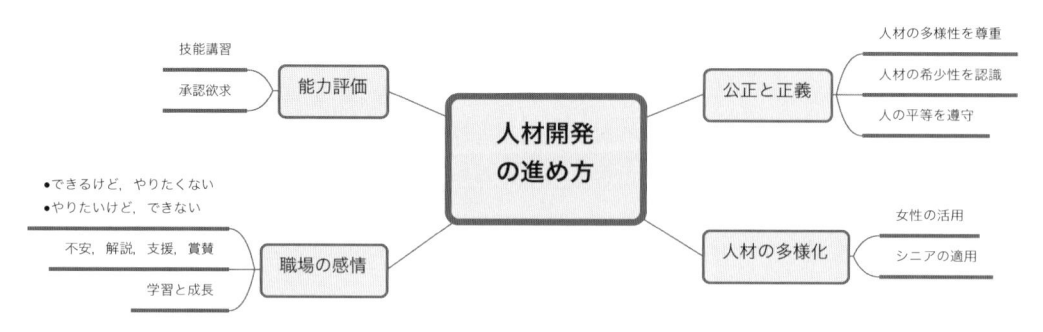

図1　人材開発の進め方

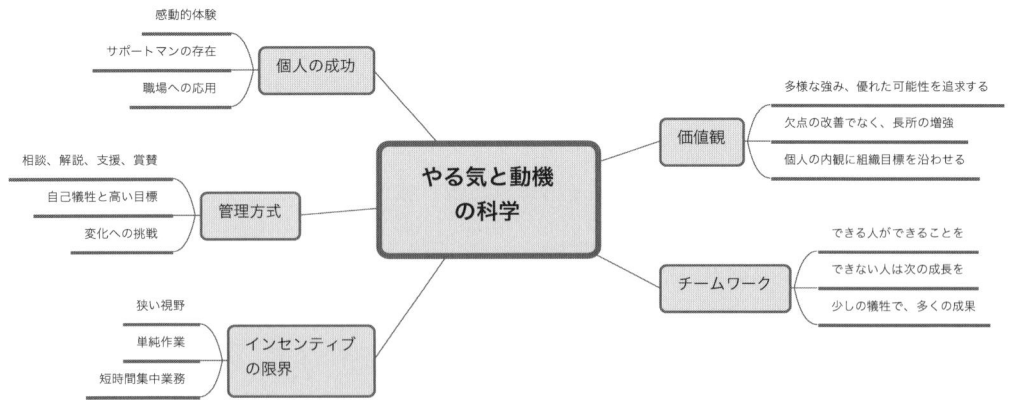

図2　やる気と動機の科学

べることが多く，新しい手法や理論に馴染むことができないでいる。しかし，雇用環境や就労意識が変わり，更に人手不足，人材困窮の状況にあるわけであるから，現代の労働価値観に合わせた手法の採用が必要なのだ（**図2**）。

　特にモチベーション向上のための教育や研修であれば，従来型からの脱却が必要だ。価値観としても欠点補強ではなく長所の増強であり，「できるものがリードして，犠牲を厭わない勤労態度」というものを引き出さねばならない。

　そして明らかになったインセンティブの効果減少も改めて再確認しなくてはならない。僅かな金額報奨程度では，労働強化や意欲を強く引き出すことはできないのだ。インセンティブが有効な業務や仕事は非常に限られており，単純労働や短時間集中業務など，現代に求められる創造性や改善意欲とは別次元であることも再確認する必要があるだろう。

2　マインドとハートのマネジメント理論

　人は命令だけでは動かない。従来の組織論や統制方法論は，1966年 D. マクレガーの『企業の人間的側面』[1]で紹介された X 理論（人間性悪説），Y 理論（人間性善説）と 1981年 W. オオウチによる『セオリーZ』[2]：Z 理論（日本企業固有の理由による高いロイヤリティ）という命令と管理というスタイルであった。

　労働契約や雇用条件によって，指示命令を受諾して行動することを明記した職務分掌では命令が絶対であり，従うことが報酬の条件であったわけだ。しかしながら，言われたことだけ，指示されたことだけを作業するなら機械化やロボットにも劣ることとなる。

　右から左への単純作業や繰り返し作業ならばそれでも良かった時代はすでに終わっている。人が人であるための判断，工夫，全体感の把握，先読み，業務改善などの改良を自然発生的に期待するなら，命令と管理という軍隊型運営では従業員のハートとマインドを維持することすら難しくなる。

　職場に蔓延している従業員の「わかってはいるが，やりたくない。やりたいが，できない」，つまり〈できない〉悩みを解決しながら，サポートして，さらに〈やりたい〉意欲を引き起こすに

は，単なる指示命令ではなく，自発的学習と意欲を高める環境づくり，管理者の率先的なリーダーシップが欠かせない。いわば人材マネジメントの要諦はここにあるといえる。〈できない人をやりたい人に変えるマネジメント極意〉こそが，物流作業の生産性を高め，現場の改善を促進し，安定した物流運営を可能とするものだ。

　従って従来型の教育研修やOJTによる指導方法は，非常に限られた分野や領域にしか活用できないということになる。しかも，これからの教育研修は自らが自発的に学ぶ環境を作り出すことが必要であり，その意味では〈学ぶ環境を作り出すマネジメント〉が求められているということなのだ。

　個人の意欲を高め，学習と成長を促すことの意味は経営理論であるバランス・スコアカードでも証明されている。企業の業績は所詮，一人ひとりの従業員構成員の学ぶ意欲，成長の進化に直結しているという実証理論である。

3　バランス・スコアカード

　人材マネジメントの重要性を改めて認識させた経営理論が，バランス・スコアカード[3]（以降BSC：Balanced Score Card）といっても良いだろう。それまでは，人材開発は教育研修によるレベルアップと動機付け，モチベーションの向上を狙う労務管理の手法であったわけだが，実はこれらの人材管理が企業業績に直結していることを明らかにしたものがBSCだった。BSCの特徴は経営や活動を4つの視点に分解して，結果を保証するための先行指標管理という手段を提示している。それは，財務，顧客，（組織運営としての）業務プロセス，（従業員個人の）学習と成長という4視点である。

- ・財務の視点：企業業績として財務的な指標を設定する
- ・顧客の視点：顧客に対してどのように行動すべきかの指標を設定する
- ・業務プロセスの視点：優れた業務プロセスを構築するための指標を設定する
- ・学習と成長の視点：組織や個人として，改善と能力向上を図る指標を設定する

　これを図解したものが図3であり，それぞれの視点に対して計測可能な先行指標の例示を加えてある。

　財務の視点では売上の拡大や利益の増加という経営効果が重視される。売上拡大では，顧客満足の向上による成果として捉えられるから，満足向上につながる管理指標を列挙した。

　業務プロセスの成功とは効率や生産性の上昇であり，それらは業務改善効果としてまとめることができるだろう。改善には投資やシステム導入が起こり得るが，そのきっかけとなるのは従業員や組織構成員の働きかけ，発想や創造性の成果であるはずであり，そのためには個々人の学習と成長が欠かせない。すると，個人の研修時間の増加が業務プロセス，顧客満足とつながることで財務の成功までの道筋が描かれることになる。

　BSCが示した人材の学習と成長というマネジメントが企業の業績や成果の最大化につながるのはなぜだろうか。それは，マネジメントが全体最適を目指す技法であることも当然ではあるが，マネジメントを行う管理職者や多くのマネージャーの一人ひとりが最適な活動を行えば，最終的に全体最適となるかどうかは保証されていない。それは部分の最適化と全体最適の

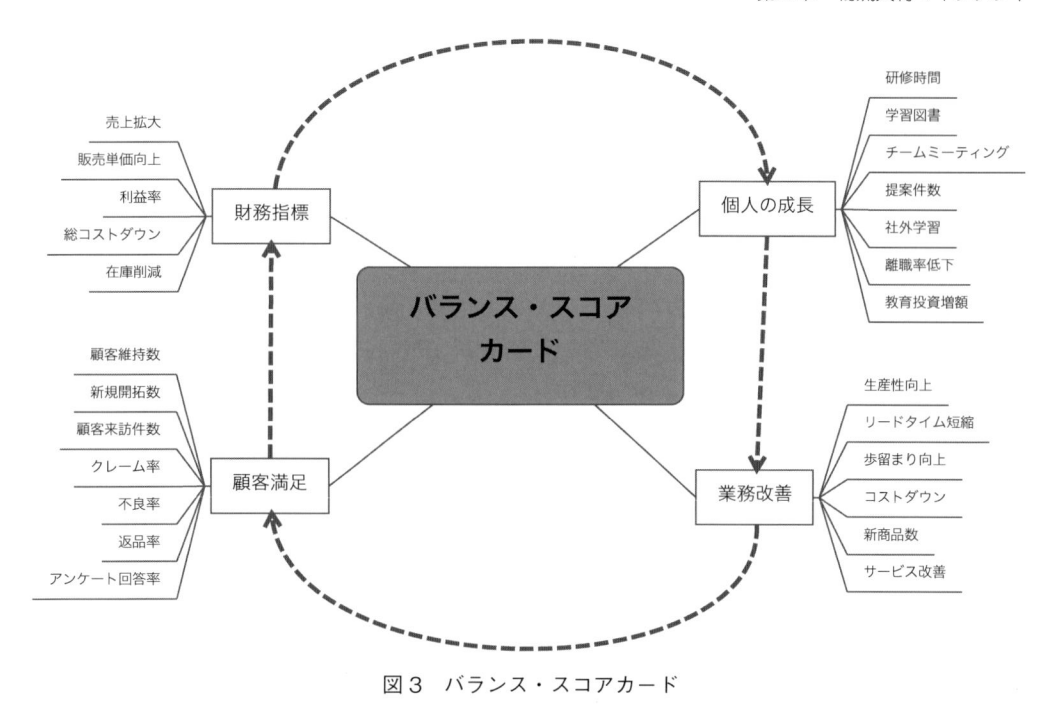

図3 バランス・スコアカード

保証ができないのと同じ理由である。

　そこにはマネジメントの目標設定がシステムで組み立てられている必要がある。改めてシステムを定義すれば，必要な目的のために必要な手段が整然と連なり，順次に実行される必要がある。成功がシステムの目的であるならば，成功を分解した成果目標を整理する必要があるのだ。

　経営戦略の実現や業績の成果・安定という〈結果〉を導くための〈先行指標〉の設定が必要になる。それを図解化したものが，BSC ツールということになる。

　業績の安定には，売上と利益の確保が必要であり，そのためには売上に直接寄与する顧客満足が向上しなくてはならない。

　顧客はどのように満足し，どこに不満を持ち，何に無関心であろうか。それは商品提供やサービス提供を行う，業務や接点を持つ営業や顧客担当者とのコミュニケーションであろう。良いサービス，優れた商品には進化がなくてはならない。満足というものは感覚や感性の比較値であり，経験値であるからだ。常に安定した品質やサービスも顧客満足をもたらすが，そのために追加購入は起き得ないだろう。つまり，同じサービスならば売上は増えないことになる。さらなる満足を獲得することによってしか売上を拡大させることはできず，売上が伸びるということは顧客満足を向上させたという因果関係の証明となる。

　去年と同じではなく，前回とは異なったより良い感触を与えることができて初めて，満足度が向上して売上が上がることになる。

　しかもこのような業務改善成果はチームワークや担当個人の努力や学習，進化や変化によってもたらされることが構造的に整理できる。

　これがBSC の特徴である。個人，業務組織，顧客満足，業績の4つの関係性を説いたのがこの理論であり，優れた業績という結果を保証するための先行指標の構成を示唆したものなの

だ。強力なマネジメントツールであり，そのためのメジャーメント（測定）可能な指標を次項で整理してみよう。

4　個人の努力，学習を測る

　現代の職業人は激しいストレスと潜在的にメンタルな問題を抱えているという。大切なことは優れた人材能力と彼のメンタル，ストレス問題は別物だということだ。心の問題は新人でもベテランでも抱えている。しかも，業務遂行上ではその傾向や兆候とサインを見逃しがちなのだ。物流業務では従事者のモチベーション維持も重要な課題となっている。優れた技能や能力があっても，休みなく続く業務遂行では交代勤務やストレス解放も必要であり，管理者としての労務環境の観察と計測が重要になる。

　当然のように人は燃料やスイッチで動くものではなく，適切な動機と環境の影響を受けながら成果を発揮するものだ。命令と監視だけで全てが回るはずもなく，状況の把握は彼らの心理や意欲の程度まで及ばなければならない。

　このような人の問題を抑制し，小さな問題点を早期に発見して補正，強化，支援できる体制を作り上げることが，物流現場にとってもビジネス構造にとっても重要であることは，最近の傾向として特記できるようになってきた。自主申告による学習時間や研修教材への取り組み時間などは計測可能であろう。また，業務会議や現場QC活動への参加回数など，多くの計測可能なデータは散見されるはずだ。

　各自との面談を通じて，学習と成長のための要素を協議して計測可能な指標を定め，月例ごとに計測を続けることが可能となる。

　同様に業務プロセスの改善が進むためには，事故ミスなど不満要素の解消がなされなければならず，従来言われてきている物流管理指標が相当するだろう。作業の生産性，時間短縮，ロス排除，コストダウンなどの業務指標が改善されることにより，次の指標である顧客満足が向上することにつながる。

　満足度指標はとらえどころのないものであり，アンケート評点やクレーム率などが代表的なものであった。本来の満足度はアンケートに現れる要素やクレームにつながる先行指標を発見して，そこに注目しなくてはならない。

　例えば，満足度調査では大半の顧客が感じている「満足も不満も感じない」という中位顧客層の深耕開拓が重要であるはずだ。

　上位顧客への表敬訪問やクレーム発生時での対処だけでなく，中間層に位置するいわば〈非満足層〉へのアプローチが有効であろう。

　つまり，個別訪問などにより顧客の感触や意向，明確に示されていない要求レベルや期待値などを聞き出し，新たなサービスメニューの開発につなげることが効果的と思われる。

　その意味では上位顧客，クレーム顧客へのアプローチと合わせて，定期的な顧客訪問や面談機会の設定が〈非満足〉顧客への対処となるはずである。

　顧客満足度は接触頻度と回数時間の累積によって高まることが経験的に明らかであり，そのための営業手法やセールスツールを準備することが重要であろう。

　顧客満足の成果は確実に売上に繋がらなければならない。むしろ，売上を上げるために顧客接点を深めなければならない，という価値観を組織内に浸透させる必要がある。そして顧客接点は従業員一人一人の個人レベルで行われているわけであり，電話応対や挨拶，一言の説明や話題の持ち方が印象を大きく左右する。もっとも物流活動に限れば，一人一人の業務態度よりも成果としての物流サービス全体が重要であるから，点検要素を正しく設定する必要がある。

　売上に直結する顧客単価，回数などの変化点に注力して，変異が起きる前に顧客接触と現場点検を行わねばならない。

5　モチベーション新時代

　表面を観察するだけでは人は能力を発揮する環境とそうでない場面に大きな違いが見られないという。勤務態度や表情だけでは，パフォーマンスや成果は分からないのだ。全ての仕事が終えた結果を通してのみ，反省事項として従事者のモラル・モチベーションの問題点が指摘される。それでは手遅れであり，全体最適を保証することができない。

　働く意欲というものを第1章，表1の「物流改善ベンチマーキング診断表」の項目に挙げている。正しい意欲と動機があれば，現場の活気や仕事の成果としての点検，整理整頓，活動の見える化報告などが実行されるであろう（**図4**）。そして，勤務態度や表情ではないところにその成果は確実に感じることができるはずだ。

　それは，「良い店，良い会社」を私たちが直感で感じ取れるように，現場の雰囲気を作り上げているはずなのだ。

　意欲はモチベーションと呼ばれてきた。現代はこのモチベーションが第3世代を迎えているといわれる[4]。

　X理論，Y理論は古典的な人材開発としての報償による動機付け理論であり，人間性悪説，性善説に基づく信賞必罰，人間関係を適用してきたものである。人材は単純作業者として頭と手を持つ道具や機械として扱われてきた名残である。

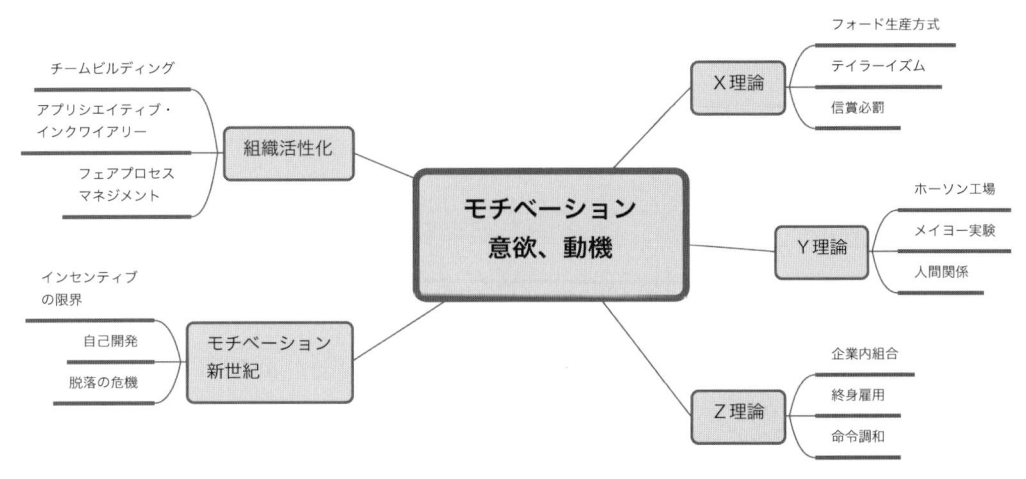

図4　モチベーション，意欲，動機

　Z理論は1900年代の我が国の優れた労働者の働きぶり，企業への高いロヤリティを解説するために生まれたものであり，社会制度や雇用環境，制度によって日本固有のものといわれている。しかし，現代では終身雇用保証もなくなり，労働者の流動化が進み，さらには労働人口そのものの減少危機がある中では，新たなモチベーション開発を目指す必要がある。それがモチベーション新世紀といわれる現代の労務問題なのだ。

　優れた人材であっても，採用から研修定着まで数年間の労働教育が前提だった企業人材開発はすでになくなり，第2新卒即戦力化，中途採用，流動人材の活用が主流となりつつある。さらに現代病ともいえる心の問題を抱える労働者が増えてきており，潜在的なうつ予備軍は勤労者の3割を占めるようなったといわれる。さらに，核家族の影響もあり，高齢化した親の介護のために離職せざるを得ない者も同様に3割いるのではないかといわれている。

　人材開発を行い組織化を完成できたとしても，その長期的な維持には3割以上の脱落を予定せざるを得ないほどに組織維持にも大きな問題を抱えている。当然，少数精鋭，外部アウトソーシングによる定員確保，業務標準化による要員交代を前提とした組織運営が必要となってきている。

　すると，従来型では考えられなかった人材マネジメント，組織開発手法，新しい理論と原理でもって組織の再構築が必要となってきているのである。

6　フェア・プロセス

　代表的な手法を紹介しておこう。

　「人はパンのみに生きるにあらず」，とは聖書の時代からいわれている動機の原点である。生存説でありモチベーションの根源論になっていたインセンティブは生命生存の恐怖があった暗黒時代の名残であり，労働の動機に生存危機はあり得ない。その延長に報酬というインセンティブも効果を失ってきている現代の若者像もある。少子化，核家族化の影響もあり，就職や職業選択に親の影響を強く受け，さらには不動産などの相続財産の事前把握もできるために，追加報酬や給与条件というインセンティブはほとんど機能しなくなってきている。

　報酬よりも休日を求める若者が増えるに従い，労働環境を全面的に見直しを始める企業も増えてきている。

　このような労働に対する動機が，報酬や権利ではないところに焦点が当たり始めることは，労働環境重視の傾向と相まって，真の意味での働き方模索が始まっているといえる。

　階層組織は上席者の判断，命令に忠実であることを想定していたが，組織がフラットとなり，命令では人が動かないかもしれない，という新たな懸念がもたらしたものはリーダーシップのあり方，人材評価や労働の評価や報償のあり方だ。

　オーダー＆コントロールとは命令とその実行監視という手法であり，軍隊的な組織を維持するために効果的といわれてきた。ビジネスも戦闘も類似の面が確かにあったが，組織進化の途上ではこのような命令重視，リーダーの判断や決断を盲目的に重視するマネジメントはもはや通用しないであろう。

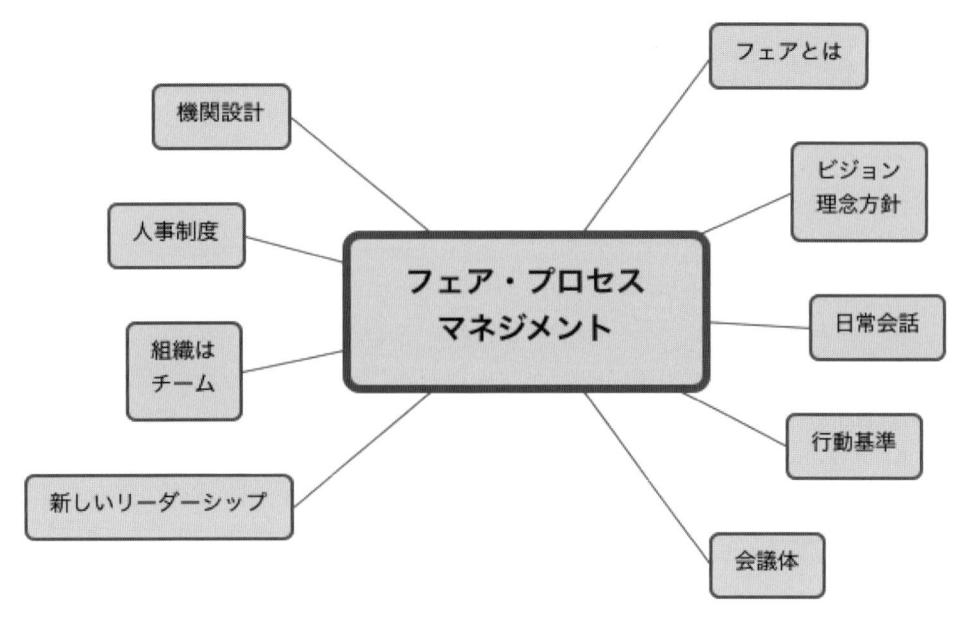

図5　フェア・プロセスマネジメント

代わりに生まれてきたのは，フェア・プロセスという概念である[5]。文献では，インセンティブの持たせ方に，経営参画，意思決定に関わるという協調体感体制，従業員と組織の一体化という手法がある。

インセンティブが金銭や役職，昇進や降格といった組織内部での資源の分配問題であったものを，命令の手続きや意思決定，方針への納得感を醸成する手続きの公正問題に切り替えた手法である。「人は尊重されることを何より重視する」ことの原理に立ち戻り，全ての従業員に尊厳と相互尊重を期待し，さらには経営や活動への参画，意思決定への関与を自覚してもらう手法である。

報償などの資源分配に比べて，手続き的な公正というものが重視されているのは今後の傾向といえる。これからの組織運営，マネジメントスタイルに欠かせない視点といえよう。

このマネジメントスタイルの設計は次のような要素で構成される(**図5**)。

1) フェアの定義

何事に対しても公平，明朗，納得を前提とした運営であり，行動基準となっているものでなければならない。

2) ビジョンと理念方針設定

単なる経営数値目標や抽象的な言語ではなく，明確な事業推進ストーリーであり，そこには共通の価値観の提示が行われ，必要な約束と相互の信頼が語られ，目的と役割，行動基準，解説と納得を得られるための仕組みが設定されて，従業員各位はエンゲージメントと呼ぶ合意と約束を決意コミットメントすることを求められる。

3) 業務上での日常会話

- 私たちの役割は〈○○○〉である
- チームのメンバーであるあなたを信頼している

- 問題や課題があっても，私たちは良くやっている
- 我々の次の挑戦は〈○○○〉だから，共に歩もう

4) 日々の行動基準

- 目標に向かい，努力する
- 不安を感じない
- リスクを覚悟して，可能性を探す
- 常に挑戦する

5) 新しいリーダーシップ

- 自信を持って先頭を切る者ではない
- チーム集団に伴走する，羊飼いのようなシェパード型
- チーム後方から全体の観察を忘らず，センサ＆レスポンド（状況を素早く掴み，反応する）態度を失わない

6) 必要な組織

- チームワーク主体である
- 相談できる人（チューター制度）がいる
- 安心の場所（多様化を承認されて）であることが重視される

7) 人事制度

- 360度評価となる全員参加
- 公正な配分制度を前提
- マスター制度（学習進度）があり，ベストプラクティスが明示
- 納得できるチューター（先輩）制度
- 職場には指導者が存在し，成長の観察を行い評価
  という形態が整えられている。

8) 機関設計（物流事業者の場合）

- 経営部門
- サービス部門（物流現場運営，輸配送，情報システム）

表1　組織マネジメントスタイルの違い

分配的公正と手続き的公正（フェアプロセス）

	分配の公正	手続きの公正
制　度	給与と評価 昇進と降格	意思決定への参画 反対意見への対応
管理ツール	権限と規定 金銭インセンティブ 組織構造	説明の機会 エンゲージメント コミットメント
労働態度	結果の評価と満足	信頼とプロセス
行動基準	命令に従う	自発的協働
業績結果	期待に応える	期待を超える

- 管理部門（総務経理）

という3部門の協調で運営される。

9) 意思決定としての会議体運営

- 目的と成果を事前に定めた定期会議
- 議案や議題は事前に開示
- 議事進行では説明と質問，全員の意見交換
- 終了時には決定と周知がなされる
- 単なる上位通知なら，同報メールなどで会議開催しない

このような運営は従来の発想や仕組みと大きく異なる。すぐさま転換することは難しいであろうが，時代が求める労務環境，働く者の心理や動機を高める方法として一考に値するし，すでに技術ベンチャーなどの先端企業では導入を行なっている。

従来型の組織運営とポイントを比較すると**表1**のようになるだろう。

従来型の組織運営がX，Y理論に立脚してインセンティブによって動機を高める原則が主流であったが，わずかな報酬増やポジションでは獲得できる権利よりも義務感が生じることとなり，そもそも長期雇用を前提としていない就労観では制度によるメリットを感じることはできにくい。

それよりも自身を高める環境や経験，チームワークによる居心地の良さ，労働と社会性の価値観の一体化など，「良いことを続ける心地よさ」に焦点を当てることが時代に合うようになってきている。

直ちに方向転換を図ることは難しいだろうが，人手不足，魅力的な職場作り，若者に関心を持たれる経営を模索する途上では，必ず出会うキーワードになっているのがフェア・プロセスマネジメントという概念であることを知っていただきたい。

文　献

1) D. マクレガー(著)，高橋達夫(訳)：企業の人間的側面—統合と自己統制による経営，産能大出版部(1970).

2) W. G オオウチ(著)，徳山二郎(訳)：セオリーZ—日本に学び日本を超える，CBS ソニー出版(1981).

3) R. S. キャプラン(著)，デビッド・P・ノートン(著)，櫻井通晴(訳)：キャプランとノートンの戦略バランスト・スコアカード，東洋経済新報社(2001).

4) D. ピンク(著)，大前研一(訳)：モチベーション 3.0 持続する「やる気！」をいかに引き出すか，講談社(2015).

5) W. チャン．キム and レネ．モボルニュ：組織のやる気を自発的に引き出す　フェア・プロセス：協力と信頼の源泉，ダイヤモンドハーバードビジネスレビュー(2008).

第3章　製販マネジメント

1　欠品のジレンマ

　マネジメント活動において部分の最適化は，小さな範囲での作業生産性や効率化指標で測ることができる。目先のコストダウン，見た目の現場改善という言われ方で指摘を受けることがあるだろう。では，全体最適を満たす指標とはどのようなものがあるのだろうか。

　個別では非効率でも全体では効率的というものが果たして存在するのかどうか。通常では私たちは全体を観察する時に，部分の組み立てによって全体が構成されていると認識する。だから要素を観察して，それぞれの改善を積み上げるようにしてきた。要素還元法とは，特定の症状を細かな事象に分割して改善を施し，再構成することで原因解決が図れるという考え方であるが，システム設計がそのような手法で行われるためによく利用されている。しかし，症状が必ずしも要素だけでなく，質と量や頻度による影響となる場合もあり，要素分解が正攻法とは限らない。

　特に経営という不確実性の環境下での成果を求める時，部分の最適化が必ず全体の成功をもたらすとは限らない。逆効果も多く，その意味では売上拡大を図ることが実際には利益減少となるジレンマも多く存在する。

　例えば，生産管理における原価低減のための大量ロット生産と販売機会ロス防止策のための在庫拡充は，生産と販売という二つの視点では最適な活動であるが，経営観点から在庫ロス，資金ショートのリスクを抱えることとなり，全体最適とはいえないことがある。

　物流や在庫問題での事例では，小売店舗における欠品発生率と売上利益率の日米比較が研究素材に挙げられる（**図1**）。日本のスーパーマーケットでは欠品を恐れるあまりに，欠品率1%を維持するための在庫過剰傾向にあり，その結果は特売による在庫消化や返品問題に行き着い

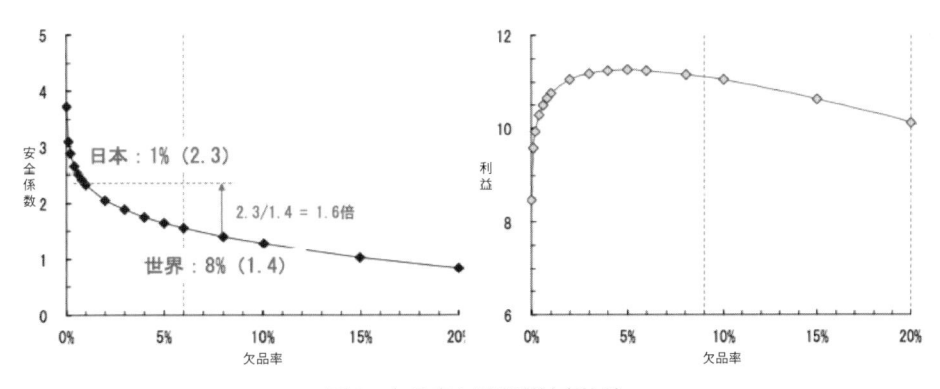

図1　欠品率と日米利益率比較

ている。かたやアメリカなどの小売業では欠品率は総じて高い状況にあり，顧客満足度は日本に比べて低いかもしれないが，高い利益率を確保しようとしている経営意思が見て取れる。

この事例では欠品率と在庫維持に必要な安全係数との比較から，利益率との相関を示している。利益最大となる欠品率は3〜4％と観察できるが，日本では到底許容できないであろう。これも全体最適である利益率と個別最適である欠品許容のジレンマといえる。

物流現場で欠品率を話題に上げれば，マイナス評価としての観点でしかありえない。しかし，在庫欠品を防ぐためには過剰となるかもしれない在庫量の確保が必要となり，商品資金や保管のための物流施設が膨らむことは明らかだ。欠品率と営業利益の関係性，投資や在庫量との関係性を分析している企業は少なく，ほとんど話題に上がらない。

「必要な時に，必要な量を」という前提がある以上，最終損益への影響を計り知る方法がないのが事実だからだ。このように物流，ロジスティクスには最後の調整先，問題の先送りが行き着くところとして放任されてきた歴史も傾向もあり，ここでの要素還元法による問題解決策が必ずしも全体への影響を好転させることにはならない事象が多くあることを確認しておきたい。

さてそこで全体最適を実現させるためには，マネジメント活動のなかでも測定，計量という分野に「結果をより良い方向へ導く先行指標の制定と測定，軌道修正」という技術と知識の重要性が挙げられるだろう。結果利益を保証するためのマネジメント技術である。

2　マネジメント環境の理解

ビジネスは常に進化を続けており，マーケットの環境対応に遅れを取れば，退場宣告を受ける覚悟も持たねばならない。経営活動には多くのリスクと脅威が存在しており，だから企業には寿命があり，平均では30年とも40年程度とも言われている。しかし，長寿企業の多いことも日本経営の特徴であり，100年越えの企業も2万社以上もあるのが実態だ。

ビジネスは時代とともに提供する商品を変えて，時代にふさわしい価値を提供し続けてきている。経営とは単なる生産活動や販売活動ではなく，時代にふさわしい価値創造活動といっても良いだろう。すると，企業経営における物流活動は，このようにして「時代とともに作られた価値の供給，バリュープロポジションそのものを担っている」ことが判明してくる。

産業は栄枯盛衰を繰り返し，企業は存続の危機を乗り越えながら，次第にその寿命を終えることになる。

企業の成長とは必ずしも売上高だけで示される訳ではないが，売上高と事業継続時間経過のグラフを取るとS字カーブを描くことが経験的に示されている。

それは，経営と時代環境のなかでの誕生から成長，成熟から衰退を余儀なくされるからであり，経営活動の中で主役であった商品やサービスのもたらす価値が時代背景にそぐわなくなった時に，その商品寿命は終わることになる。経営は，そのような商品寿命を把握して，直前に新たなる商品，サービスによる価値の創造を行った結果，新たな売上線は不連続のS字カーブを描くことになる（図2）。

物流は必ずしも物量の伸びだけではないが，このような売上高S字カーブのさまざまな局面で共通の運営課題と物流問題を抱えることが経験的に明らかになっている。

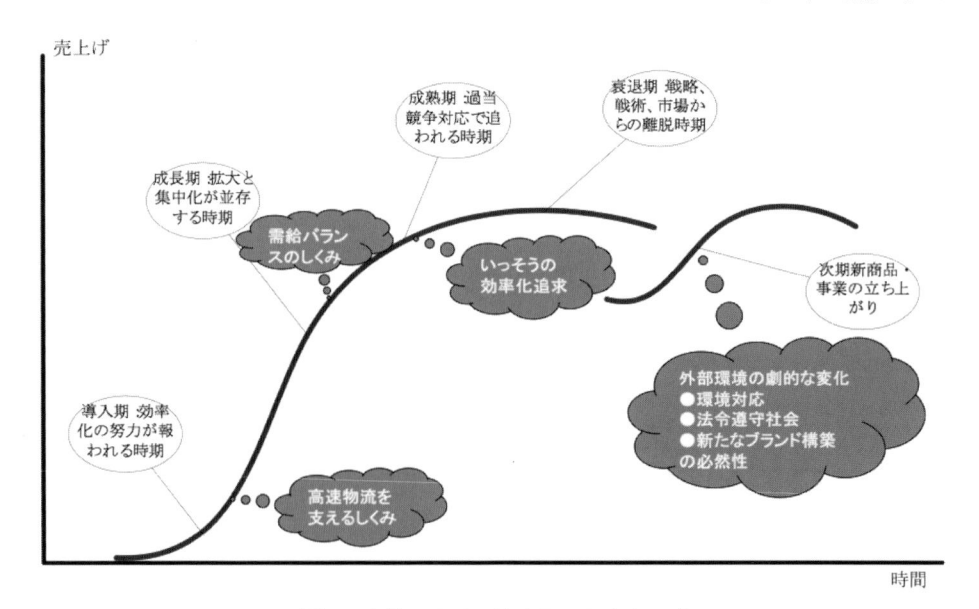

図2　企業のライフサイクルS字カーブ

　それは成長期における物流の高速化，成長後期における需給バランス（生産・販売・在庫調整），物流のコストダウンと効率化の追求，そして成熟期においては，マーケット撤退を視野に入れた撤収作戦にふさわしい物流の縮小などである。そうして，次期商品の登場をまって新たな成長段階が始まるわけである。

　このような企業成長段階におけるマネジメントの手法や技法は常に一定であるはずもなく，特に物流面，原材料資材の調達ロジスティクスにおいても7つの局面がある。

　それが表1に示したビジネスライフサイクルに準じたステージの区分である。それぞれのステージでは固有の物流問題が観察されるので，事前に理解，掌握して備えることが重要であり，そのような予見マネジメントが期待されるのである。

　S字カーブの局面に応じた7つのステージとは，

Ⅰ　事業開始まもないスタートアップの状態であり，製造販売の管理システムは導入されてはいるが，実際には販売伝票，納品書作成レベルであって，生産手配，発注，在庫情報の把握ができていない実態が多く散見される。そのために，日々の在庫情報把握に課題があり，的確な生産手配が遅れがちとなり，在庫欠品などの物流事故が多発している。

　　業務も事務処理，伝票処理に追われることが増えてきて，業務改善の目的が在庫情報の把握や受注残，納期確認などの業務整備や作業の標準化を挙げることが多い。

Ⅱ　事業成長が順調に進むと利益回収が開始される。当初の初期投資が確実に収益を上げつつ，キャッシュフローが獲得できるようになり，売上とコストバランスに注目することになる。物流活動では手作業，人海戦術が主体の現場からシステム機器，省力化マシンの導入や自社での物流作業からアウトソーシングへの移行などが始まる。

　　自社物流であれば説明の必要がないが，物流業務を委託する段階になると商品の区分や識別コード，取り扱い方法などの作業の標準化，単純化，手順やプロセスのマニュアルなどの整備が必要となり，物流管理システムもさまざまな形態のものから選択するようになる。

表1　ライフサイクル7つの局面

ステージ	ライフサイクル	主要な問題点	改善テーマ	システム化テーマ
I	事業開始	・在庫情報 ・販売管理との分離 ・自営転換	・在庫情報の把握 ・作業標準化	・物流管理システム ・物流業績管理
II	初期成長	・生産性の向上 ・コストダウン（CD）	・作業能力の向上 ・省力化機器導入 ・アウトソーシング	・事務のOA化 ・受発注EOS対応
III	安定成長	・作業精度の向上 ・CD & OS計画	・業績指標での評価 ・デジタル器機導入	・**物流システム本格化** ・**WMS & TMS**
IV	中期拡大期	・生産性&精度 ・SCM導入	・物流センター開発 ・全面的なOS ・業績指標管理	・**デジタル器機** ・**SCM導入**
V	中期安定期	・在庫削減 ・情報可視化	・共同物流 ・抜本的CD	・**WMS拡張** ・**WEBシステム**
VI	後期低迷期	・在庫削減 ・CD進捗の遅れ	・拠点統合 ・SCM効果の検証	・CD分析システム ・物流ABC検討
VII	後期終息期	・営業，生産連動	・物流OSの再評価	・システム総合評価 ・システム再構築

　　ネット通販などへの取り組みも進むので，大手取引などでは電子データ交換（EDI：Electronic Data Interchange）による受発注清算の仕組みなどを検討する段階になる。

III　市場評価や業績に安定感が生まれてくると，多くの取引先が集まるようになり，受発注業務でもさまざまなシステム対応が求められるようになる。前述のEDIも業種ごと，業界ごとの展開が必要となり，情報処理担当部門も期待役割が高まってくる。

　　物流関係ではコストの大半を占める輸送管理にシステム化要請が高まり，TMSへの研究と対応力がコスト問題の切り口となってくる。

　　同時に物流管理分野でもTMSとの連携が重要となり，システムの改廃や統合が行われることになる。

IV　さらに成長が軌道に乗ると新規の物流センターや移転拡張などが話題に上がってくる。それを機会にアウトソーシングの切り替えや契約条件の見直し，在庫抑制と生産管理の統合を目指したSCM志向が強まるようになる。単なる販売物流から，生産手配や販売支援につながるSCMを全社で検討する場面に入ってくる。

V　初期SCM導入の成功が進むと，一層のコストダウンと在庫削減，販売チャンスへの関心が高まってくる。特に物流コストダウンへの要請は自社だけでの取り組みでは限界があるために，業界内での共同物流化やアウトソーシング先の提案による共同配送網への参画などが検討されることになる。物流センターの運営自体も共同化や事業提携などが進み，一層の標準化活動や業務改善が継続して行われるようになる。情報システムもリスク回避やダウン対策に焦点が当てられ，サーバー設置型からクラウドサービスへの移行も進む。

VI　成長鈍化やマーケットでのプレゼンスが下がってくる時期であり，このような商品ライフサイクルを避けることはできない。経営的には減収増益を目指すために一層のコストダウンを要請されることになるが，商品分析やチャネル分析など，コスト偏重の実態や収益構造分析などの戦略性が物流にも求められるようになる。

そのためにも情報システムでのデータ分析や商品分析が重要な役割を担うようになり，システム担当部門への要求が高まるようになる。

マーケットの需要減少に合わせて，物流拠点の統廃合が進むこととなるが，輸送サービスは逆に納期や速度を期待されるようになるため，配送網の再設計や事業者選択が重要となる。

Ⅶ　商品サイクル終息期間となるために，事業撤収や代替商品との入れ替えプロジェクトが重要な作業となる。マーケットでの業態転換も視野に入るため，物流のアウトソーシング先の変更や交代が必要になる。情報システムも同様に統廃合，再評価の時期となるために大幅な入れ替えも行われるようになる。

縮小ではあるが，新規市場への参入や業態転換，商品交換も同時に行われているのであり，その分野ではステージⅠが再びスタートしていることとなる。

3　マネジメントの見える化

日々の物流活動の進捗を追跡することもマネジメントの重要な役割であり，次の意思決定の材料となるものである。コンピュータデータだけでなく，直感的に把握できるように現場には見える化資料の作成を提案したい。つまり，「今，何が起きているのか」，「それはなぜなのか」，「ならば，次に何をすべきか」という一連の行動リードを情報開示やすぐわかる資料などで見える化することが重要なのである（図3）。

マネジメントは全体最適を目指すものであり，最終的には売上げの増大，経費の削減，利益の確保を外部環境変化に対処しながら，サステナビリティ＝事業存続というテーマの中で実現するものである。

全ての活動には計画目標値が定められ，個別目標の統合として最終成果目標が定められているはずだ。繰り返し解説しているように，最終目標値をクリアするためには途中経過をトレースする必要があり，先行指標によってその事実を点検しておく必要がある。

売上げを確定させるものは，平均売価単価と顧客数，販売数量であるわけだが，それぞれの先行指標においても途中経過を認識することができる。つまり，販売価格の平均値がどのように推移しているか，購入している顧客数はどのように変化しているかというデータを取れば，売上＝単価×顧客数であるから，売上の着地予想も付けられるようになる。

目標値は期間・期限とともに定められるものであり，それは営業日数や稼働月数であるわけだ。すると，期間と目標値をセットした45度線グラフが描かれることとなり，このトレースこそが設計進行状況となるのである。日々の計測値（累積値）をこの45度線に重ねることで，進行状況のコントロール情報が把握できることになる。

このように売上予測や物量予測を計画に当てはめようとすれば，推移や乖離状況を把握する業務が生まれてくる。これらマネジメントの体系の中にどの要素を組み入れるかを設計することが重要なわけである。

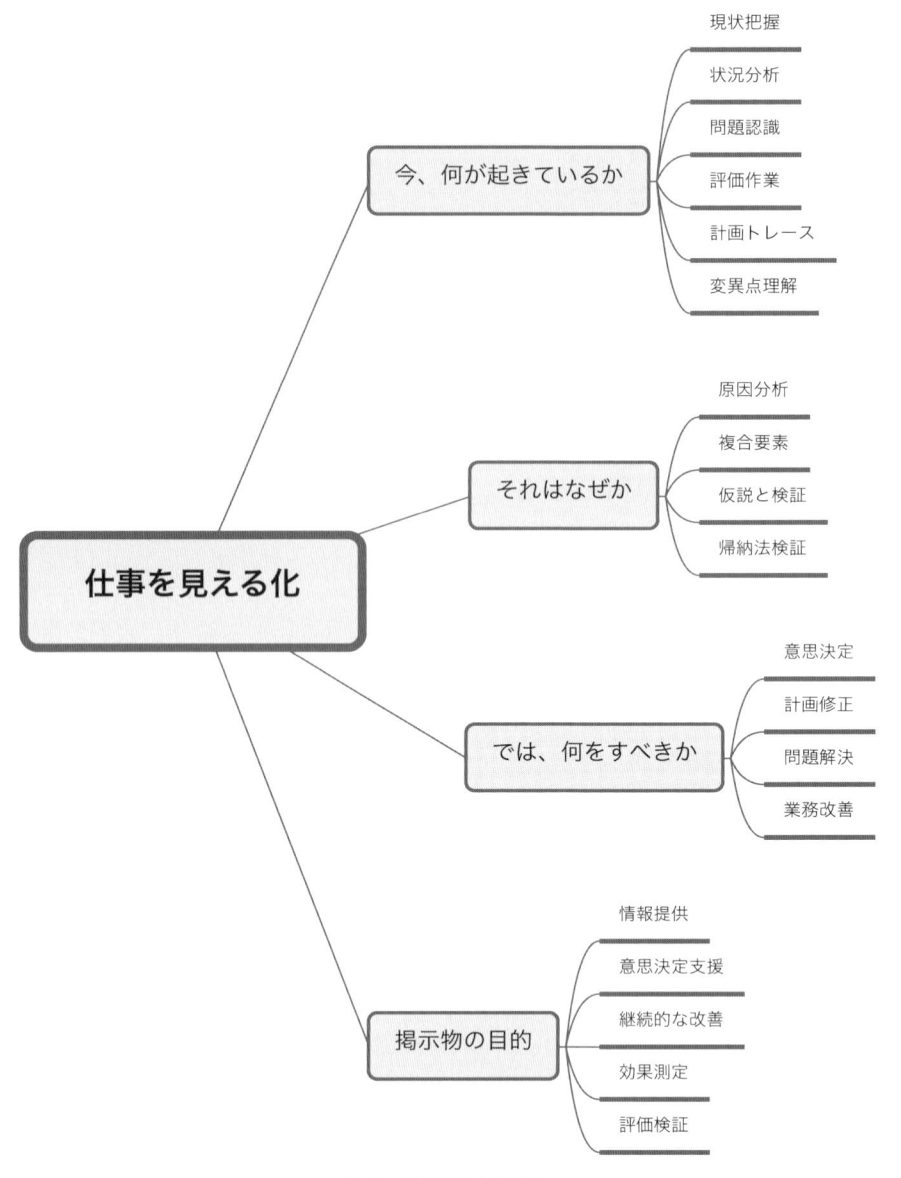

図3　仕事の見える化

物流では在庫問題が常に話題に上がる。欠品や過剰在庫の問題なのであるが，これもマネジメントの視点から見れば，商品ごとのライフサイクルをどのように把握していたか，計画建てていたかというマネジメント計画問題といえるのだ。

想定していたライフサイクル（時間と物量の推移グラフ）を低めに見積もっていれば，需要期では欠品を生じることとなり，実需が想定ライフサイクルより下回れば過剰在庫となる（**図4**）。

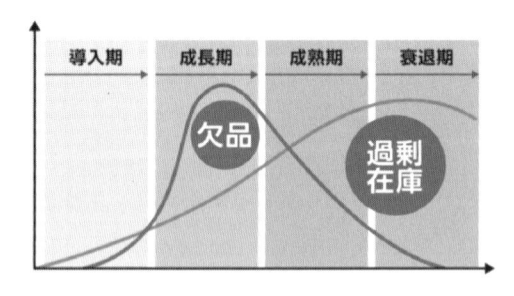

図4　欠品と過剰在庫

　ライフサイクルは生産計画，販売計画共に想定している管理テーマであるから，計画値と実績との整合性，乖離度，ブレや遅れを把握することが必要になる。それは前に示した計画45度グラフでの累積推移を見ればよい。

　生産，調達，販売などの計画値が日々の成果としてどのような状況にあるのか，今日までの成果を継続するとどのような結果をもたらすのか，という実績と予測を見える化することができるのが，この45度線グラフといえる（図5）。

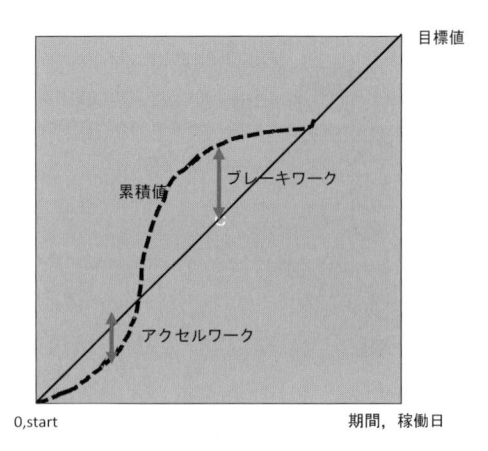

図5　計画進捗の45度線グラフ

　商品ごとのライフサイクルカーブは時系列の累積棒グラフであるが，その形状は2次曲線になるので，転換点，変移転に気づくことが遅れる場合がある。特にカーブの形状を把握することで物量予測や売上変化を早期に入手したい場合には，傾向値を把握することが必要になる。

　曲線の傾向値は接点に当たる直線の傾き（移動変化）で把握することができる。つまり，図で示した4本の接線の傾き変化がそれを示している。直線の傾きは，2点の格子点（縦軸，横軸の交差）を定めれば良いので時系列の時間と売上のデータを取り上げることで把握できるだろう（図6）。

　売上を追いながら成長率が鈍化するタイミング，そして下降に向かうタイミングは物量と在庫計画に重要な変換を与えることになり，見逃すことは重大な問題となる。販売計画，生産計画に連動した物流活動ではあるが，市場問題といえる実需動向にも関心を持たねばならない。

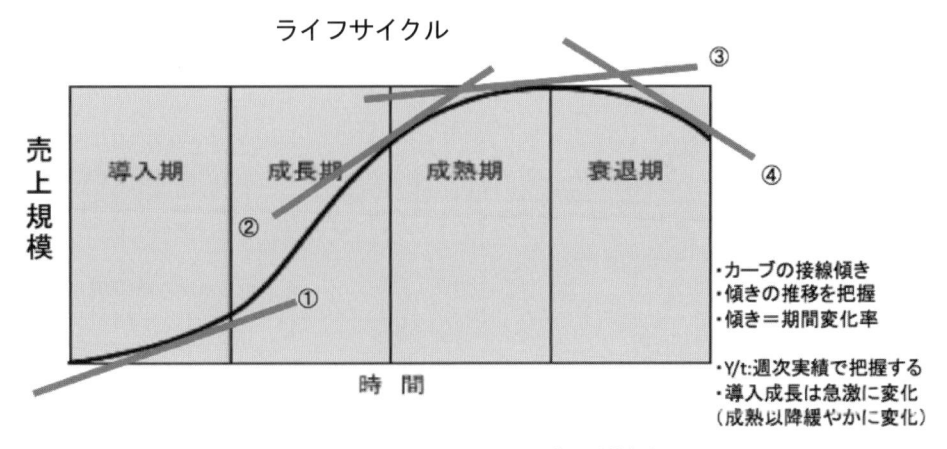

図6　ライフサイクルカーブの形状把握

4　商習慣の環境変化

　経営の環境変化は不確実性の連続発生といえる。さまざまな産業が10年安泰としていたということはほとんど聞くことがない。身近な事例でいえば，食品流通の店舗業態は昭和の時代から10年ごとに主役が変わってきている。表2のように店舗業態が変われば，それに伴い物流条件や手段も変わり，今やコンビニを中心にした鮮度品の日々配送，フレッシュ物流が主役といえるだろう。

　食品流通の主役が変遷することにより，物流の主体も当然変化が進むことになる。それは，物流拠点の設計であったり，輸配送手段の選択や物流への指示伝達の情報連携のスタイルも変わることになる。

　特に業態の進化は商習慣も変わることとなり，伝票のスタイルや決済方法が変化することになる。商習慣と物流の連携は表裏一体の関係にあり，伝票の形態変化や受発注システムの連携も重要な要因となるのである。

　特に大型小売業の登場によって，物流構造は大きく変化した。それは，通常の物流は販売と一体となって設計されており，販売先の店舗や工場などの「軒先納品」であった物流条件が，小売側が整備した物流センタへの納品に変更した。その後，それぞれの店舗には小売側の物流配送事業者が行うこととなり，そのコスト負担を「軒先納品代行料」として要請したのである。

　いわゆるセンターフィー問題として，現在も公正取引委員会による監視と適正化判断が期待されている制度である。その狙いは小売店各店舗への定期配送の確保と標準化にあったといえる。

　商習慣の変更は10年を待たずして顧客側から提起されることもあり，物流のマネジメントでは変化適応力，自由度の高さ，環境変化にも耐える仕組みの整備が求められている好例である。

表2　食品流通の進化

	売場の様子	トピックス	事件事故
1950年代	百貨店と商店街	鉄道系百貨店開業続く もはや戦後ではない	
1960年代	スーパーSMの誕生 大型総合店舗	チェーンストア協会設立	三河島液鉄道事故
1970年代	ダイエー売上1兆円超え	ショッピングセンター誕生 コンビニエンスストア誕生	千日デパート火災
1980年代	GMS流通再編の嵐	大店法規制緩和 POSレジ導入	日本航空機羽田沖墜落
1990年代	アウトレット，100均ショップ	日米構造協議 バブル崩壊	インターネット商用化開始
2000年代	全産業過当競争 ウォルマート西友提携	ユニクロ海外進出 流通統合生き残り戦略	雪印集団食中毒 牛肉偽装，O157，BSE
2010年代	ダイエーイオン傘下で消滅 ネットスーパー活発	世代交代，事業継承	福島第一原発

5　全体最適の在庫レベル

　物流と在庫問題は切り離して考えることはできないが，在庫削減を実行できるのは物流部門の組織ではない。在庫は物流問題のテーマではあるが，物流組織が解決できず，従って物流マネジメントの対象ではない。と言いたいところではあるのだが，経営領域の物流問題として捉える場合には，在庫を維持している生産調達部門と販売部門の調整活動として，在庫問題をマネジメントの対象にしなくてはならない。

　・在庫はなぜ増えるか（不良品増加，廃棄品増加）

　・在庫はなぜ品不足（欠品）を起こすのか

　在庫コントロールはSCMテーマの重要な問題であり，経営資産管理責任のある財務部門と生産販売の実務部門との連携が欠かせない。しかも，適切な在庫情報の収集と発信のためには在庫管理を担う物流部門との情報連携が重要となる。

　いずれにせよ，生産と販売の協調なくして在庫削減や欠品対策は不可能なのではあるが，在庫削減の総論と各論では多くの課題を抱えたままになっている。在庫問題の背景には，組織や部門の持つ業績評価への視点や関心の度合い，売上げ至上主義ともいえる営業部門の業績管理の体系と物流部門の情報収集能力や発信力の問題が存在しているといえる。

　それは，次のような社内議論，全体最適とはいえない論点のすれ違いに現れている。

　・欠品発生は売上げ機会損失となり，顧客満足，営業業績への悪影響である

　・過剰在庫（不良品増加，廃棄品増加）は，原因究明が一筋縄ではゆかない

　このような症状の背景にある思考には，「売上げ損失防止のために，在庫は多いほど良い」「生産コストダウン，納期遅れ防止のためには，在庫は多いほど良い」という考え方が深く隠れているといえる。いわば自己弁護のための方便ともいえるのだが，案外と筋が通っているように聞こえる。

　・顧客はいつ買うかわからず，品そろえは常時充実させねばならない

　・生産や調達はいつ遅延するかわからないので，常に早め，多めの手配が必要である

　このような思考法，ロジック，主張は一見正しそうにも聞こえるが，その実は自己部門の弁護に終始しており，全体最適の視点からは乖離している。自ら部門評価やリスクヘッジのために在庫を利用しているのであり，販売や生産の努力を怠っているといえはしないか。

　本来の販売活動は，売るべき商品群の品そろえを基にした活動であり，マーケットに対しての主導的立場を堅持するものであり，わずかのバッファー，安全予備は許される。

　生産活動は販売計画に連動した適時適量供給が前提であり，独自の判断による計画外の過剰生産によるコストダウンは原材料資材の無駄使いと指摘されるべきものだ。

　このような販売と生産の自己弁護，自己保全的な活動を監視するのも，全体最適の視点では必要とされており，その意味で正確な在庫情報の補足は物流部門の重要な役割といえる。

6　製販速度と在庫

　生産と販売のバランスによって在庫は維持され，同時に変化もしている。月末在庫情報だけ

が在庫ではなく，日々の変化が生じており，そこには経営成果としての先行指標的な意味も含まれているといえる。ロジスティクスのマネジメント対象で最も重視したいのが，この在庫情報である。在庫が販売の手段であり，生産の目的でもある。しかも物流活動はセルイン，セルスルー双方の在庫をコントロールしているからだ。

　流通各段階に存在するのが在庫ではあるが，在庫の基本的な性質から見てみよう。生産と販売のバランスとは，日々の数量の違い，すなわち「昨日より多い，早く作る，早く売る」ということになるので，早さという表現で考えるようにする。

　速度とは，単位時間あたりの量で示されるから，日額の違いが早さの違いになる。

・生産が早まれば在庫は増える

・販売が早まれば在庫は減る

・生産が遅れれば製造原価は下がる

・販売が遅れれば営業経費は下がる

　これらを図解したものが**図7**のグラフである。販売活動と生産活動では縦軸が売上と在庫額になる。

　全体最適の視点では販売量拡大と在庫削減を通しての利益極大化であるはずなので，これらのグラフだけでなく，その背景にあるコストや原価構造までも関心を広げなければならない。つまり，販売活動では単位あたり，例えば1日あたりの販売額を上げるには，販売促進費用を掛けると可能になる。もしくは，「販促経費を掛けるから販売額が上がる」，ともいえる。つまり，販売額の増加はコストの増加でもあり，結果的には販売額も経費も増えているが，利益も減る可能性がある，という視点である。

　同様に生産活動を考えると，単位あたり，例えば1日あたりの生産額を増やすにはラインを増強したり，工数を確保したりという原価影響から見て，原価が上がる可能性がある。生産量を増やすには原価要素を増やす，という視点である。すると在庫を標準よりも早く増やすには原価がかかり，利益は減る可能性があることになる。売上と販促費，生産量と原価要素，それぞれを考慮すると基準値・標準値よりも急がせると利益への悪影響が生まれる可能性があることがわかるだろう。

　では，どのような販売と生産の関係，在庫と経費や原価の関係があるのかを推定する方法があるのだろうか。これこそがシミュレーションの対象となるマネジメント要素といえるのだ。

　売上額と在庫量をそれぞれの速度（1日あたり，週あたり）で比較することで，利益の極大化

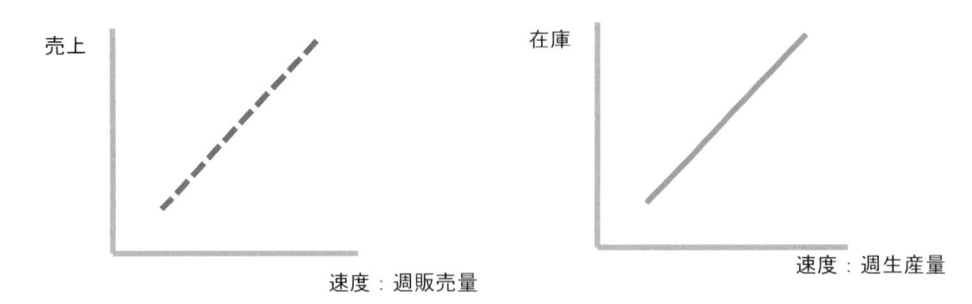

図7　製販速度と在庫量

を計ることができる。そのためのシミュレーターを設計しているのが，**図8**の蜘蛛の巣のような図である。

　ミクロ経済学では蜘蛛の巣理論は価格決定のプロセスとして紹介されてきた。企業経営においても，利益極大化のために製販速度を考察してみよう（**図9**）。

　販売額も生産在庫額も，その速度（単位期間あたりの額）によって利益と原価が変化するのは想像できるであろう。販売では販売促進費用や値引きなどが相当し，製造現場ではライン増強，工数増加が必要だからだ。

　販売グラフ，生産グラフを回転させて重ね，縦軸，横軸共に速度を与えると，販売グラフと生産グラフの交点が定まる。この交点こそが利益最大となる速度（販売と在庫増加）を表すことになる（**図10**）。

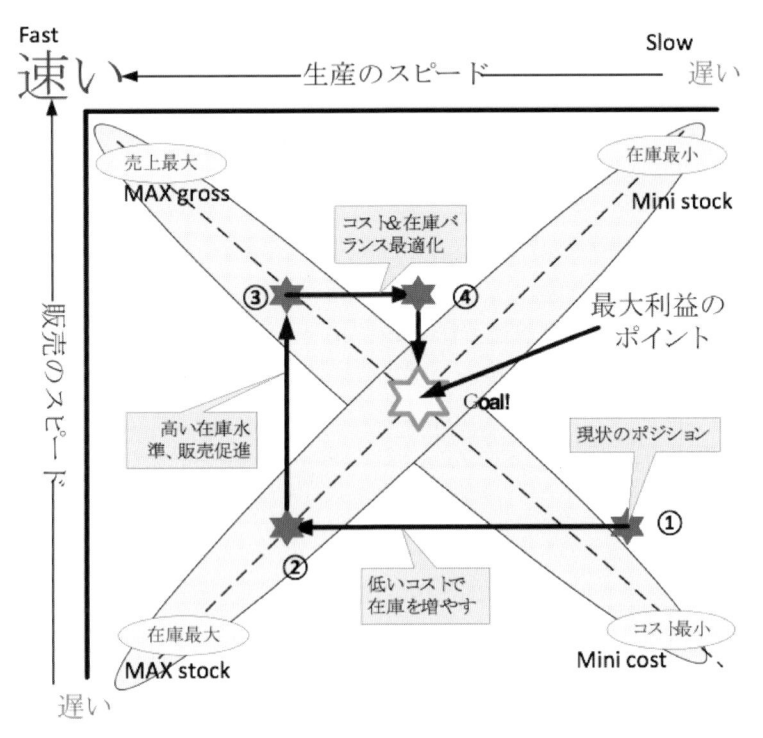

図8　蜘蛛の巣グラフ

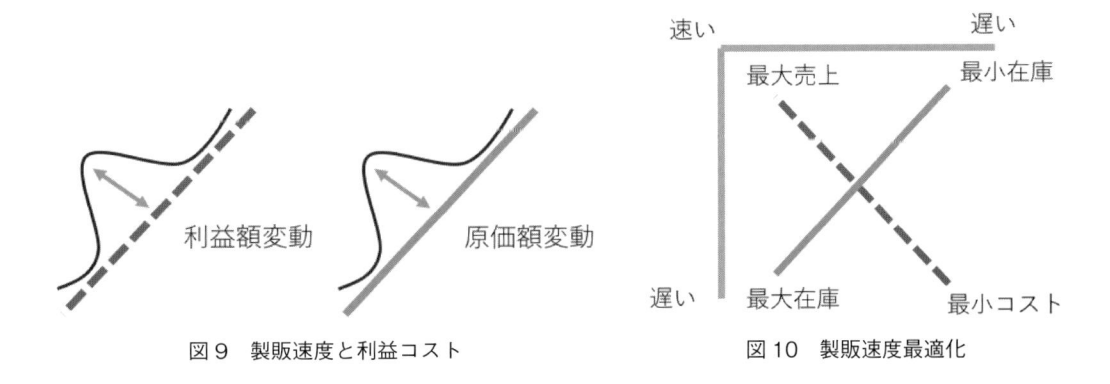

図9　製販速度と利益コスト　　　　図10　製販速度最適化

　さまざまな指標やデータを基にして，一意的に交点を定めることはできず，シミュレーションが必要になるわけだが，基準となるのは日々販売額，日々在庫増加額という2つのデータである。

　経営指標からコスト要素を抽出しておき，販売速度，生産速度に応じた経費要素を収集しておくことができれば，利益極大となる販売量，生産量が定まる。逆に，利益最大となる販売量とそれに従属する在庫量も定まることとなり，究極的なSCMを自社で操作することもできるようになるのだ(図8)。

- 蜘蛛の巣理論のスタート
  - ①：現在のポジションと想定する
  - ②：販売コストを増やさずに速度を落とす(在庫は増える)
  - ③：在庫量を維持しながら(生産の速度を変えず)，販売を安定させる
  - ④：在庫量を下げながら(原価低減)，販売を増やす(販促費をかける)
  - ⑤：販売と在庫のバランスが取れて最適化が実現する

　物流は適時適量が重要といわれてきたが，実はその意思決定を支える理論武装が足りていなかった。販売や生産の上流からの指示が物流を動かしているわけだが，結果的に販売不足，在庫増加という事態を招いて利益極大化とならない判断が多くあったことも事実である。同時に，どのような指示が利益極大化となることの証明もできていなかったのが事実であろう。

　マネジメントが全体最適を目指すなら，製販速度とコスト利益の極大化となるように，蜘蛛の巣グラフを活用したミニマックス技法を整備させることが極めて重要であることを主張したい。

　さらにこのような理論を実現化するために，情報システム分野では経営ダッシュボードとなるような，期間売上，コスト変化，在庫推移をリアルタイムで把握できるディスプレイを提案していただきたいと願っている。

適正在庫

　欠品も過剰，不良品もない状態の在庫を適正と呼ぶが，その反証として在庫維持目標を「適正在庫を目指す」ともいう。在庫問題は物流管理のテーマではあるが，いったい在庫責任や管理の主管はどの部門が負うべきかに議論が分かれる。

　在庫金額は財務経理課が主管になる。棚卸資産として財務諸表に直結するからだ。在庫数量は情報システムメンテナンスに関わるから，在庫管理責任は物流部門が負うべきだ。在庫明細の内訳は，販売計画に基づいて購買や生産が在庫水準を見ながら発注と生産を行う。

　販売，購買，生産の相互責任とすると本音と建前が交差して，在庫は野放図にふくれあがるのが通例だ。

　誰もが欠品を恐れるために，多めの販売計画，手配，生産計画になるからだ。誰かが気づき，過剰を問題視すると適正在庫というキィーワードが登場して，議論になることがある。改めて経営における適正を考察すると，在庫問題では売上高に対する総額としての在庫高が，同業他社や産業界での経営評価に直結している。

　また，在庫金額を取り上げると，実態としての有効在庫が問題となる。有効とは実際に販売に対応できるという当たり前のことであるが，在庫の実際は不良品や過年度品，販売に供することができない在庫もかなりの割合で存在している。このような負の資産というような有効ではない在庫が生まれる背景にも適正の思想が重要になる。

　理想形としての在庫は，販売計画から始まる経営の統合化に依存している。つまり，売るための在庫計画，生産計画が続き，販売計画に対する欠品は生産調達の速度と精度向上によって回避できる。突発的な急激な需要以外はライフサイクルに合わせて連続供給が行われる。販売計画の見直しは常に行われ，売れ残り過剰在庫の消化計画が販売促進に含まれる。このようにして欠品，過剰在庫問題は回避されるはずであるが，各種計画の統合や不一致が在庫問題を生むのである。

　適正とは企業内に存在している計画の一貫性に原因があるわけであるが，そこまでの究明を尽くさないで在庫適性を指摘するなら，解決策は遠のくばかりなのだ。

（花房　陵）

第3編　ロジスティクスシステム

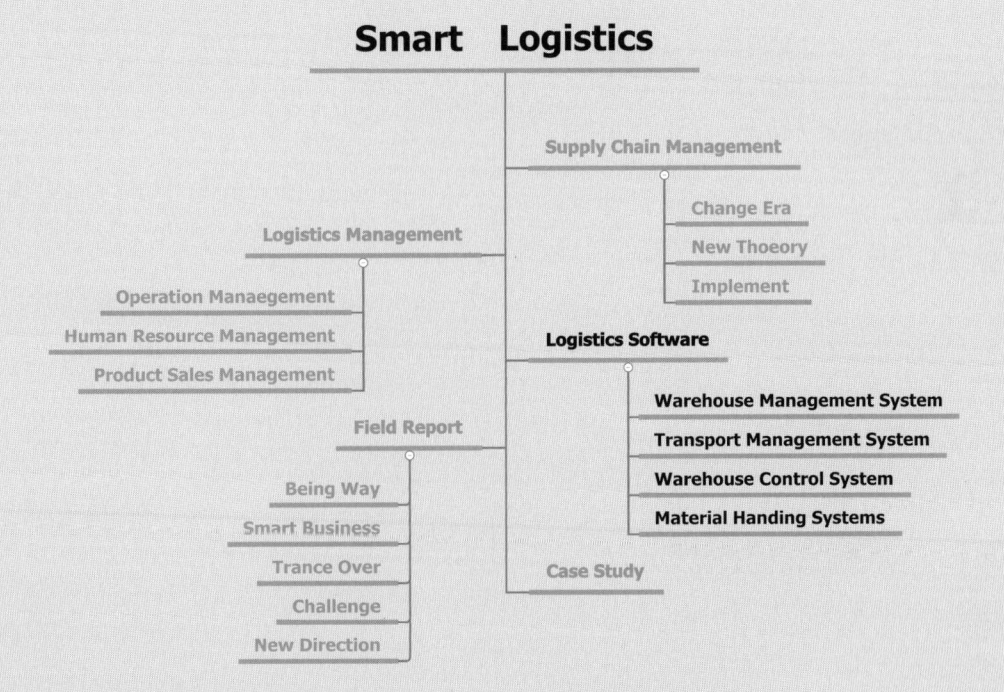

Smart　Logistics

- Supply Chain Management
  - Change Era
  - New Thoeory
  - Implement
- Logistics Management
  - Operation Manaegement
  - Human Resource Management
  - Product Sales Management
- **Logistics Software**
  - Warehouse Management System
  - Transport Management System
  - Warehouse Control System
  - Material Handing Systems
- Field Report
  - Being Way
  - Smart Business
  - Trance Over
  - Challenge
  - New Direction
- Case Study

第1節　リアルタイム統合在庫管理

ロジザード株式会社　遠藤　八郎

1　WMS（Warehouse Management System）とは

　日本のWMSは，台帳と伝票の手書き在庫管理や勘と経験の入出荷業務を改善するIT（Information Technology：情報技術）ツールとして1970年代に製造業の工場を中心に導入がはじまった。1970〜1980年代の高度成長期には多くの工場に自動倉庫や各種ロボット，複雑で長いコンベアラインなどによるFA（Factory Automation）化が進展し，WMSも追随し高機能化した。センサやコントローラが工場内に張り巡らされて監視と制御ができ，インターネットこそなかったが，今のIoTやインダストリアル4.0の原型は1970年代にその萌芽があった。1990年代のバブル崩壊以降の国内は，製造業の工場系から販売を支援する流通系物流のWMSへと転換していった。大手流通業などでは大規模な物流センターに拠点集約する際の主要なIT機能にWMSがあった。

　20世紀の物流は，BtoB（企業間）が中心であり，入出荷単位は数量や金額的にも一定量がまとまっていた。しかし，21世紀はAmazonに代表されるEC（Electronics Commerce：電子商取引）通販事業のBtoC（企業対個人）物流が急激に増加してWMSにも大きな革新を要求した。大きなトレンドは多品種・少量・多頻度に高速配送・大波動という流れである。製造業の生産物流は工場の生産能力を基準に所要量計算などから計画的な物流や設備設計が可能となっていた。しかし，トヨタ自動車は製造までがJIT（Just In Time）だが，販売では高級車を購入しても納車は数ヶ月も先が普通であり，販売はJITといえない。一般的な小売流通系物流では何時どれ位売れるか予測が困難で，入荷してくるまで商品詳細が見えないといった状況もあり，最適な物流設備設計も運営も困難である。しかも，ECでは「お一人様一個一品を直ぐにお届け」の購入といった荷動きが多く，従来手法での効率化はできない。ECビジネス全体が先端ITで構築され超高速化が実現されている。電話/FAXとは無縁のインターネット上に365日24時間の自動的な情報連携が進んでいる。このようなEC物流を支援するWMSは庫内に留まらない関係システムとの徹底した情報連携による運用の柔軟さが求められる。特に統合化されたリアルタイム在庫管理は，最近のECやオムニチャネルのような高速なビジネスに必須となっている。

　WMSは単独では機能しないシステムである。物流のトリガは外部にあり，製造であれ，販売であれ，その要求に応えることだ。従って，要求内容が変わるとそれに対応して行くことが必要だ。但し，単に受け身で言われるままになるということではない。WMSは企業組織の基盤に位置し，関連システムとのリアルタイムな在庫情報連携が重要となる。そのIT環境がインターネット上のクラウドであり，世界中の知恵と知識を蓄積し共有できる環境だ。WMSも

クラウド化することで革新的なサービスが構築できる（**図1**）。

　ECの巨人Amazonの大規模倉庫では，常時1000〜2000人の作業者が商品の入出庫作業を行っている。WMSは多数の作業者が同時並行的に業務を遂行する状況でも，リアルタイムに的確な作業支援や正確な在庫管理を行うために必要である。高度な自動機器も必要だが人手の作業は必須であり，これを速く的確にするIT支援は重要である。人手の作業は速さと正確さが相反するが，IT機器はこの矛盾を解決し，人海戦術の生産性を革新するものだ。ITは経営戦略といった上流面だけでない現場業務の基礎情報を速く正確にすることで，上流の経営判断をタイムリーに支援するという認識が大切である。従来の人手の伝票処理では500枚に1枚は誤りが発生する。これを庫内の壁に「改善」の標語と目標値を貼るだけでは竹槍で機銃掃射に立ち向かうに等しい。20世紀までの企業は期末棚卸しで少々の在庫差異があっても，その絶対額は小さく影響が少ないため倉庫運営や在庫管理のIT化には投資が遅れがちであった。しかし，多品種少量で高頻度の高速ビジネスを支えるにはWMSを基本とした物流システムの整備と高度化が必須な時代である。

　AmazonやGoogle，Yahooは全世界の利用者に共通のシステムから機能を提供している。しかし，WMSに限らず従来の業務システムは，サーバ等のコンピュータも自社購入で社内に設置して機能も自社固有の利用形態であった。個々の物流現場ではWMS機能自体はクラウドであるか否かは関係なく，業務が効率化できれば良い。しかし，オープンで知恵と知識の共有されたクラウド環境と固有システムのクローズド環境は長期的に見た場合に大きな違いが生じる。GoogleのCEOのラリー・ペイジ氏は，「私たちのミッションは世界中の情報を整理して，世界中の人々が整理された情報にアクセスできるようにすること」と言っている。やがて，Googleサービスが「世界の在庫情報」を正確に整理するようになる可能性はある。Amazonのベゾス氏も現在のIT業界で世界に多大な貢献をしている一人である。Amazonは自社のEC用にWMSも倉庫も作っている。その規模は世界共通のWMSサービスへ成長する可能性でいえばGoogleより高い。

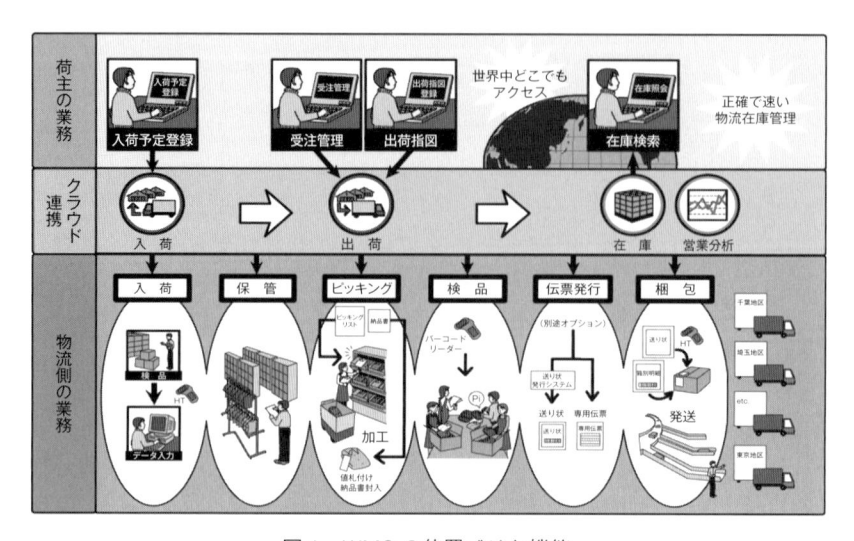

図1　WMSの位置づけと機能

　WMSは［第3編第2章］で解説される輸配送管理のTMSと連携してロジスティクスの実行系の両輪として機能する。個人レベルでも取引のグローバル化が進む時代はWMSとTMSは効果的な連携対応が求められている。前述のとおり，世界的にIT基盤はクラウドに移行しており，クラウド型のWMSとTMSの連携がグローバルなロジスティクスサービスを構築できる時代となっている。

2　リアルタイム統合在庫管理

2.1　統合化

　在庫管理の統合のスケールは企業の複数倉庫レベルから企業を超え，国境を越えるレベルまでさまざまである。時代の趨勢は企業の生産が世界規模であることはもちろん，合併や統合が世界規模で発生し範囲が広がる一方だ。

　「リアルタイム在庫管理」に「リアルタイム統合在庫管理」の「統合」を付加することは，クラウドにより従来の物流拠点別や企業別の管理を超えて広範囲に「一元化」される意味である。従来では想定できないITサービスが多く誕生しているが，WMSにおいてもクラウド上の「システムの共通化」や「資源や在庫共有」を可能とするサービスが誕生している。この「統合」は在庫情報の共有概念をさらに拡張し，在庫情報は企業や国境を越えて社会共有できる仕組みとなる。もちろん，現実には社会共有まではないが，技術的には可能である（**図2**）。

　WMSは商品を場所別に状態別にリアルタイムに管理し，入出荷の要求に最適な在庫や場所を提示してくれる。また，作業指示や結果の情報把握もリアルタイムに行うことで高精度な在庫管理と高速な物流サービスを両立させる。商品在庫はお金と同じく企業の重要な資産といえるが，現金の残高管理と比較すると甘く緩い管理は世界共通である。お金優先の観念は世界共通ということでもある。また物流在庫管理システムは現預金管理システム以上に煩雑な業務ノウハウが必要であり，現在でも世界的な共通サービスは存在しない。しかし，インターネット

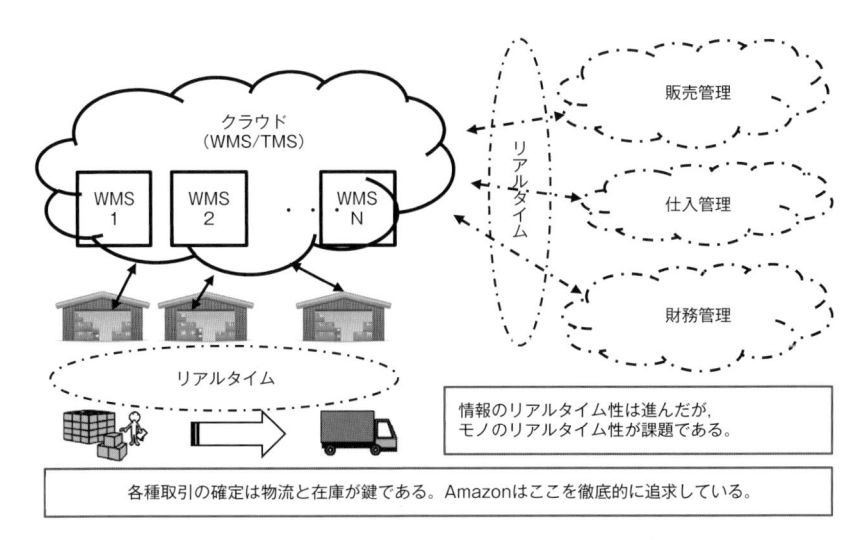

図2　複数拠点のWMS連携と他システムとの連携

とクラウド環境は，これまでの常識を破る高度で世界共通に利用できる物流在庫管理システムのサービスを誕生させるであろう。

　企業や国境を越えて「何が，幾つ，何処に」あるか，リアルタイムに在庫一元管理を行うことは，20世紀に想定できなかった社会基盤である。たとえば，今や先進国では廃棄される食品が膨大な量といわれるが，一方で食糧難に苦しむところがある。生活必需品の品々は人々にできる限り等しく供給される世界が必要だ。古代インカ文明には国中に食料保管庫（コルカ）があり，「奪って豊かになるのではなく，与えて豊かになるのだ」（パチャクティ皇帝）の思想がインカの隆盛をつくったと言われる。在庫情報は紐状のキープというものに記録管理して不作や飢饉の時は国民に分け与えたと伝えられている。現代のインターネットと格段に進歩した輸配送手段はインカ文明を遥かに凌駕しており，技術的な課題は殆どない時代になった。社会の分配概念は500年前より進化していないということが事実だ。

2.2　リアルタイム性

　リアルタイム在庫管理の必要性はインターネット時代に入り，ECの進展で格段に向上している。秒単位のリアルタイム在庫は，EC・店頭の顧客や物流現場業務に必須の機能となっている。経営者は週次や月次など一定単位の確認に経営数値が正しくあればよく，秒単位でのリアルタイムの在庫数などほとんど必要ない。

　在庫管理は入庫で加算，出庫で減算の単純な加減算業務である。「商品を1個出庫」し「在庫を1個減少」を昔の手書方式では，伝票を台帳に記録し終わる時間までは実在庫と台帳在庫は合わないのが当然であった。初期IT化の現場伝票を事務所に集めてパソコンに入力する形態では実態は同じである。たとえば，自動倉庫システムなら百分の一秒単位でも制御できる。しかし，普通の物流現場は多くの作業者の人手による入出庫作業である。在庫棚から作業者が手でピッキングした時に秒単位で在庫情報のリアルタイム更新するためには通信システムが必要である。正確な商品認識にはバーコードやRFIDなどの自動認識機器も必要となる。従来は高額な投資が必要であったが，クラウド型のWMSでは実商品のリアルタイム在庫管理システムの導入も容易となる。現代のクラウド性能は数百万種の在庫マスタの商品で，店舗数が千店舗，数万人の顧客でも秒単位のレスポンスを叩き出す高性能がある。

　また，現在の在庫管理は広範囲に状態管理が必要となってきている。物流センターや倉庫の一般的な業務フローは，「入荷，検品，保管，加工，ピッキング，検品，梱包，発送」となる。入出荷の業務フローに基づいて実行される現場業務を正確に支援するために，マイルストーン的に業務ポイント毎に予定や完了の推移を，リアルタイムに伝票・台帳情報に記録更新するのである。必要なリアルタイム性は目的と用途によって異なる。たとえば，出荷のキャンセルが発生した時，その対応は当該オーダーの作業進捗状況で変わってくる。検品/梱包前までならキャンセルは可能となるが，検品/梱包後で送り状発行まで進捗すると現実的に発送を止めることはできない。積み込んだ集荷トラックから探し出してキャンセルなどは不可能である。基本は何時どの時点でコンピュータ内の伝票と在庫台帳の情報をどのように更新するかである。

　伝票情報には業務の進行状況が記録され，在庫情報には引き当てや良不良などが記録される。在庫情報は販売可能な在庫か否かの判断情報が重要である。受注が引き当てられた在庫が

他の受注にとられるダブルブッキングがないこと，受注可能な在庫があるのに欠品となること を防ぐために必要な機能の実現である。さらに，発注に基づく入荷情報をシステム管理し，入 荷したら入庫保管をパスして出荷するクロスドック処理も計画的に可能となる。また，受注に 対しては現実在庫だけでなく予想在庫と出荷日に応じて在庫の予約引当も可能となる。

　また，人手の作業には一定の確率で過ちが発生する。その誤りを調べ対策を立てるためには， 各商品の遷移をフローの状態別に場所別にトレースすることで原因解明ができるようにするこ とも必要な機能である。

2.3　在庫管理

　統合されたリアルタイムな在庫管理は，オムニチャネルという新たな販売戦略を支えるため に必須な機能となっている。従来は店舗と倉庫の在庫は独立しており，販売チャネル別にも別 管理(**図 3**a)されていた。ここに Amazon という巨人が出現し，既存の市場をどんどん奪って いった。既存の流通事業者は，実店舗を活かして顧客に新しい買いもの体験で対抗するために 生まれたのがオムニチャネルである。そのためには店舗と倉庫などの複数の在庫をリアルタイ ムで一元管理(図 3b)することが必須の機能となった。

　1990 年代の前半までは，在庫管理は多くの企業で現物在庫は現場任せで期首在庫に期中の 受発注伝票情報トータルで残高幾らの理論在庫管理が行われていた。営業などからの要望に応 えて現物在庫の多様な移動や変化は，担当者同士の記憶と仮伝票といったメモレベルであっ た。従って，実地棚卸しでは必ず在庫差異が発生するが，原因究明は大量伝票の山から探すこ とは実質不可能な状態であった。原因を不明のままでは財務上の誤差率だけで済ませておけな い問題だが，IT 化による効果を正確に説明することが困難で IT 化が遅れていた。

　在庫差異の原因は殆ど人のミスであるが，次に一つの例をあげる。倉庫は事務 1 名が Excel で在庫管理して 5 名の営業マンを上手くサポートしている。これが 100 名の営業マンともなる と，倉庫の事務を 20 名にしても情報連携がアナログ手法では限界になる。さらに現物の「モ ノ」を扱う物流では，多くの営業マンからの同時並行的指示に応じてリアルタイムに「モノ」 は動かせない。現物と情報はどんどん乖離して在庫情報は信頼されないことになる。最後は営 業マンが倉庫に来て自分のものは札や縄をつけて確保する事態になる。さらに，人手による作 業には一定割合でミスが発生する。規模が大きくなれば絶対数としてその差異は目立つモノと なる。10 億円の在庫があるところでは万が一の差異でも 10 万円の誤差となる。これが日々の 運営で月間は数百万円の差に累積されていくことになる。EC ビジネスは小規模企業でも営業 マンは数百人に等しい形態になる。さらに EC では 24 時間 365 日休まずに働く営業マンがい ると同じである。

　現物の在庫管理は入庫で加算，出庫で減算，残り幾つというだけの簡単なことではない。指 示には明示されていない多くの条件を現場が工夫を重ねて実行しているが，大きなビジネスモ デルの変更には人手だけでは対応が不可能な時代である。

2.4　商品特性

　商品や製品は，その種類や内容を定義する商品属性を把握することにより適切な保管や取扱

(a)従来型の固定的な個別WMS管理形態

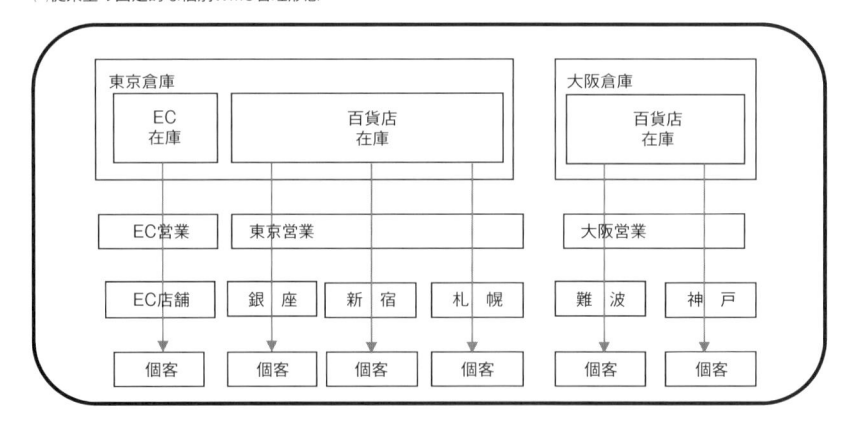

(b)オムニチャネル対応の在庫統合WMSにより在庫場所依存から解放

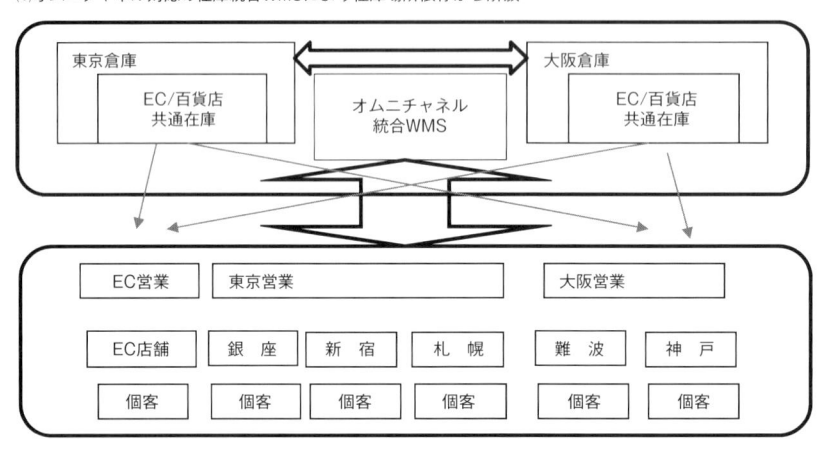

図3　在庫と販売チャネルの関係

や管理が可能となる。WMSの商品マスター（商品台帳）はこの商品属性を管理している情報である。従って，必要な情報項目がタイムリーに更新される仕組みも重要となる。商品マスターは商品を特定する「在庫キー」として「商品コード」を持っている。「商品コード」の代表は商品コードのGTIN（Global Trade Item Number（JANと同一））があり，世界共通の体系で管理されている。ただ，GTINコードだけで全てが分るわけではなく，同じ商品コードでも入庫日が違ったら別，食品なら入荷日が同じでも賞味期限が違ったら別……というように，各種の識別情報が付随して管理される構造が必要となる。単純に，「何が，幾つ，何処に」というが，「何が」の特定は複雑な要件があり，入出荷指図データには入っていないものが多く，現場のノウハウが必須だ。一番分かり易い例として先入れ先出し（FIFO：First In First Out）データなどは出荷指示データにはない。それはWMSが制御することである。

　食品在庫は原材料や製造工場，入荷日，製造日や賞味期限，温度管理，生鮮品や加工品，保管場所，状態等々の多くの食品属性別に管理されている。同じメーカの同じ商品でもこれらの属性によって別のモノとして管理する必要がある。特に食品や医薬品などは，不良品の発生時に緊急で出荷停止措置や回収などの対応が物流に求められる時がある。また，食品や医薬品は

先入れ先出し管理は必須だが，積み重ねた重い商品を下から取り出す業務や商品個別の入荷日や有効期限管理が原因で自社物流をやめて 3PL（3rd Party Logistics）にアウトソースする中小流通事業者もある。温度管理なども厳格になりつつあり，搬送作業中でも規定の温度を逸脱する時間を監視するシステムなどがある。

　衣料品在庫は，季節別，年毎に新商品が作られるために商品キーが膨大になり，商品マスタを整備するだけでも大きなコストになる。アパレル／ファッションの在庫管理は，90 年代までは色サイズ別の単品管理ができていない業界であった。さらに大きく在庫管理を困難にしているのは販売形態との関係である。従来型の小売店，量販店，百貨店に対して，製造小売業（SPA：Speciality Store retailer of private label Apparel）形態や急激に成長する EC が高度な在庫管理を求めるようになった。

　物流や在庫管理は商品の種類や取引特性によって求められる機能が変わるが，全ての商品や取引形態を知っている人はいない。EC のような新たな取引形態が発生すると既存のシステム改修などが困難で，倉庫と在庫を分けて別システム管理で逃れる。これは在庫の一元化や統合化に逆行する非効率な形態となる。さらに，最近のオムニチャネル対応などは全く不可能になる。物流部門や 3PL 事業者は，IT システムに関して上位システム部門や荷主に依存する場合が多く，変化へのシステム対応が遅れがちとなっている。多様な商品を取り扱うことと多様な取引形態に対応できる汎用的な WMS の運用ノウハウが必要となっている。

2.5　適正在庫

　適正在庫の把握は極めて困難な時代になっている。嗜好の多様化や個人別対応などに伴う多品種化，短サイクルの流行変化は時代の進展からの必然であった。特にインターネットによる情報のオープン化はメーカや商社等による大マスコミ利用の情報リードや制御が効果を出せない状況になっている。これまでの販売広報戦略と連携する需要予測手法では解決できない時代である。

　楽天などが行うスーパーセールでは定常日の約 10 倍の販売量となる店舗も多いといわれるが，5 倍で終わるか 10 倍となるか，やってみなければ分らない。実績と予測の差異が大きくショップにとってリスクも大きなものとなっている。中国のアリババが行う 11 月 11 日（独身の日：Single Day）のセールは 1 日に 2 兆円以上の販売を記録するものだが，裏では悲喜劇が展開されている。

　また，EC ショップは受注で発注し直納という無在庫形態もあり，EC ショップ自体には在庫管理が必要ないというところもある。しかし，これは在庫管理が不要ということではなく，在庫責任をどこが持っているかが変わるだけで，適正在庫は必要である。大手流通と卸が行うVMI（Vendor managed Inventory）なども同じことである。取引上の強者が弱者に在庫リスクを背負わせるという構造にもなる。ウォルマートが 1990 年代に VMI を活用して多くの納入業者の在庫情報を公開する新たなビジネスモデルを確立した。

　物流側は担当業務にもよるが，在庫量に関しての責任は限定される。WMS が担う適正在庫管理の役割は，古典的な日常の生活必需品や季節変動など，需要予測の可能な商品属性を持つ分類に対して欠品を最小化する機能である。業務分担では発注・仕入れ業務を物流が担当する

こととし，実態に応じた入荷リードタイムなど現場が把握することで役立つことは可能である。物流部門から見ると，適正在庫管理の多くは外部環境となるが，保管効率を向上させ納品精度を向上させることで効率化をはかることが責任となる。

　基本的に在庫は販売部門や生産部門の事業計画から生まれるものである。もちろん，販売状況により修正は行われるが，企業活動の基本は経営方針に基づく事業計画で在庫も決まる。一般的に企業の在庫は，販売を中心に在庫をコントロールしている。WMS は販売戦略に従って確保する在庫を正確で速い入出荷オペレーションで支援する。製造部門が在庫責任の主となる場合は，工場を持つ企業が工場の持つ生産能力の最大化を重視する場合である。もちろん，販売部門も他部門も責任がないわけではないが，工場資源の稼働率重視を経営方針とすると，何とか売ってくれという形になり，在庫は積まれているがさらに生産を重ねることになる。

　在庫は財務上から重要な資産科目であり正確な在庫管理は必須である。しかし，アパレル商品などはシーズンを超えて残る在庫に商品価値がどれ位であるか明確な基準はない。有名高級ブランドの高額商品が決算対策で在庫と帳簿に残される例は今でもある。また，売上計上をどのタイミングにするかなど，国際会計基準などから考えると高度なリアルタイム在庫管理機能が必要となる。

2.6　世界の在庫情報共有

　スマートロジスティクスを構成する WMS や TMS は，「必要なモノを，必要な人に，必要な量を，必要な場所に，必要な時に」を正しくお届けできる社会を作る基盤となる。資本主義と市場経済は，IoT をベースに生産性の向上を追求していくことになる。究極的には必要な需要に無駄なく応える生産能力を備え限界コストゼロ時代になる。再生可能エネルギー技術の進化により化石資源が不要となり，エネルギー価格も大きく低下する時代が近い将来に実現する。

　Google や Amazon などの大手クラウドサービスが持つコンピューティングパワーはメガ，ギガ，テラ，ペタからエクサへと指数級数的に向上している。世界中の資源や生産物の定形情報を蓄積し処理する位は容易に可能である。衣料系は今や余剰在庫が世界のアパレル企業を悩ます時代である。食料も工場での生産が可能となり，食料在庫は企業や国境を越えて人類の共通資産として管理し，最適配分をするための WMS は技術的に容易に構築できる。衣食に関する世界中の基本情報はオープン化されるために隠蔽情報で投機の対象とすることは無意味となる。フェイクニュースなども大量なオープンデータとの整合性から削除される時代になる。生きるために食料の奪い合いが起きるのは当然である。正しい情報により自己の生命が保証される環境「衣食足りて礼節を知る」を支えるのは物流と在庫情報である。Amazon は自社の EC 運営に優れた WMS と巨大な倉庫を作り配送網も構築中で，欲しい商品が最低価格で配送料もただで直ぐに届く社会は既に実現されている。Amazon は米国の EC でシェアが50％以上といわれる。この規模は世界的レベルに拡大可能なものだ。

　Google の CEO ラリー・ペイジは，「私たちのミッションは世界中の情報を整理して，世界中の人々が整理された情報にアクセスできるようにすること」と言っている。同様に，未来のWMS は「世界中の在庫を整理して，世界中の人々が等しく生産物を享受できるようにすること」に活躍することになるだろう。

第2節　システム間情報連携

ロジザード株式会社　遠藤　八郎

1　WMS の位置付け

　WMS は関連業務システムとのデータ連携を基本として機能する。そして，WMS のデータ連係は社内だけに留まらない社外システムとの連携も特徴といえる。業務基幹系 IT システムの多くは企業の組織構造に相似し，営業部には販売管理システム，製造部には生産管理システム，物流部には物流システム，人事部には人事管理システム，財務部には会計システムというような形態である（図1）。社内の販売や生産システムは物流システムから見ると一般的に上位システム（前工程システム）と呼ばれる。そして，庫内での荷役業務を支援する自動倉庫やコンベアなどの搬送機器の制御システムや梱包後の輸配送システムなどを下位システム（後工程システム）とする垂直連携の関係となる。また，物流システムはインターネット時代になり取引先システムとのデータ連携が普及し，水平連携的にも業務を支える基盤系システムとなっている。

　WMS は入出荷などの指示データを受け取り，作業支援し，その作業結果を実績データとして返す流れが基本になる。現状はほとんどがオンラインでの送受信であるが，例外的に FAX や電話での入出荷指示も発生する。何時，何処で電子データ化されるかの違いであるが，より

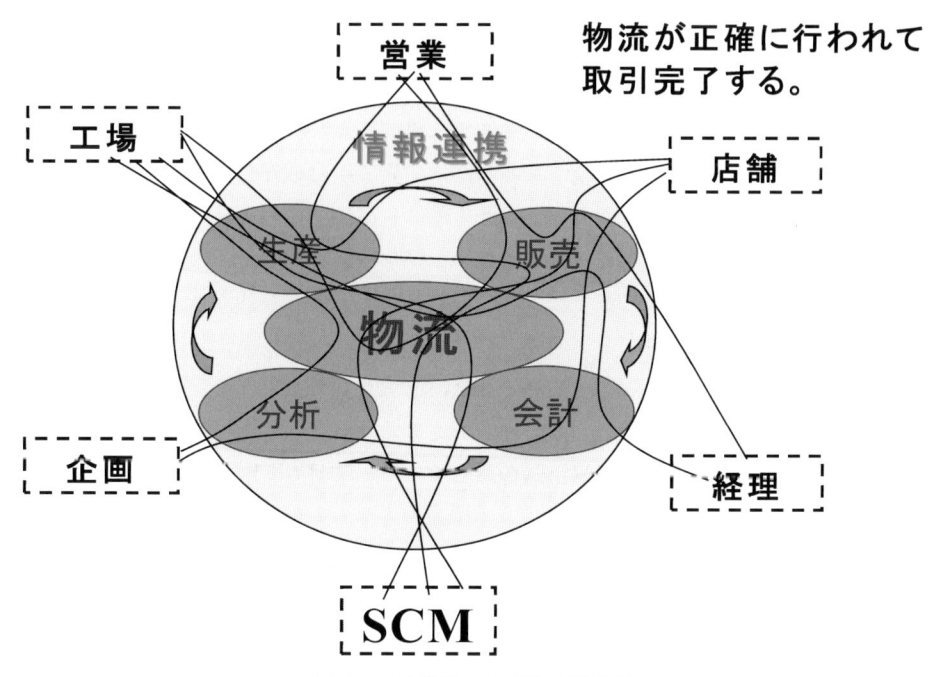

図1　物流機能と他機能の関連図

上流工程で電子データ化されることが速さと正確さに繋がる。自動的な機能は電子データのふるまいが見えないためにミスなどのトラブルに不安を感じたりすることがある。しかし，連携や通信の基本を理解するとトラブルにも冷静に対応できる。

現在では物流企業を除くと輸配送部門を社内に持つ企業は少なく，物流システムといえば物流在庫管理の WMS になる企業が多い。取引先企業との物流情報連携は WMS が担うことが多い。出荷を例にすると事前出荷明細通知（ASN：Advanced Shipping Notice）データは WMS の出荷検品の確定情報から作られ，取引先システムに連携される。受取り場所でのノー検品を実現する手段となる。

2000 年代の初期までは WMS は社内倉庫管理だけの独立システムも多くあった。しかし，インターネットの普及に従い企業間のオンライン連携が低コストで容易に構築できるようになった。

2　前工程システム

前工程システムとは，簡単には「販売部門からは売れたから出荷してくれ」，「生産部門からは作ったから保管してくれ」というように WMS に要求を出す業務システムになる。WMS は受動的なシステムであり，いろいろな前工程システムからの指示に従う形で入出荷作業支援を行い，作業結果の実績を送り返すことになる。

前工程が販売管理システムの例では，受注にともなう出荷指示データが代表的なものである。現在の IT 化以前は，電話や伝票の FAX などで連絡が行われた。IT 化は電子化によって連携形態が目に見えなくなったが，入出荷指示の基本要件は同じである。もちろん，受け渡す情報項目は対象の荷主や商品に依存するが，現代の IT 化で異なるのは情報が電子化され速度，頻度，正確性が桁違いに高性能化されるために，現場運営手段も変わることである。この連携では授受のタイミングや単位，通信方式などがシステム的に重要な条件となる。

販売管理ステムからは数千件，数万件の受注データでも短時間で流し込んでくる。倉庫の現場作業は，1 枚の受注伝票データ毎に作業者が逐次に動くのは効率的にならないために WMS が一定時間分をまとめて出荷作業計画を立てる。朝一に前日受注の本日出荷分がまとめて送られてくることはよくある形態である。その後に，1 時間毎にまとめて日に数回の出荷指示があり，宅配便の集荷に合わせて最終が午後 3 時で締め切りなどは一般的な連携形態である。しかし，緊急の医薬品出荷などは要求毎に個別にリアルタイムに出庫作業指示が行われる。もし，欠品なら即座に上位システムに返信して対応を検討してもらうなどが必要となる。通常出荷指示と緊急出荷指示といったようにデータの種別が行われる。

生産や購買により倉庫への入荷予定情報を送ってくるシステムも前工程システムになる。前工程システムとの連携は倉庫の作業計画やノー検品システムの構築に大きな効果がある。しかし，入荷予定がなく貨物が何時，いくつ入荷してくるか明確な予測が立っていない現場は多く残っている。

また，前工程システムが受注などの在庫照会ならば，1 件の受信データに即時に応答する処理が必要となる。財務管理や監査系システムからは期末の棚卸しデータや，顧客別，商品別の

入出荷履歴などの連携が必要な時もある。業務用途により関連システムと必要な物流データを授受することは今後さらに高度化し増加する。

　従来型のシステム構成は，WMS サーバが個々の拠点毎に物理的に存在し運用されていたが，クラウド型になると WMS サーバはインターネット上の仮想型となり拠点毎には設置されていない。これは全般的な IT の物理的な構成が従来型と大きく異なる点である。

　図 2 は，EC ビジネスにおける IT 機能の 4 階層構造を示している。第 2 階層が前工程システムであり第 3 階層に WMS が位置し，第 4 階層に次工程システムとしての大手宅配事業者の TMS がある。各層間でのデータ連係が高速な EC ビジネスを支えている。小規模な EC 事業者は，2，3 階層がなく 1 階層と 4 階層だけの構成となるところも多い。

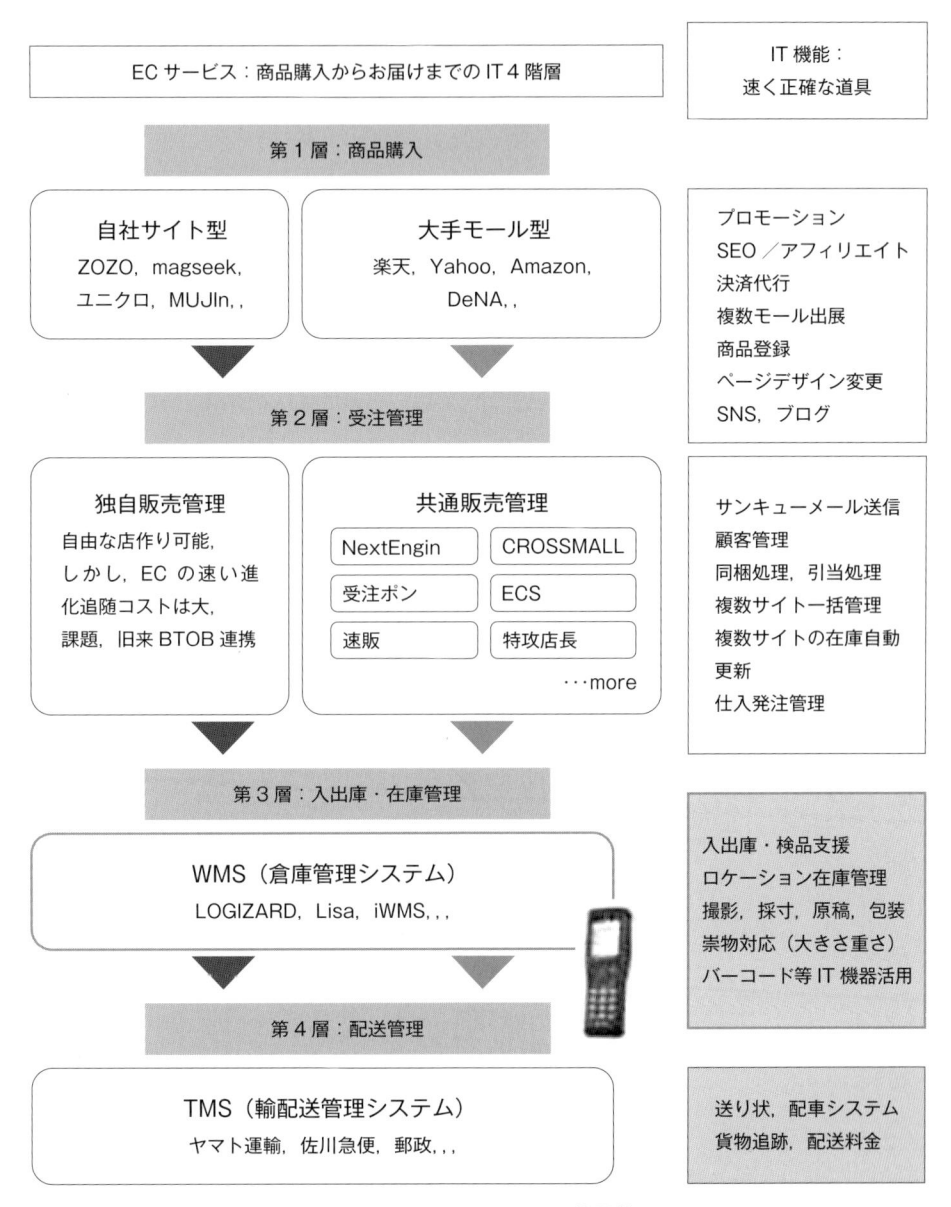

図 2　EC における WMS の位置付け

3　次工程システム

　WMSが起点となり機能するものが次工程システムとなる。1つが輸配送のTMS（Transport Management System）であり，もう1つが庫内の保管設備や搬送機器，仕分け機器，検品機器などの制御システムである。**図3**のTMSとWMSの繰り返しからは，TMSがWMSの前工程となる関係もあるが，配送内容の詳細情報を持たないTMSとのデータ連係は少なく，その前のWMSiからWMSjへのASN情報（破線）が，データ連係の鍵（二重線）となる。WMSからTMSに渡す情報は住所，配送先名，氏名や箱数など，輸配送に限定された内容である。

　WMSは前工程システムから出庫指示を受けると，在庫引き当て，ピッキング，検品，梱包，発送までを担当する。倉庫で発送貨物を積み込んで以降の輸配送管理システムのTMSは次工程を担う機能である。TMSの特徴は運んでいる対象物の内容明細データを保持せずに，梱包条件で標準化された貨物の追跡管理に機能が限定されていることだ。ドライバは貨物の外装と個数を保証することが責任範囲で，梱包内部の商品内容や数量などには責任を持たないからだ。もちろん，割れもの，温度管理などの取扱いは見合ったハンドリングをするが，商品詳細情報はTMS自体が保持していないことがほとんどである。従って，ドライバは荷降ろし後に，外装，個数の確認が終了したら，内容詳細に関知せず，仕事を完了して帰路につくことになる。

　TMSが商品や取引には深く関与していないために，全ての荷主に共通システムが適用できるが，商品や取引条件に大きく依存するWMSは荷主個別システムとなり，共通化できない理由である。WMSとTMSの連携は本来もっと高度化するべきものである。大手運送会社でも

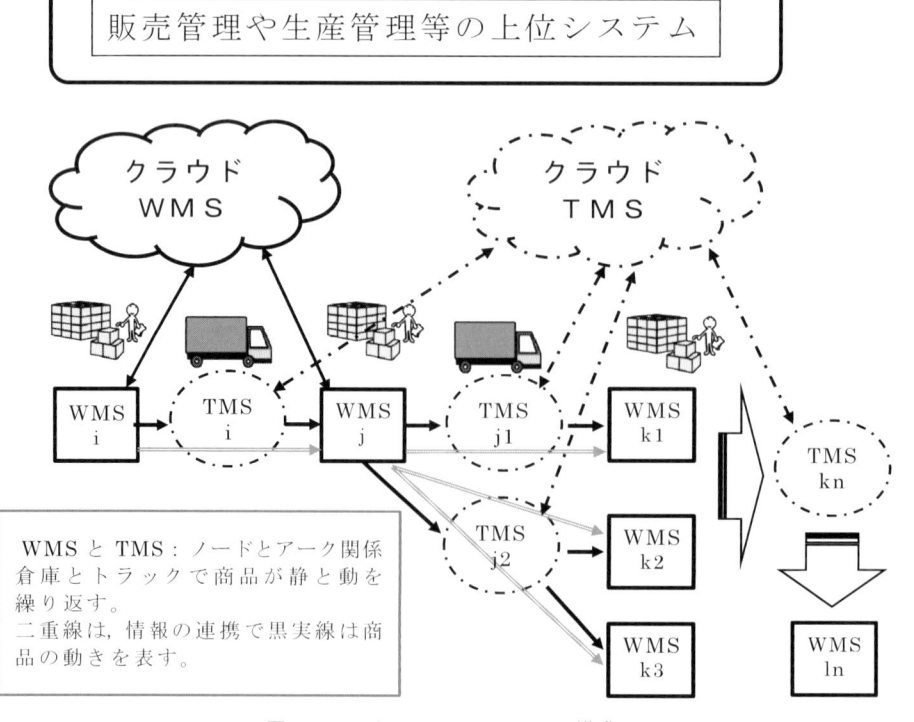

図3　クラウドWMSとTMSの構成

配車計画は夕刻以降の貨物情報が集約されてからであるが，WMS は朝一でほぼ貨物の出発地と到着地情報を把握しており，このデータ連携をもっと早くすることで配車計画を効率的に進めることが可能となる。

　もう 1 つの庫内搬送機器の制御システムは今後に IoT（Internet of Things）による革新が進んで行くと予想される。1970 年代に始まった製造業の FA 化では工場内の部品や材料の在庫管理に WMS が利用された。その中心的な機能の 1 つが自動倉庫システムとコンベアなどの自動搬送システムであった。製造ラインと一体化しており，生産ラインに倉庫から部品や材料を出庫し，完成してくる製品をロボットでパレタイズしてコンベアから自動倉庫に入庫する。製造工程を含むこの流れの中で，工程の前後にセンサがあり，追跡管理して最適な制御を行うことができた。これからの IoT 時代は，単純なセンサではなく，場所によりインテリジェンスなコントローラを持った次工程システムが可能になる。さらに，もっと広い範囲の連携で社会最適というような繋がりも期待できる。

　Amazon の自動搬送ロボット（KIVA）による物流自動化では人が取りに行くのでなく，対象の商品が格納されている棚をピッキング場所に運んだり，保管場所に戻すなどの搬送機器であるが，商品のピックは人手になる。カントが「人の手は外部の脳」と言ったといわれるが，ロボットの手が人の手を超えるためには大きな壁がある。

4　データ連携手法

　データ連係はインターネットの普及によって低コストなシステム構築が可能となった。システム間のデータ送受信では基本となる通信規約（プロトコル）が一致していないと相互接続自体ができない。インターネットでは TCP/IP（Transmission Control Protocol/Internet Protocol）という共通技術で統一されているため，それをベースにした通信ツールで特別な投資を必要としないでデータ連係が可能である。しかし，外部の異なるシステムとのデータ連係では，データ項目の詳細条件（位置や型や桁数など）が異なるためにデータ変換というステップが必要になる。この条件設定に IT スキルが必要となるが，基本を理解すると特別な IT スキルがなくても可能なことである。データ連係の通信では，文字や絵や音など全てが二進符号（デジタル）化される。シンプルな型式であるが，設定や認識を誤ると現在でもメールの文字が化けるといった事象はこの究極のシンプルデータが原因である。ネット通販などの WEB 系のシステムは，TCP/IP で作られた FTP（File Transfer Protocol）などのツールを利用して出荷指示ファイルを送るなど容易に構築できる。問題となるのは，日本では従来型の古い通信技術で構築された大規模な基幹系システムが多く残っている。そのような場合は EAI（Enterprise Application Integration）などの高価なデータ連係ツールを利用して相互通信するような構成が必要となる。

　自動連携は，人が介入せずに自動でシステム間のデータを連携する方式である。曜日毎の時間設定や 1 日の送受信回数，ファイルのデータ形式，コード，サイズ等々が精緻に規定されるが，精緻ゆえに時間の超過や異常データの時のリカバリ方法などによって複雑化して運用体制やコストが課題となる時もある。

　手動連携は，1日の送受信回数が数回程度の小規模で人の判断で行うような時にメールに添付したデータの授受でも十分に効果的なデータ連係となる。また，物流システムの連携データは，出荷の得意先ID，住所，配送先名，氏名，電話番号，商品ID，数量，単価などの見ると分かる情報項目が多く，トラブル時でも原因の追求と対策が比較的容易なものである。

　データ連携の手法選択でもう1つ課題となるのはバッチ方式とリアルタイム方式の選択がある。取引データを一定件数まとめて送受信するのがバッチ方式であり，取引の発生時点で1件ごとに取引の開始から終了まで逐次的に送受信するのがリアルタイム方式である。ECのWebショップに最新の在庫を知らせたい時は入荷時点でリアルタイムに送信するなどである。現実にはデータの種類やニーズによって両方を使い分けている。何でもリアルタイムが高性能かといえばそうではない。たとえば，大量の受注による出荷指図データを1件ごとにリアルタイムに送信するよりはまとめて送る方が効率良いのである。

　企業間の取引の電子データ交換（EDI：Electronic Data Interchange）の標準化は，世界的に業界毎に情報項目や型式を統一する標準EDIがある。しかし，日本は企業別の個別システムが普及し標準化が進んでいない。2008年に流通業界の流通ビジネスメッセージ標準（BMS：Business Message Standards）がまとまり，最近に普及の兆しがある。製造業系ではインダストリアル4.0やIoTを実現する基盤が通信の標準化によるデータ連携が鍵となる。自動車の自動運転なども含めて，これらは最終的に物流と繋がることになる。

5　連携データ項目と書式（フォーマット）

　物流における連携データ項目の第1は在庫管理のキーであり，入出荷対象の商品識別コードGTIN（Global Trade Item Number）と数量があげられる。2016年からはAmazon，Google，AlibabaなどのEC事業者もGTINの管理組織GS1（Global Standard One）に加盟してGTINの推進を表明している。GTINは日本でJAN（Japan Article Number）コードとして知られているが，GS1ではGTINにデータ識別子（AI）を付加して商品の詳細情報も管理できるように改善/拡張が進められている。また，GS1は同様に世界共通の商品情報データベースとしてGDSN（Global Data Synchronization Network）やGS1 Cloudを推進している。

　連係データの第2は，取引先の相手を特定する情報である。物流では氏名，住所，電話番号などであり，次は出荷日やお届け日などの日時情報が物流における基本的な情報となる。これで「何を，幾つ，誰に，何時」の基本が整うのである。物流は正確な在庫管理と正確に届けることが重要であり，商品の取引条件や金額などは付加的な情報となる。しかし，連係データ項目は，物流に求められる業務の高度化にともない増加している。特にECでは，物流に各種サービスを追加する例が多い。

　「何を」の商品は，その種類によって取扱が変わる。従って，その商品属性に応じて物流に必要な情報もデータ連係が必要となる。たとえば，冷蔵冷凍食品なら温度管理が必須であり，製造日や賞味期限なども必要となることもある。これまでは事業者の経験やノウハウだけで行われていたことが，データ連係で解決されることも多くなる。しかし，WMSと上位システムの役割分担をどのように分けるかの検討は重要である。

　書式（フォーマット）とは，連携のデータ項目，桁数，データ型式，並び順などの規定である。この書式は伝票と同様であり，会社毎の専用伝票があるように，会社によって少し異なることが多い。人間は項目が同じなら伝票の位置や大きさが少々違っても常識で判断できるが，ITシステムには常識がまったくない。並び順やデータ型などに依存しないXML（Extensible Markup Language）型式などが考案されているが，あくまでもルール化であり，人間の常識レベルで判断するAI（Artificial Intelligence）からはほど遠いのが現実である。現状でも多くのシステムでは，連携のためにデータ変換で合致させる手順が必要である。特に，多くの取引先を持つ会社では取引先毎に変換システムを作る必要があり，それが大きな負担となり，IT化の足かせともなっている。流通BMSは，この通信プロトコルや書式の課題を解決するために開発されている。

　ECが新しい小売形態でも物販ということは同じだ。従って，ECも物流におけるデータ連係から見た時には，「何を，幾つ，何円で，誰に，何時」といった基本情報も同じである。物流から見ると実は，楽天，Amazonが有名百貨店に変わるような感じとなる。仮想空間は現実空間を模倣しているだけなのである。もちろん，仮想空間ならではの流れや仕組みはあるが，出荷指示データや商品マスタの連携はほとんどリアル店舗と仮想店舗は同じ構造である。

　GS1に関する最新情報や詳細は別途，㈶流通システム開発センターのHPなどを照会してほしい。世界的な商品情報の共通管理や項目の標準化整備などを推進している。

6　APIとセキュリティ

　API（Application　Program Interface）連携は，インターネットをベースにしたクラウド情報連携による既存システムを柔軟に活用するための手法である。技術的には，広く利用してもらえるアプリケーションを開発した事業者は，他者が自分のサービスに組み込んで利用できるようにシステム連携ルールを公開する形態である。これは，データ連携手法としても利用されるが，単純なデータ連係というよりは機能の連携による新しいサービスの構築手法といえる。たとえば，大手の宅配事業者のクラウドサービスには，宅配送り状の問合せ番号を入力すると貨物の配達状況を表示するアプリケーションがある。この配達状況の表示機能をEC事業者が自分のショップページの中に取り入れたいと思えば，宅配事業者が公開しているAPIのルールに従えば容易に実現できる。また，物流という側面からは高速道路の交通量データや各種の公共データのオープン化は，ビッグデータ活用のサービスと連携するAPIなども考えられる。しかし，システム連携やオープン化はセキュリティ強化と相反する面を持っている。この相反する課題を解決するのがイノベーションであり，ITの進化は常に課題を解決してきた歴史でもある。

　ITシステムはドッグイヤーと呼ばれる革新や進歩の早い技術である。情報首都高速と揶揄された低速低容量の通信が高速高容量へと高性能化したのは，ほんの10数年前の21世紀に入ってからである。システム間の通信もインターネットのオープン化で大きく進化した。しかし，繋がり易さがセキュリティ問題を引き起こしていることも事実である。これからはセキュリティの高さもデータ連携の重要な要素となる。

第3節　入出荷業務支援

ロジザード株式会社　遠藤　八郎

1　現場支援

　WMS の目的は，効率的な入出荷業務と正確な在庫管理を実現することだ。このためには現場作業要員が庫内のどこにいてもその場でリアルタイム支援する情報ツールが基本となる。IoT は機器だけでなく人の場所や状態も把握して的確な支援を行うことも含まれる。もちろん，搬送機器等の自動制御も必要であるが最終的な運用管理は人であり，完全自動に近い設備こそ分かり易く使いやすい操作性が大切である。トラブルなどで人の判断が必要な時，適切な指示や情報提供をすることで安全で安心の物流環境が構築できる。

2　物流のイノベーション

　人はモノの保管や輸配送のために多くの工夫や道具を作ってきた。船や飛行機などの発明と発達は仕事や社会も大きく革新する原動力となった。道具は物理的道具と論理的道具の二つに大別されるが，物理的な道具は筋力を支援する道具であり，論理的な道具は脳力を支援する道具である。物流では倉庫や輸配送機器が前者であり，モノの管理条件や状況や数量など情報の取り扱い課題を支援するものが後者である。物流分野でも 20 世紀までは前者のイノベーションが時代を牽引してきたが，21 世紀に入り後者のイノベーションが業界を変革し時代を牽引するものとなっている。

　物流の情報管理は手書きの伝票と台帳に人の記憶と勘が主要な道具であった。簡単にいえば紙と鉛筆である。ここを革新しているのが IT（情報処理技術：Information Technology）によるイノベーションであり，情報管理の高度化が物流にも大きなインパクトを与えている。輸配送では TMS（Transport Management System）により貨物やトラックが今どこにいるかのリアルタイムの貨物追跡や，倉庫では WMS により在庫差異がなく，速い入出荷サービスの実現など IT の利用によって想定を超えたサービスが実現されている。

　情報の基本は数字や文字や画像や音声などであり，その情報の蓄積，加工，通信技術が二進デジタル方式（情報の最小単位は 1 と 0：シャノン情報理論）の IT によって共通化され革新されたのである。現代の IT は 1940 年代に誕生し，約半世紀で驚異的な高性能化と活発なイノベーションが継続して起きている。その結果としてインターネットが生まれクラウドサービスが提供される時代になった。

　物理的道具の進化は，荷車からロケットに至るまでイノベーション形態は多様であるが，人の目に見えて分かり易いものだ。IT による論理的道具の進化は人の目には見えなく分かり難

い。しかし，IT による物流の革新はまだ始まったばかりで，さらなる物流の進化は物理的道具に代わり論理的道具，即ち IT イノベーションが先導し，仕事や社会を牽引していくことになる。

　IT と物流の対象は，無形の情報と有形のモノという対極に存在する機能にみえる。しかし，IT サービスと物流サービスの事業モデルは良く似た構造となっている(**図 1**)。

　イノベーションは単に技術革新を意味するだけではなく，業務や企業の存続に関わるような社会にも大きな影響を与えるものだ。また，相反する課題を昇華して矛盾なく解決する技術でもある。飛行機やロケットのような先端メカトロだけでない。梱包では，それまでの「大きく重い」木箱に代わるものとして「小さく軽い」段ボールの発明が業務を革新し世界中で利用されている。伝票や台帳の人手の作業ならば「速くやれば誤りが多くなり，慎重にやれば遅くなる」ところを，「速く正確」な人手の仕事にするバーコード技術もイノベーションとなる。電話で受けてメモ帳に手書きしていた仕事がFAX で革新され何処にでも FAX が導入されたのは当然であった。FAX もデジタル技術であり，FAX がアナログとは正確な表現でなく，周辺の仕事がアナログになるのだ。デジタル化とは連続する現実のアナログ情報を断片的な文字や

３ＰＬ事業　　　　　：　　　　　ＩＴ事業

ドライバー　：　SE/プログラマ
　　　最先端の機器操作

トラック　　：　PC/サーバ
商品積載移動：情報積載移動

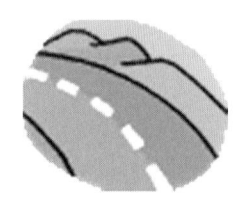
高速道路　　：　通信回線
商品輸送路　：　情報輸送路

倉庫　　　：　クラウドセンター
商品保管　：　情報保管

図1　IT と物流のサービス対比図

絵などの記号化・符号化することである。花壇の花を見て「花が咲いている」と手書きのメモは立派なデジタル化(記号化)である。しかし，人の文字を書く動作はアナログ形態であり，人により書き順や字体が異なるということだ。

論理的な道具の最先端がITであり，低コスト化と高性能化が飛躍的に進み社会のあらゆる分野で活用されている。しかし，デジタルデバイド(情報格差)といわれITの進化を享受できない人や組織や地域がある。物流ではIT進化を活用享受できていない現場がまだまだ多くある。しかし，FAXの例に見られるようにITの流れは速く一気に仕事や社会を変えていくものだ。

3　ロケーション管理とステータス管理

ロケーション管理はWMSの最も重要な機能の一つである。ロケーション管理の目的は保管場所の管理であり，履歴も含めてどこの場所にどの商品が保管されているかを管理することである。また，目標とする保管効率と作業効率を確保するために，倉庫全体のレイアウトや保管設備や構造を決定することもロケーション管理になる。また，ロケーションと在庫ステータス(状態)の関係定義や管理も必要となる。

① ロケーション管理の手順

第一は管理する空間を定義する。これは物理的な拠点と拠点毎の構造を明確にすることだ。拠点毎に倉庫の階数，階毎の面積，レイアウト，保管棚などの設備は正確に定義が必要である(図2)。グローバルな組織や企業では，拠点を海外も含めて一元管理することが必要な時代になる。複数拠点の一元管理は製造や販売系などとの上位システム連携や通関や輸配送の課題で必要となる。

② ロケーションの採番について，

全倉庫の空間に共通構成のロケーション番号を採番することが重要である。それは，ロケーション番号を聞いたら場所がイメージできることに繋がるからだ。従来は同じ3PL

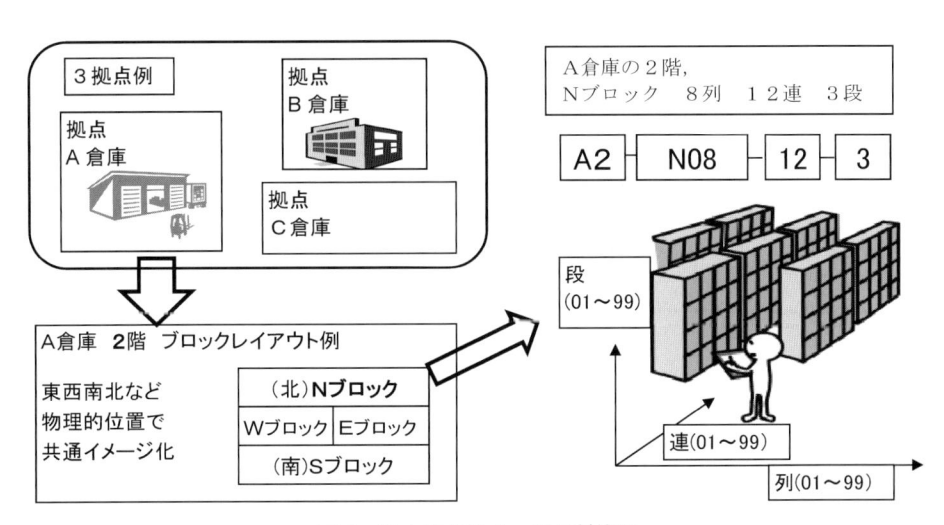

図2　ITと物流のサービス対比図

事業者でも，倉庫や担当者毎にロケーション番号の付け方が異なることが普通に見られるが，部分最適から進歩しない方法である。

③　保管棚の基本構成

保管は，何もない平置きから，中軽量の鉄骨棚，パレット単位の鉄骨ラック，移動棚，自動倉庫まで保管棚の形態は多数ある。しかし，保管設備の種類毎にブロック化して縦横に整然と並べて配置されることが普通である。棚の増減やレイアウトを変更しても柔軟に対応ができる構造にする。

その整列形態と採番の共通ルールを明確にして IT 化を進めることが重要である。自動化を進めると，より詳細な場所別のより高頻度な状態情報を収集できる。

④　ステータス管理

不良品の在庫保管場所は一般に通常の保管場所と異なるが，不良品の発見や発生は不良品保管場所ではない。この時，ステータスの変化とロケーションの変化は非同期になる。現物の情報とモノの不一致で矛盾が起きない管理のために架空のロケーションなども必要となる。

4　自動化と機械化

　自動機械の目的は保管効率の向上と入出荷作業効率の向上であるが，この二つの効率は二律背反の関係である。保管効率を向上させると入出荷効率は低下し，入出荷効率を向上させると保管効率は低下する。多くの自動機械は利用目的と物流特性を良く検討して導入することが肝要である。特に機器の稼働率と障害時の対策は十分な計画が必要である。入荷から保管，出荷に至るまで各業務に各種の物流機器[第3編第3章に詳細]が存在するが，代表的な機器とWMS の連携についていくつか紹介する。

4.1　保管系

　保管では高層化の自動倉庫システムは代表的な例となる。たとえば高さ 10 段，奥行き 50 連なら 1 列で 500 パレット保管ができ，対面 2 列で 1,000 パレットとなる。平置と比較して 10 倍近い格納効率となり，土地代の高いところでは魅力的である。しかし，出庫対象パレットが高く，奥の方にあれば出庫時間は長く遅くなる。最近では Amazon が利用している保管棚を移動する台車システム（KIVA）は，自動倉庫と異なり沢山のロボット台車が並列的に搬送することで出庫スピードを向上させているが，保管効率は自動倉庫に比較して格段に低い。また，保管在庫と出荷オーダーの組み合わせによってはスピードが活かせない。ロングテールのAmazon モデルにあった機器となっている。

　自動倉庫は集約出荷やバックヤードとして利用し，KIVA 型システムはピッキングロケーションに適用するといった目的と物流特性にあった仕組みが必要となる。保管設備は KIVAのような新たな製品も出ているが，旧来からの回転棚，移動棚，フローラックなども目的によって活用できるものは多い。

　保管システムでは，自動倉庫などでも平置保管場所でもロケーション番号の一元管理が重要

である。ロケーションの属性管理の中に自動機器保管場所と手動保管場所を設けて区分はするが論理的には同じ保管場所という手法がWMSによる統一管理である。自動機器系の保管設備に全ての在庫があるわけではないので，別システムにすると非効率になる。保管システムは庫内の全ての基盤となる機能であり，どんな高度な自動保管機器でもWMSで在庫の一元管理をすることが必須である。

4.2　搬送仕分け系

　搬送仕分け系は，代表的なものとしてコンベアや無人搬送システムがある。入荷から保管場所まで，保管棚から出荷検品場所までなどの工程間を繋ぐ機器である。Amazonの巨大物流センターではコンベアの総延長が15 kmといった例もある。非常に効果的ではあるが，庫内では人による移動も必要であり，コンベアが道路の立体交差のような構造が必須となる。人や物の移動性とコンベアの搬送効率も相反系であり，下手なレイアウトではコンベアのルート変更が多発することになる。また，一本レイアウトの場合は，何処かが止まると全てが止まるので脳梗塞に陥るようなトラブルになる。後述のソーターはコンベアシステムのひとつで，搬送と仕分けを同時に処理する機器で出荷先数が一定数までなら効果的なものである。

　また，複数の搬送台車やロボット系の稼働スケジュールは一定量のバッチ処理で効率化できるが，リアルタイムの搬送要求に対しては逐一多数の台車の運行再スケジュールを行うことが困難となる。一度搬送計画した貨物と台車の割り付けを解放して，新たな貨物を含めて再スケジュールするといっても，既に計画され動き始めた台車を止めることはできない場合が殆どである。AmazonのKIVAシステムなどは多方面から注目されているが，同じ課題を持っていると推測できる。FA化の進んだ工場でも，ロボットが空なのに目の前の貨物を運ばないで素通りする。理由は既に，他の作業がスケジュールされているためである。荷物を用意して搬送依頼スイッチを押しても，リアルタイムに搬送スケジュールができないためだ。

　自動機器の搬送能力算出は前後の工程を含めて慎重に算出することである。機器メーカの責任は1分間に最大30個の処理といった単体での能力であり，前後の工程との連携はユーザの責任である。実務では稼働率を60〜70%で計算することが重要である。機械設備の前後には人手の作業が必須となるが，速さの追求だけでは人が機械に追われる業務となる。事故やトラブルを防ぐ安全対策が重要となる。

4.3　ピッキングと仕分け系

　ピッキング仕分けは倉庫の中で最も多くの人手を要する煩雑な業務である。取引先の注文単位に商品を保管棚から取りそろえる業務がピッキングであり，多いところでは数十万種類の商品から数千/数万人分の商品ピッキングが毎日行われている。医薬品や化粧品などの定形箱になっている商品出荷では高価な自動ピッキングロボットなども利用されている。しかし，商品形状や素材が多様なところではまだ人の手に勝る道具はない。

　手動系のピッキング支援機器には，オーダー毎にランプ表示された保管棚から商品を摘み取る方式のデジタルピッキングシステム（DPS：Digital Picking System）は1970年代から利用されてきた。また，集約した同一商品を顧客別の棚に投入する種蒔き方式のデジタルアソート

（DAS：Digital Assort System）や台車ピッキングシステムなども同様にピッキング系の機器であるが，従来の流通系で数百店舗に商品を振り分けるような形態に効果的な機器として誕生したものである。従って，DPS や DAS は EC のように究極の多頻度少量の場合は構築に工夫が必要となる。

　EC の商品在庫は 100,000 種類あっても日々の入出荷対象となる商品が 1,000〜2,000 種類ということは普通に発生する。取引特性によって違いはあるが，多品種化が進む現代は日々の対象比率は低下する傾向である。また，日々の商品の出荷単位は 1 個単位で件数も限られていることが多く，保管手法としてバックヤードとフロントヤードの 2 段階にすることでピッキングの作業効率を上げることができる。ピッキングヤードの保管量は最小化し，補充制御は日々の受注に連動して行う必要がある。

　一般に DPS は少品種で多出荷先，多頻度で少量に適応しやすく，DAS は少ない出荷先数に多品種，少量の形態が適応しやすい。ただし，DPS や DAS の表示は 1 表示が 1 人の作業者に専用されるので，1 表示に受注が集中するような場合はそこが待ち行列となる。台車ピッキングシステムは作業者ごとの独立の支援機器であり，この課題は解決できるが作業者の動線が長いという課題がある［第 3 編第 3 章に詳細］。

4.4　検品系

　検品は，商品の個数が指示数と一致しているかという数の照合検査と商品の品質内容を検査する場合とがある。物流の検品は前者で製造業系の検品は後者のことが多い。前者の代表的な事例としてピッキング後のバーコード出荷検品システムは，出荷伝票の内容と実商品の数量照合確認をバーコードによって行うものだ。コンピュータ内部の伝票データと商品バーコードの照合は，機械的な記録の照合であり，速い作業でも人のミスは最小化される。入出荷の数量ミスを防止するバーコード検品システムは，比較的低コストで導入できるために，多くの現場で導入されるようになった。また，前述のとおり検品は商品の数量だけでなく，商品の品質検品も重要な業務である。ここは商品属性と熟練作業者や設備に依存する。アパレル商品は，材質や縫製，色むら，シワ，ミシン針残留など熟練の作業者が必要な業務も多くある。縫製時にミシン針が商品に入り込み個客が怪我することがないように，金属探知装置で検査する自動の検針マシンなどは非常に高価であるが，高級ブランドなどでは必須の検品設備となっている。

　企業間取引における物流では，送り出す企業で出荷検品し，受け取る企業側で入荷検品するという重複作業が普通に行われている。これを改善するために，企業のシステム間データ連係により，受け取る側がノー検品という形態が可能となる。そのために利用されているものが SCM（Shipping Carton Marking）ラベルと呼ばれるものだ。

　また，検査確認という意味では，仕事は検品の連続であり，作業工程のポイントポイントでいろいろな確認をしている。現場業務は必ずしも明文化されていない常識や当該業務の経験による検査確認が多くある。フォークの作業では，走行ルールは勿論，商品の積み方，降ろし方，保管場所，保管方法等々，いろいろな仕事のルールと作業結果の照合確認が行われている。自動検品機器やシステムは新たな製品も誕生しており，自社の業務や商品や保管条件に対応する最適なものを選択することが大切である。

4.5　梱包系

　梱包装置は，ピッキングと検品が完了して出荷の確定した出荷先単位の纏まりを輸配送できる出荷箱などの形態に加工する機械である。前述の搬送コンベアなどで接続され，前工程の検品と後工程の輸配送業務の間に存在する設備機器となる。梱包後は，配送ルート別や輸送業者別に仕分ける工程となる。

　大規模な出荷センターでは，製函機と封緘機，送り状の貼り付け，輸配送業者別仕分けまでの一連の業務を自動ライン化して出荷の最終工程を完全に無人化し，高速化する自動設備を導入しているところがある。前工程のピッキング検品した商品を入れた出荷箱にバーコードなどでIDを添付して，梱包ラインではそのIDを読み取り，製函は商品の大きさに合わせてサイズ調整しピタリと封緘して該当の送り状発行と貼り付け，運送事業者別ライン仕分けまでを自動的に処理する構造である。このようなライン化はコンベアや印刷機の速度タクトで処理能力が決まってくるために計画としてセンターの最大能力を作り込むことが多い。そのような時は最大量出荷日以外では稼働率の低い装置となる。ECなど波動が桁違いになるような形態では通常日は極めて低い稼働率となることに注意が必要である。ピーク時の負荷分散できる仕組みを入れて自動ラインの補完機能を検討することは現実的な対策である。

5　商品特性と作業

　物流現場では商品や対象などの現物をハンドリングするとき商品知識が必須になる。多様で多品種の商品を取り扱う大手流通事業者が商品種類で配送センターを分けるのは，商品によって必要な人と設備が異なるためである。拠点集約しても大規模な建屋で商品種類別にフロアを分けるなど実質は別倉庫のような運用である。

　食品や医薬品等では製造設備，担当者，製造日，有効期限，使用期限，賞味期限，工場出荷日等々の違いを明確に管理する必要がある。また，最近の温度管理は規定温度範囲を超過した時間を分単位で求められるなどより厳格となっている。危険物などは取扱資格や法律的な知識や対応も必要となる。

　アパレルファッション商品は，全世界の人々を対象とするものであり，商品特性から取引特性まで多様であり，多くの業務が物流で何らかの対応が必要となる。特にファッション性の高い高級ブランド品は，専門性の高い熟練ノウハウが必要な業務が多くある。IT化は属人化を少なくして標準的な管理が提供できるようにするものであるが，熟練のノウハウも必要なことがある。また，ITシステム的には商品特性は商品マスタ管理を中心とした機能で構成される。衣料品は毎年/毎季節に新商品を大量に発表するが，これは定番商品が多い他の商品と異なる特徴である。衣料品は1商品で5サイズ5色あれば単品で25種類であり，1,000商品で25,000種類となり，大手アパレルでは毎年数十万点の新商品コードが発生する。大手SPAのように100色展開となれば簡単に1年間に100万点を超える。また，海外生産の多い衣料品の入荷では商品入荷した時点で同じ赤でも少し薄い，濃いで商品マスタ追加など，他の製造業ではあり得ないレベルの運用対応が物流に要求される。21世紀になってITの高性能化が動画を含めた大量で詳細な画像と連携する処理も可能となったが，商品マスタの管理はさらに高度な機能を

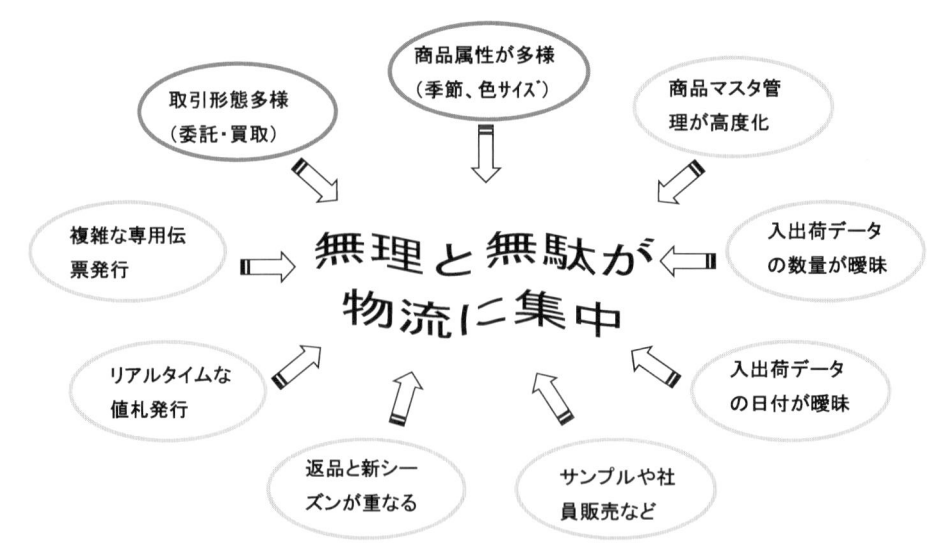

図3　アパレル/ファッション製品の物流特性/取引特性

求められる（図3）。

　3PL事業などは，多様な荷主の商品特性を扱う場合には画一的な設備では対応できず，人手による対応が避けられない側面がある。量があり継続性がある時は，商品特性に合致する設備やシステムを導入することになる。

6　取引特性と作業

　取引特性が変わると同じ商品をハンドリングする倉庫でも作業内容が変わってくる。たとえば，アパレル/ファッション物流では，百貨店取引や量販店とSPA型とEC取引で作業がかなり違っている。百貨店の売上げは減少したといっても有名ブランドの絶対額はまだまだ大きい。百貨店出荷の特徴は，出荷前の在庫品は同一でも出荷直前に百貨店タグや値札を添付する工程があり，煩雑な作業管理となる。同じ商品でも出荷直前に別物になるので，誤って別の百貨店へ出荷しないような仕組みが必要となる。量販店の出荷なども煩雑な例外処理が多くあり，物流センターに負荷となる。SPA型の物流は百貨店や量販店に比較すると容易な作業形態となる。食品の百貨店取引では，賞味期限の残期間条件が厳しく，普通には十分に販売可能な商品も出荷できない。食品廃棄の問題から改善が求められているが，食品の商品特性というよりは百貨店取引に依存している。また，医薬品も同様であるが，通常在庫が無く緊急なら明日が使用期限日でも出荷するといった例外的な判断や作業を物流現場に任されることがある。

　また，取引特性の分類には企業間取引BtoBと企業対個人取引BtoCの違いがある。21世紀に入り急成長しているのがAmazonを代表とするBtoCのEC物流である。EC物流は個人個客がWebから365日24時間の発注に対応する必要がある。EC最大の特徴は取引全体がITによって構築され，高速に実行されることだ。注文内容の特徴では，1回の注文が1商品，1個という究極の少量多頻度形態である。話題の商品などでは10,000人からの注文で商品個数

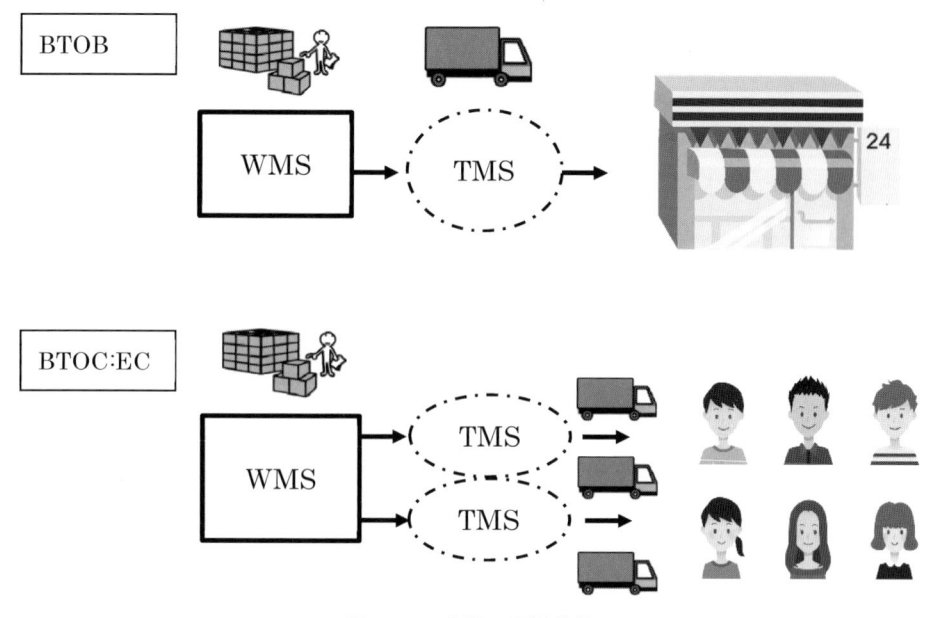

図4　EC 物流の配送特性

が 10,500 個というような事例は普通に発生する。実はこの 500 個の対応で誤出荷をしやすい
のだが，単品注文だけを抽出して，複数注文だけを別に行うことで誤りの発生を防ぐことがで
きる。また，セールなどで注文が集中し，翌日出荷に分割作業となるような場合の業務支援が
容易にできるような仕組みも必要となる。EC の成長にともない個人宅配物流が急激に増加し
て配達業務が追いつかない事態になっているが，**図4** のように店舗などにまとめて送る場合
と比較して個人別に送ることで頻度や個数が急激に増加したことや，前日集荷，翌日配達の宅
配モデルに当日配送が加わったことも原因である。

　EC 物流の特性は，極度の波動，多品種，多頻度，少量，迅速といったこれまでにはないもの
だ。特に波動の大きさは桁違いとなり配送も混乱するが，倉庫も設備や要員確保が困難である。

7　生産性管理とデータ分析

　多くの WMS は一般的な生産性の管理機能も持っているが，入出荷実績や在庫推移などの基
礎データをオープン化して自由に加工処理できるようにすることで柔軟性の高い分析が可能と
なる。倉庫業務の生産性分析は利用者の目的により切り口が多様である。分析ツールはビック
データ時代に入り，いろいろなサービスが提供されるようになっており，それらを効果的に活
用することが推奨される。

　標準的な機能には人手による各種業務の時間当たりの処理能力を算出するものがある。物流
現場に共通の課題は人件費の適正管理にあり，1 人当たり生産性の向上は優先的なことである。
しかし，物流現場業務は，条件の変動が大きく画一的な生産性の評価は難しいところがある。
人の生産性は熟練度など個人別差もあるが，同じ人でも体調や意識の持ち方で相当に処理能力
が変化する。従って，人的リソースの生産性向上はノルマ的な管理運営だけでは効果が期待で

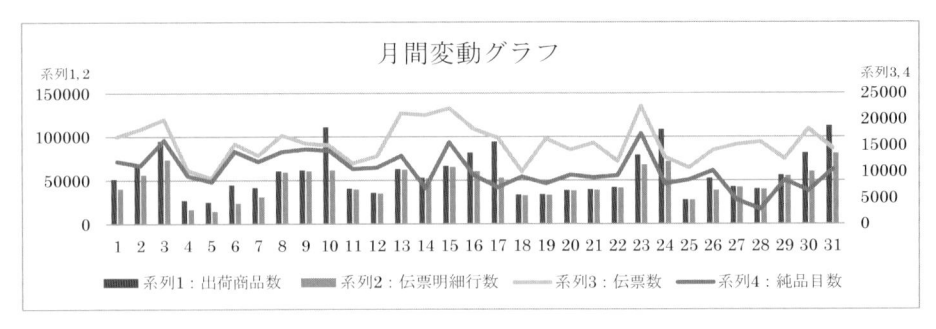

図5　月間日々出荷量　変動推移グラフ

きない。現場が自主的目標をもって運営できる形態が必要となる。大手3PL事業者の中には，日々決算や持ち回りリーダー制度などで概算収支もオープン化し，現場担当者の自主的な運営で成果を出している企業がある。

　物流センターは物量の波動が大きな課題である。**図5**は，ある1ヶ月間の日々変動推移グラフである。この棒グラフ（出荷商品数，伝票明細行数）からは7日単位のピークが見て取れ，週単位変動パターンの物流と推測できる。このようなパターンは経験だけでも対応が可能となるが，詳細内容は見えない。この日々推移の棒グラフに折れ線グラフ（伝票数，純品目数）の2つの項目を重ねて見ると，棒グラフの週変動とは全く違った側面が出ている。

　例えば，17日は商品数が多いが明細行数は少ない。これは，商品毎にまとまった数の注文があり，現場の作業負荷は比較的低いと判断できる。13，14，15日は，伝票枚数はほぼ同じだが，純品目数では14日が少ない。これは特定の人気商品に注文が集中していると想定でき，当該商品の配置などの工夫で現場の作業負荷は比較的低いと判断できる。反対に，23日は出荷商品数の割に明細行数が多い。これは少量多頻度の作業となり，作業負荷は比較的高いと判断できる。また，3日と10日では，出荷商品数が少ない3日の方が作業負荷は比較的高いと判断できる。勿論，推測は伝票明細を追跡して確認が必要であるが，漫然と伝票データを眺めるわけではなく，調査ポイントが明確である。また，現場の運用確認も行い改善策の検討が必要である。

　物流現場の生産性で一番のポイントは人の業務である。機械系は1時間当たりの処理能力が仕様として決まっており評価もシンプルになる。このグラフに日々の現場要員の勤務時間を重ねると，日々の時間当たり生産性は簡単に計算できる。日々の1時間当たり商品出荷個数，伝票処理数……見えすぎて怖いくらいであり，現場責任者はあまり実施しないが，チャレンジすると新たな次元に進歩できる。

　また，このグラフに，容積と重量が追加されると，搬送機械の必要能力が計算可能となる。個数や伝票数が多いと容積も重量も多いと想定しがちだが，容積は商品によって桁違いになる。自動化設備に大きく依存するような計画では容積/重量に形状や素材なども必須の分析になる。

　今後は，自動的な物流機器の導入が進む時代である。機械設備の導入にあたっては，単純にピーク日の出荷商品数だけで処理能力を決めると，思った効果を得ることができない。何処の作業負荷にどのように対処するかをデータから判断して的確な設備計画が必要である。また，

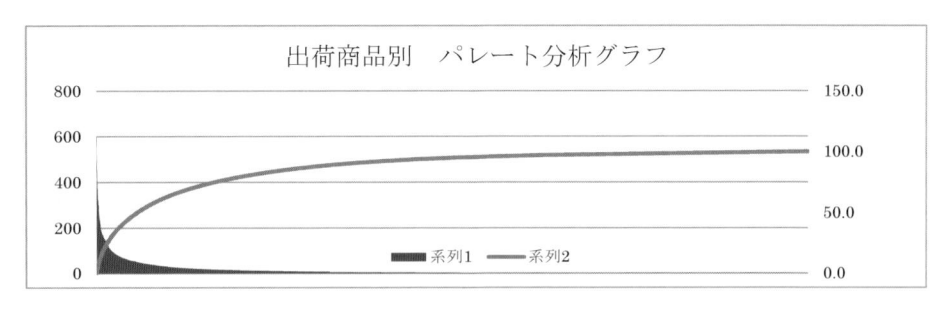

図6　商品別　出荷量パレート分析

ピーク日に合わせると他の日は桁違いに稼働率の低い設備となり，コストパフォーマンスの問題が残る。EC のように年に数回の桁違いの波動に合わせる設備は設備能力の完全依存となり，容量を超えると遅配となる。人手でのリカバリはハードの故障を考慮しても必要なことであり，設備能力も平常時にこなせるような計画と比較する検討も必要である。

　図6 は，商品別の出荷量パレート分析である。横軸（系列1）が商品であり，縦軸（系列2）は出荷数であり，ABC 分析のための累積出荷数のラインが最終的に 100％となっている。商品別や顧客別の出荷数はこのようなベキ分布となり，単純な商品別平均出荷数は現実と大きく乖離する理由である。パレート分析は，商品出荷数だけでなく商品別の出荷頻度（注文回数＝明細行数）の分析も重要である。小さなモノが多頻度で出荷される場合と大きな単位で一括出荷される場合では必要な設備は全く違ってくる。全容積や重量は数量合計だけで分かるが，頻度を見ないと梱包単位容積が見えてこない。

　営業分析の金額ベースの売上高と粗利では同等の顧客であっても出荷頻度の違いから物流コストに大きな差が見えてくることもある。営業部門では物流コスト明細が見えないために単純に案分している場合が多いからである。また，宝飾品のように小さくて軽くて高価な商品は物理的には取り扱いやすいが，破損，汚れ，紛失などの防止にコストがかかることになる。何度も繰り返しているが，物流は単に入出庫しているだけではなく商品や取引の形態や種類の違いに緻密に対応して管理運営しているのだ。

　物流を正確に把握するには，数回の現場視察とヒアリングだけでは分からないことが多くある。入出荷実績データの物流分析を行うことで見えてくる実態は多くある。季節変動要因のある物流では最低 1 年間のデータを分析しないと四季の変動は見えてこない。企業によっては 3 年間くらいのデータを見ることで見えてくるものもある。

───── 遠藤　八郎　プロフィール ─────

1970 年代から自動倉庫など多数の物流在庫系の情報システム開発に携わる。2000 年以降はインターネット時代に対応する物流 IT のクラウドサービス化に取り組み，物流業界の IT 化を推進する。1951 年秋田県生まれ。

物流拠点配置計画

　どこに物流拠点を配置するかが話題に上がるとき，前提となるのはサプライチェーンの重心点という考え方である。生産地に近い，消費地に近い，重要得意先の面前に構えるのか，という立地論が優先的に語られてきた。

　確かに輸送コスト，リードタイムを考慮すれば最短で納品完了＝売上の迅速な計上が実現できる立地は，重心点であろう。

　さらに，日本は越すに越えられない山河が多く，箱根関所は東西を分断してきた。そのため，災害対応や事業継続計画の相互バックアップ拠点としては東西に配置することが大前提としても考えられてきた。

　鉄道輸送，トラック輸送，近海内航海運などの二次元で物流輸送を考えるなら，日本地図を前にして重心点を探すのに躍起になるであろう。

　さて我が国は山岳林野に国土の8割近くを持つ，島国山国のようなものである。かろうじて狭い平野に人口が密集してはいるが，首都圏は道路事情がますます悪化するほどだ。

　高速道路とはいえずに高額通行料道路などともいわれ始める次第であり，二次元輸送の限界点も見え隠れしている。

　そこで登場するのがドローン輸送かもしれないが，発想を3次元まで高めるには良い挑戦といえよう。国土には渋滞道路が多いかもしれないが，航空機の離発着ができる空港が100箇所点在する島国も世界には類がない。空路は国内だけでない，国境をも越える拠点として見ることもできるのだ。

　アマゾンが空中倉庫，気球輸送の特許申請をしているかどうかは噂であるが，狭い国土の日本で空港を利活用しないのは資源の無駄になる。

　空港を自在に利用することで，倉庫拠点も自在に配置換えが行えることになる。

　物流拠点と空港，港湾を同時並列で論じるなら，無限の拠点配置が可能になるだろう。

（花房　陵）

第1節　TMSとは何か？

株式会社ライナロジクス　朴　成浩

1　今なぜTMSなのか？

　従来，物流システムといえば，日本では主に倉庫内の管理システムを指すという状況であった。輸送に関しては事後の手書き日報による管理が主で，システム化の対象として考えられていない状況が長らく続いてきた。しかし，昨今，輸送に関わるシステム，いわゆるTMS（Transportation Management System）が注目を集め，日本でも急速に普及が進んでいる。なぜ今，日本でTMSが必要とされているのか？　TMSを理解するためには，この時代背景をまず理解しておくことが極めて重要である。

　現在の日本のロジスティクス業界は，危機的な状況に取り囲まれている。この背景を理解すれば，TMSが単に事務の省力化のためにIT化を進めようというような，漠然とした時代の流れで登場したものではないことが分かる。それどころか今後のロジスティクス企業においてはTMSが必要不可欠な経営資源になることが理解できよう。TMSとは何かについての詳細は本稿3項に述べるとして，ここではまず，すでにTMSがなくては存続さえ難しくなりつつある日本のロジスティクス業界の危機的状況を説明する。

1.1　物流業界における「ドライバ不足」の真実

　昨今，輸送を取り巻く時代環境は大きく変わっている。変化は大きくは2つある。まず1つは運送業界における労働者，人材の不足である。ロジスティクス業界では，特に運送業を中心として現状，人手不足の状況にある。昨今，一般紙などでも「ドライバ不足」が叫ばれるようになっているが，これは数字のうえからでも明らかである。

　図1は，一般の有効求人倍率と運輸関係の職業に対する有効求人倍率の推移をまとめたものである。いわゆるドライバ職に相当する「自動車運転の職業」に対する有効求人倍率は2004（平成16）年以降，いわゆるリーマンショックによる不況時を除けば恒常的に1を超える状況にある。ドライバ不足とは昨今，急に発生した問題ではないということに注意が必要である。この状況はすでに1990（平成2）年の物流大改革（物流二法の施行による劇的な規制緩和）時には予測されていたことであり，現実に近年はすでに長期にわたって求人が求職者を上回る状況が常態化していたのである。さらに，バブル崩壊以降の長期不況に区切りが付き，2013（平成25）年に全職業の求人倍率が1を超えるようになると，状況はますます深刻なものになる。2013年以降のドライバの求人倍率は2を超え，大小入り乱れて必死に人材を奪い合っている様相が伺える。

　だが，実はドライバ不足はまだマシな方である。それ以上に深刻なのが，運行計画の作成や

図1　有効求人倍率（常用（含パート）の推移）

管理を行う担当者，いわゆる配車マンの不足である。これらの職業は厚生労働省の区分では「運輸・郵便事務の職業」に含まれるが，この有効求人倍率は2016（平成28）年で3.14と非常に高い値になっている。さらに，ドライバにしても事務にしても就職件数を見ると，現在の採用はいわゆる非正規雇用の形態の方が多いのが実態であるが，非正規雇用に相当する「常用的パート」の「運輸・郵便事務の職業」の有効求人倍率の値は実に5.54にもなっている。これは民間の全職業の中で最悪の数字であり，これより悪いのは自衛官や警察官を含む「保安の職業」だけである。まさに運行管理者，配車マンは誰もなり手がいないといえる状況で，残念なことに全職業の中で最も不人気な職業になってしまっているのが現実である。

1.2　人材不足は人口問題が原因ではない

　なぜ運送業界は，現状，他業界と比してもこのような深刻な人材難に陥っているのだろうか。主な原因は3つ考えられる。人口構造，需給ギャップ，低賃金である。

　まず人口構造であるが，実は意外なことに現在の人材不足は「まだ」人口構造によってもたらされているわけではない。運送業労働者の中核をなすドライバという職業は運転免許が必要なため，肉体労働に分類される職業ではあっても，若年層が中心の職種ということにはならないからである。**表1**は輸送・機械運転従事者（その大部分がいわゆるトラックドライバと考えられる）の年齢階級別および総数の推移である。これを見るとドライバ人口の減少は始まりつつあるとは考えられるものの，現時点ではまだ決して人数として大きく減少しているという状況には至っていないことが分かる。

　では，今後の見通しはどうであろうか。これを考えるには，ドライバは何歳まで仕事を続けるのかということを考える必要がある。つまり，新しくドライバになる人より，ドライバをやめていく人の方が多くなるのは一体，何歳が境目になるのかということである。

表1　年齢階級別 輸送・機械運転従事者数

（単位：万人）

	15〜19歳	20〜24	25〜29	30〜34	35〜39	40〜44	45〜49	50〜54	55〜59	60〜64	65歳以上	合計
2012年	0	5	11	16	26	30	24	26	28	34	23	222
2013年	0	4	11	15	22	29	28	25	28	32	28	224
2014年	0	4	9	14	21	30	28	26	27	32	31	222
2015年	1	4	9	13	20	28	29	26	26	28	34	217
2016年	1	4	9	12	18	27	29	26	27	26	38	217

出典：総務省「労働力調査」

表2　現在の世代別ドライバ人口から将来のドライバ人口を推計する考え方

年	15〜19歳	20〜24歳	25〜29歳	30〜34歳	35〜39歳	40〜44歳
H15	2	11	21	27	23	21
H16	1	10	18	27	24	22
H17	1	10	18	25	25	23
H18	1	9	17	24	29	24
H19	1	8	16	24	29	23
H20	1	8	14	23	30	24
H21	1	8	14	21	30	27
H22	1	6	14	20	29	27
H23	…	…	…	…	…	…
H24	1	6	11	18	25	31
H25	1	6	12	18	25	31

注：本表の数値は輸送・機械運転従事者数ではなく道路貨物運送業就業者数を表している

※予測の考え方
・ある世代は5年後には1つ上の世代に移行する
・世代を移行するときは一定の率で人数が増減する

　年齢階級別の労働者数を基に**表2**のように世代ごとの平均の増減率を算出して将来の世代別のドライバ人口を予測したものが**図2**である。統計資料の連続性の問題からドライバに限定して数値を算出することは難しいのだが，一般に道路貨物運送業の就業者数から類推すると30代まではドライバをやめていく人よりも新しくドライバになる人が多いことが分かる。つまり，10年前の20代のドライバの数よりも，今現在，30代のドライバの数の方が多い，ということである。これがほぼ均衡するのが40代後半〜50代前半で，50代後半以降は減少に転じ，やめていく人の方が多くなるということが分かる。端的にいえばドライバの「定年」としては55歳が一つの区切りであるといえる。ドライバという職業が実際には車両の運転だけではなく，様々な体力を要する付帯業務や長時間に渡る集中力を要求されるものであることを考えると，この現実はよく理解できるものである。

　50代になるとドライバ人口が減少する，という事実は，今後の日本の運送業に深刻な問題を引き起こす。**図3**の日本の人口ピラミッドの上からも，表1の年齢階級別就業者数の上からも，社会全般と運送業界そのどちらにおいても今現在，労働者人口の最大のボリュームゾーンとなっているのは，いわゆる団塊Jr世代，2017年現在で40代半ばの世代であることが分かる。今まではこの労働者人口の最大のボリュームゾーンから労働者が流入する状態であった。これが2020年代の前半には逆転し，運送業界における労働人口の減少が本格的に開始することが予測される。

　人口構造は現在の人材不足の主犯ではないが，ごく近い将来に深刻な人材供給の大幅な減少

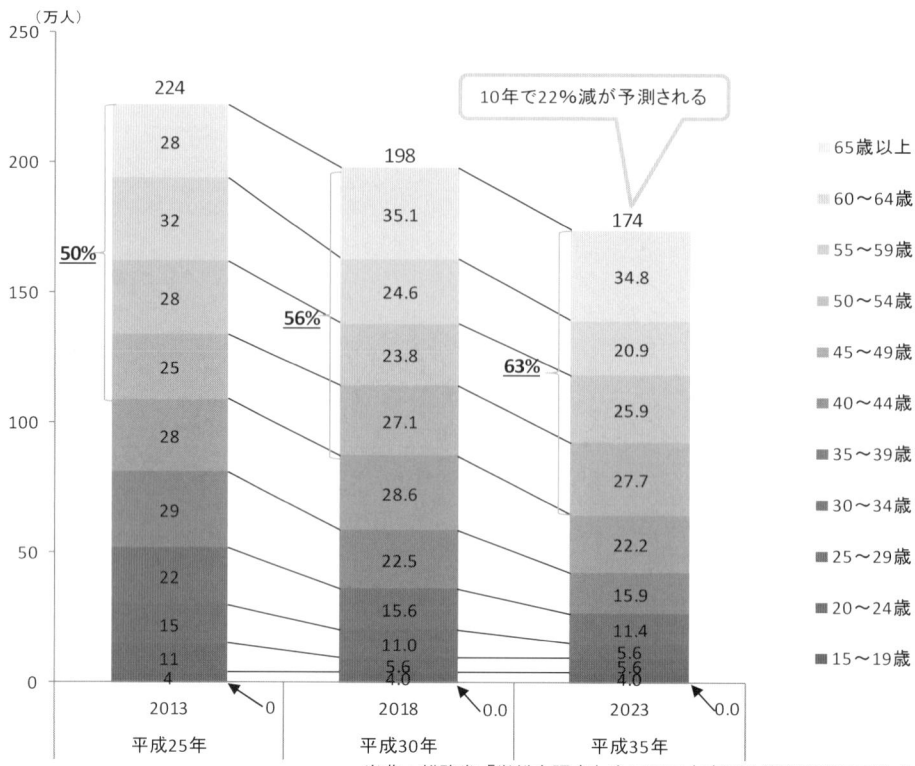

出典：総務省「労働力調査」を元に国土交通政策研究所にて作成
平成30年と平成35年の15～19歳および20～24歳は，それぞれ平成25年と同数の0万人および4万人と仮定。
小田浩幸「自動車運転者の労働力不足の背景と見通し」（国土交通政策研究所報第56号 2015年春季）より

図2　世代別人口推移に基づくドライバ人口の将来予測

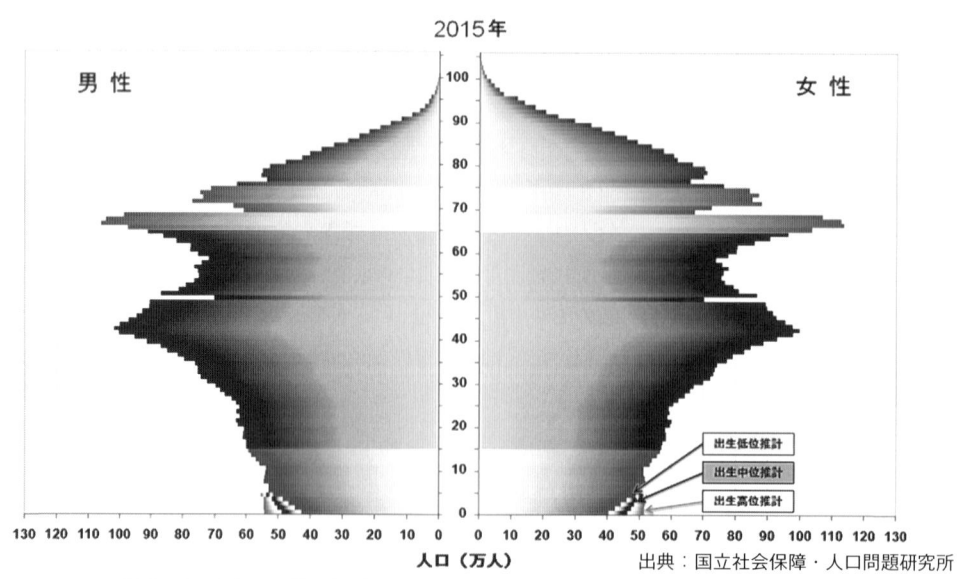

出典：国立社会保障・人口問題研究所
1920～2010年：国勢調査，推計人口，2011年以降：「日本の将来推計人口（平成24年1月推計）」

図3　国勢調査，推計人口

（単位：百万トン）

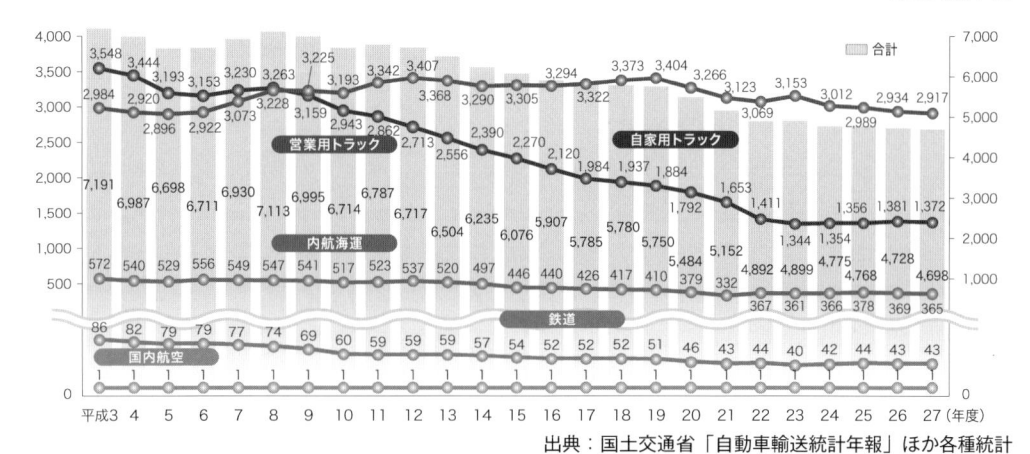

（注）：1. 平成22年度は、23年3月、また23年度は23年4月の北海道運輸局と東北運輸局の数値を除く
　　　　2. 営業用トラックについては22年10月より、調査方法および集計方法を変更したことに伴い、22年9月以前の統計数値の公表値とは、時系列上の連続性が担保されないため、数値の連続性を図る観点から接続係数を設定の上、算出している
　　　　3. 合計は輸送機関別の百万トン未満を四捨五入後に計算したものである

※口絵参照

図4　輸送トン数の推移

を引き起こすことは明白である。現在の人材不足の問題は供給の面から見る限り，今後，改善の見込みはなく，ますます悪化することを覚悟しておかなくてはならない。

1.3　需給ギャップは存在するか？

　物流業界の人材難に対する原因説明として，よく取り上げられるのが景気回復による荷量の増大である。しかし，これについても統計数値を見ると意外なことが分かる。トンキロベースで見た場合，**図4**のように実は荷量は減っているのである。

　しかし，トンキロだけを見て荷量を論じるのは早計である。トンキロはあくまで荷量を評価する一指標に過ぎない。同じ種類の荷物，同じトンキロであってもそれらを輸送するのに必要な人的，物的なリソースが同じにはならない。ここが輸送の最も難

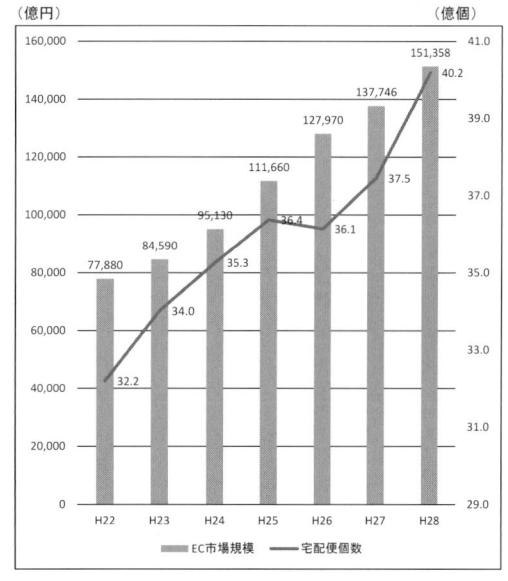

出典：経済産業省，国土交通省
EC市場規模　経済産業省「平成28年度我が国経済社会の情報化・サービス化に係る基盤整備（電子商取引に関する市場調査）」
宅配便個数　国土交通省「平成28年度宅配便取扱実績関係資料」

図5　宅配便個数とEC市場規模

しいところなのだが，実際に輸送に必要なリソースは細かな輸送条件次第で大きく影響を受け，単一の指標で「荷量」を把握することはできないのだ。

　輸送条件が変わっていることを示す特徴的なマクロ指標が宅配便の取り扱い個数である。こちらはトンキロとは異なり，**図5**のように近年，右肩上がりの伸びを見せている。大手宅配

便事業者が表明しているように，この原因はEコマースの普及である。近年のロジスティクス分野における社会的な要請としては，消費社会の成熟化による多品種少量と商品ライフサイクルの短縮化，およびそこからの帰結として在庫リスクを嫌ったジャストインタイム化などが挙げられるが，これらはいずれも多頻度少量で強い時間的な制約のある輸送を必要とし，同じトンキロであっても輸送にかかる負荷は大きくなる。Eコマースの輸送の性質も同様である。これらの社会的動向により，トンキロといった測定可能な統計的な数値以上にロジスティクスの現場で必要になる人的，物的なリソースは増大している可能性は十分に考えられる。

　この状況に対応するには，単純に従来の距離と重量等の貨物サイズだけに基づいた荷量・輸送量の評価ではなく，輸送ロットや時間指定等の条件をも考慮して必要な輸送リソースを算定する仕組みが単に個別の事業者だけでなく社会全体としても求められている。

1.4　低賃金で働く人がいない

　今現在の運送業界における人材難を招いている主因は低賃金である。今まで見てきたように，現在の社会状況としてまだ労働者はそれなりにはいるし，荷物も輸送に対する負担は増えている可能性が高いものの，荷量そのものは劇的に増えているわけではない。それにもかかわらずなぜ，今現在の運送業界は他の業界よりも深刻な人材難に陥っているのか。それは単純に運送業界で働こうとする人がいないからである。労働者にとって，今現在の運送業界は全く魅力のない業界なのだ。

【年間所得額の推移】

トラックドライバの年間所得額は、全産業平均と比較して、大型トラック運転者で約１割低く、中小型トラック運転者で約２割低い

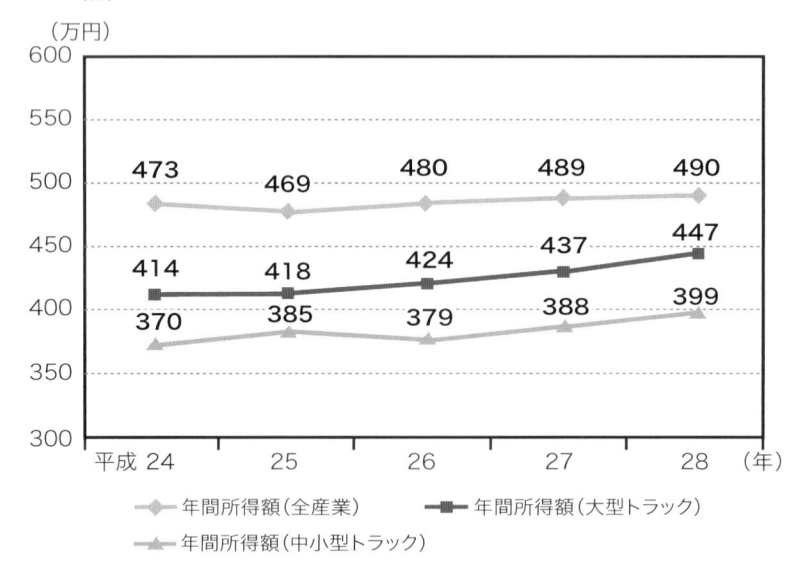

出典：厚生労働省「賃金構造基本統計調査」

図6　トラックドライバの賃金推移

【年間労働時間の推移】

トラックドライバの年間労働時間は、全産業平均と比較して、大型トラック運転者で 480 時間（月 40 時間）長く、中小型トラック運転者で 360 時間（月 30 時間）長い

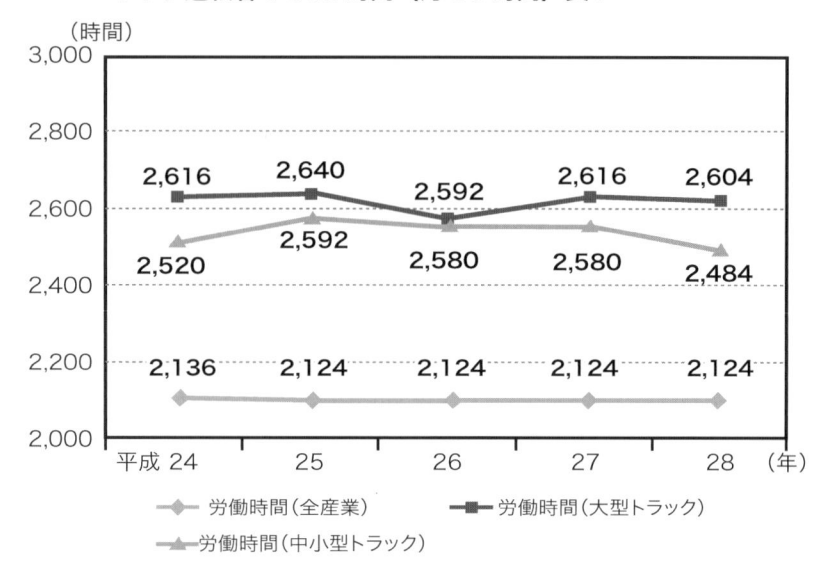

出典：厚生労働省「賃金構造基本統計調査」

図7 トラックドライバの労働時間の推移

　図6，図7はそれぞれトラックドライバおよび他産業の賃金および労働時間の推移を表したものである。長時間労働の割に賃金が低いという，他産業に比較して魅力のない仕事になってしまっている現状が一目瞭然である。おまけに昨今では重大事故に対する社会的関心の高まりを受け，ドライバや運行管理者の個人の責任，リスクは大きくなる一方である。潜在的な求職者や転職者が賃金水準の変わらない建設業における肉体労働職を選択しても全く不思議ではなく，結果としてこれら他職業に比べて相対的にも求人倍率が高くなる状況につながっているものと考えられる。

1.5 「1個いくら」から「時給いくら」へ

　人手不足と並び，輸送を取り巻く大きな環境変化はもう一つある。出来高制から時給制へと変わりつつある労働観である。輸送業務は本質的に不確定な要素の多い業務である。交通状況や荷主事情といった，事業者の努力ではどうにもならない要素が労働時間に大きな影響を与えるのである。また，規制緩和前の陸運局の運賃タリフに見られるように，荷主からの支払いは輸送量，つまり荷物の個数や重量・サイズと距離をベースとして決まっていることが多い。このため，現場においては伝統的に労働時間ましてや時間効率という視点での業務管理がおろそかになっていることが一般的である。

　また，労働者の側でも自分のペースで働けるということで，これを歓迎する空気があった。「運んだ数だけ，走った距離だけお金になる」という文化である。旅客運送であるタクシー業

界にも似たような文化があったが，いずれにしてもそこには時間効率という観念が欠如していた。しかしこれは運ぶ荷物がいくらでもあり，労働の対価として適正な賃金をもらえて始めて成り立つ話である。経済環境および競争環境が変化し，かつてほど稼げなくなった結果，長時間労働だけが残った。図6，図7に見られるように時給換算した場合の賃金は極めて低いのが業界の現状である。

現在は全ての労働は時間をベースにして考えるというのが社会の基本通念になりつつある。これは国民の要求である。つまり，行政としても企業は従業員の労働時間の管理をしっかりと行うことを求めるし，一人一人の国民としても労働時間に対して賃金が払われるということが求められているのである。

2　なぜTMSが必要なのか？

ここまで見てきたように，これまでとは違う労働力環境，これまでとは異なる荷物の性質，これまでとは異なる時間管理という概念というように，輸送を取り巻く環境は大きく変わってきている。今までの時代の経験，そして経験に基づく勘だけでは適切な答えを出せないという状況になっているのである。

たとえば，輸送トンキロで見たときの総荷量は同じであっても，輸送の細かさや時間指定などの条件が全く異なる状況に対して，一体，どれだけの車両やドライバといった輸送リソースを用意すれば良いのであろうか。各ドライバの労働時間を日々，適切な範囲に収めるためにはどのような管理をすれば良いのであろうか。こうした疑問に，今までのような人間の頭の中で大ざっぱに計画を組み立て，事後的に紙で実績を報告するというやり方では答えられないのは明白である。

このため，勘と経験に代わり，新しい状況に適切な答えを出すツールとして，TMSに対して大きな期待の目が向けられているのである。

3　TMSにはどのようなものがあるか？

3.1　TMSの定義

TMSとはTransportation Management System（輸送管理システム）の略であるが，日本ではTMSというものは誤解されていると言わざるを得ない。現在の日本ではTMSと名前の付いたさまざまな種類のシステムが存在するが，その中身はバラバラなのが実態である。輸送に関わるコンピューターシステム，もっといえば運送会社に関するシステムであれば何でもかんでもTMSと呼んでいることさえある。

一方，アメリカではTMSはSCMの中の一つの機能として捉えられることが一般的である。そこで重視されるのは，サプライチェーン全体のマネジメントに対して寄与するものであるか，という点である。単に輸送に関わるシステムというだけなく，マネジメントという発想が含まれているかが重要なのだ。

ロジスティクスに関する言葉は，「3PL」のように日米で実態的には異なる物を指すように

なってしまったものがあるが，TMS もそういう意味では注意を要する用語である。以下，本稿では日本の実態に即しながらも，単なる運送会社の経理システムのようなものは除外して，輸送のマネジメントに寄与するものを TMS として扱うものとする。

3.2　輸送「マネジメント」の本質

　日米で TMS の指す物が異なる背景には，日本では Management という概念が正しく理解されていないことも大きいと考えられる。

　Management とは一般に「管理」と訳されるが，日本で管理というと現場の話と誤解されることも多い。望ましい状態というものは何か自明のもの，あるいは賦与のものとして与えられ，現実の状況がその理想状態に沿って実現されているか，監視し，理想状態に沿わない場合があればそれを修正するというイメージである。たとえば「公園の管理」という場合の「管理」が典型である。

　しかし，これはマネジメントの一部でしかない。マネジメントが何かという議論はさまざまであるが，その中には必ず出てくる概念がある。計画と測定である。単に状況把握を行うだけの「管理」はマネジメントとは言わない。状況を把握した上で，それが良いのか悪いのか，評価ができないと意味がないのだ。そして，評価を行うためには望ましい状態を明確に定義した基準が必要である。それが計画である。

　計画も誤解されがちな概念である。たとえば，車両の運行計画でいえば，1 号車が今日はどこそこに行く，というのは計画とはいわない。単なる予定である。その予定を適切に実行できたのかどうか評価基準が定まってはじめて計画といえるのだ。つまり，1 号車がどこそこに行った結果，何時に顧客に到着し，何時に帰庫する予定なのか。そこまで明確に立案していれば，その予定が適切に実行できたかどうかは測定して評価することができる。これが計画である。

3.3　2 種類の TMS

　以上のマネジメントの概念を理解しておけば，TMS が目的とするものは容易に理解できる。TMS とは名前の通り，輸送をマネジメントすることを目的としたシステムなのである。つまり，輸送に対して適切な計画を立案すること。その実行が適切に行われているか測定して評価すること。これらを可能にする仕組みが TMS である。

　ただし，現実に存在する TMS では，一つのシステムでこれらの全範囲をカバーするものは実は少ない。特に，日本国内では TMS といった場合，これらの範囲の中のどこか一部をカバーするシステムを指すのが通例である。

　そうした定義に従うと，TMS には大きく分けて 2 つの種類があることが分かる。計画系TMS と実行系 TMS である。主に計画の立案の領域に重点を置くのが計画系 TMS であり，その実行と管理（測定と評価）に重点を置くのが実行系 TMS である（表 3）。

　計画系 TMS と実行系 TMS は当然ながら，相互に密接に関連している。計画が存在しなければ実績を収集してもその良し悪しの判断は難しい。不適切な点は次の計画に反映していかなければ改善もできない。単に不適切な現状が垂れ流されるのを指をくわえて見ているだけになりかねない。計画系と実行系，それぞれの TMS だけを導入した場合に起こりがちな問題点を

表3　計画系 TMS と実行系 TMS

	計画系 TMS	実行系 TMS
担当範囲	・輸配送の計画を立案する ・車両の運行計画を立案する	・輸配送の実行を指示，管理する ・車両の運行を支援，管理する
主なシステム	・配車管理システム ・自動配車システム ・ルート支援システム 　（地図システム）	・運行管理・動態管理システム ・輸送状況管理システム 　（貨物追跡など） ・求貨・求車システム ・ナビゲーションシステム

まとめると次のようになる。

- 計画系だけを導入した場合に起こりがちな問題
  - 素晴らしい計画を立案しても，その実現を支援する帳票やナビなどの現場のサポートを行う仕組みが整備されていないため実行に移せない。
  - 立案した計画のどこに問題があるのか，現場が日々業務に追われて検証できない。そのため，計画の前提条件の見直しができず，現実的に実行可能な計画が立案できない。
  - 計画を実行できないので，結局，誰も使わないシステムになってしまう。
  - 計画は今まで通り人間が勘と経験で考えて，事後的に結果を入力するだけという誤った使い方をしてしまい，かえって余計な事務の負担が増えるだけになってしまう。
- 実行系だけを導入した場合に起こりがちな問題
  - 「分かったから何なの？」ということになりがち。日々，少なからぬ労力を費やして現状把握を行っても，その善し悪しが分からないので，業務改善につながらず，管理コストの垂れ流しになってしまう。
  - 望ましい状態が分からないので，適切な休憩なども判断できない。そのため，現場からはサボり監視ツールと受け止められて過剰な反応を引き起こし，労働環境を悪化させる。
  - 現状を「見える化」できても，そこからの改善アイデアは人間に依拠するので，センスと熱意のある管理者でないと業務改善につなげられない。

　日本では特に，実行系だけを導入して効果があったのかどうかよく分からない，というケースに陥るパターンが多いように思う。これは，行政が方向性を出して事業者が従う傾向の強い日本では，輸送を対象としたシステムとしてはデジタル式タコグラフ（デジタルタコグラフ，デジタコ）による事後の運行管理が先行してきたため，TMS＝実行系のシステムというイメージが強く根付いてしまっているのも一因であろう。なお，デジタル式タコグラフについては［第3編第2章第3節］で詳説する。

　計画系と実行系は車の両輪である。計画だけ素晴らしいものを立案しても，それがしっかりと実行されたのかを計測できなければ，折角の素晴らしい計画も絵に描いた餅になりかねない。もし現実には実行に難しい点があったのであれば，問題点をしっかりと把握して次の計画にフィードバックしていかなくてはマネジメントは完結しない。**図8**のように計画と実行がサイクルで回り，お互いの改善につなげていけるのが理想である。

3.4　SCM と TMS の違い

　広く見れば TMS とは SCM の 1 機能である。しかし，前述のように，日本では TMS は SCM と切り離して，輸送を単体で計画，管理するシステムと捉えられることが多い。国内の輸送は輸送量，事業者数ともに圧倒的にトラック輸送が多いため，一般に日本で TMS と呼ばれるシステムは国内のトラック輸送を対象とするものがほとんどである。

　グローバル企業における国際輸送については，SCM で実現されることが多く，一般に日本では TMS の範囲に含めない。また，国内輸送においてもトラック輸送以外の輸送モードを含めた総合的なマネジメントは，日本では輸送モードの種類と運行路線，事業者が少ないので，そうしたマネジメントを必要とする企業が個々にシステム化するか，相当のコストを掛けてグローバルな SCM システムをカスタマイズ，ローカライズして使用するケースが多い。

　グローバルな SCM システムについての詳細は本稿では扱わないが，グローバルな SCM シ

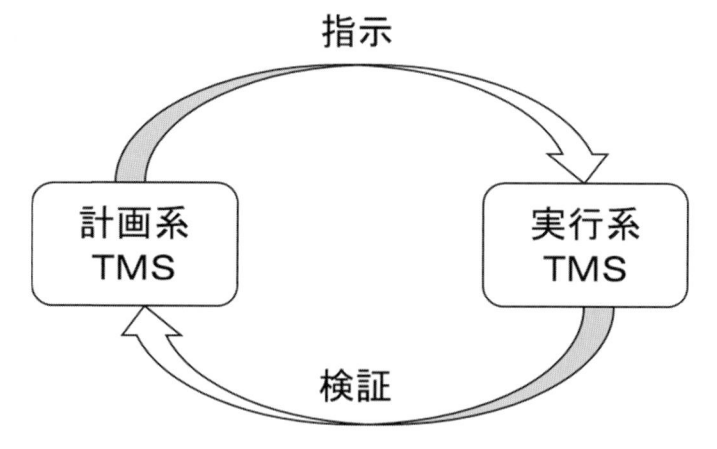

　　・効率的な輸送計画・運行計画を指示する
　　・根拠に基づいた作業完了時刻などの予定を算出し、指示遂行の結果として
　　　望ましい状態を明らかにする
　　・指示が労働時間、積載などのコンプライアンス上、問題ないことを明白にする

指示

計画系 TMS　　**実行系 TMS**

検証

　　・不足情報を収集して計画の精度を高める
　　・計画上の理想と実績の際を分析して現場の業務改善を行う
　　・非現実的なファクターを抽出して計画の前提となる条件を見直す

図 8　計画系 TMS と実行系 TMS の関係

表 4　グローバル SCM とローカル TMS の比較

	グローバル SCM	ローカル TMS
特徴	・海外を含めた広範囲の輸送を扱える（一元管理も可能） ・長期に渡る輸送工程を管理できる ・トラック以外の輸送モードや複合的な輸送を管理できる ・ロジスティクス全般を 1 システムで包括的に管理する	・国内の輸送事情（道路事情）に即しているので現実的な計画立案ができる ・国内法規制に対応したトラックの運行管理ができる ・実際の現場利用に即した機能が提供されるので，日々の細かい指示，管理業務にも利用できる ・業務ごとに個別のシステムに分かれる
導入費用	数千万円〜数億円以上	数百万円〜1 億円程度

ステムとローカルな TMS の比較を**表4**にまとめる。一般には，グローバル物流における経営判断レベルの状況把握，管理を行うものが SCM，主にロジスティクス現場の適切な業務計画の立案と管理，運用支援を行うものが TMS というように考えておくのが妥当である。

　以上，TMS について全体像を俯瞰してきた。次節以降では，計画系 TMS と実行系 TMS について，それぞれを詳しく見ていく。計画系 TMS については，利用する事業者数も多く，汎用的な計画系 TMS パッケージシステムの中心的存在ともいえる配送計画を主に説明する。実行系 TMS については，法的な面から伝統的に運行管理を行う際の第一の選択肢となっているデジタル式タコグラフを用いた運行管理システムと，逆に近年登場し注目を集めているナビゲーションなども同時に行えるスマートホンを活用した運行管理システムの両方に焦点を当てて解説していきたいと思う。

─────　朴　成浩　プロフィール　─────

　東京大学大学院修了後，外資系数理計画ソフトベンダーを経て 2000 年に㈱ライナロジクスを創業。「ライナ」シリーズを開発し日本に自動配車を普及させる。東京海洋大学，法政大学講師も歴任。若手ロジスティクス人材の育成にも努めている。

第2節　計画系TMS

株式会社ライナロジクス　朴　成浩

1　計画系 TMS の概要

1.1　計画系 TMS の意義と目的

　計画系 TMS とは，輸送・配送の適切な計画を立案するためのシステムの総称である。何を「適切な計画」と考えるかは，事業者ごとに差異はあるものの，輸送効率が良いこと，実行可能であること，適法であることは欠かせない。つまり，計画系 TMS に必要な基本要件は次の3要件になる。

- 計画系 TMS の3要件
① 輸送効率の良い計画を立案できること
② 実際に計画に従って業務を実施できる実行可能な計画を立案できること
③ 労働時間などの観点において無理のない適法な計画を立案できること

　どのようなシステムであれ，そのシステムを使用することが，こうした適切な計画を立案できることに何ら結びつかないのであれば，計画系 TMS としては全く意味がない。

　上記の3要件を満足する計画系 TMS の必要性は，昨今のロジスティクスの環境を考えるとその重要性はますます高くなっている。計画を立案する管理者も業務に習熟していないし，その計画をまだ入社して日が浅いドライバが実行する，というような業務環境を想定するなら，今まで現場の勘と経験の暗黙知のうちに対処していたことをシステムがサポートしていかなくてはならないからである。

　なお，計画をシステムで立案するにしても，人間の勘と経験で立案するにしても，これらの計画に対する3要件は一見，当たり前のことのように思われるかもしれない。しかし，残念ながらロジスティクス現場においては①と③，つまり最適（特に大局的な目で見たときの全体最適性）で，なおかつ無理のない計画が往々にして軽視されがちな傾向がある点は指摘しておきたい。

1.2　対象範囲

　基本的には陸海空のあらゆる輸送モード，あるいは複合的な輸送モードに対応した計画系 TMS が存在していても良いのだが，日本において実際に市販されているシステムは陸運，それもトラック輸送を対象とするものがほとんどである。これは，国内の輸送においては特に運行回数という観点で見ればトラック輸送が圧倒的なボリュームを占め，事業者数も桁違いに多いことによる。本稿でも国内のトラック輸送を対象としたシステムを中心に取り上げることとする。

1.3　計画系 TMS の種類

　計画系 TMS を大別すると，次の3種類に分類される。ここで重要なのは，誰が良い計画を立てるのかという観点である。立案される計画の品質が人間の計画担当者（いわゆる配車マン）の技量に依存するのかどうかは，計画系 TMS の選定においてはまず第一にチェックすべき事項である（図1）。

1.3.1　計画入力システム

　人間が立案した計画をコンピュータに入力するものである。一般の運送会社では，配車表をExcel で作成して印刷，保管するケースが多く見られるが，この場合，Excel が計画入力システムの機能を果たしていることになる。実際には，輸配送に特化した計画入力システムでは最低限，下記のような機能を有する必要がある。
- ①　表形式の計画の表現と入力
- ②　表形式の計画表の表示と印刷
- ③　計画案の管理（日付別で計画を保存したり呼び出せる）

　この他に簡単な地図表示機能や支払・請求などの経理系の機能を持っていたり，あるいはそうしたシステムと連携する場合もある。

　市販されている TMS で表形式の画面に配車を入力していくタイプのものは，ほぼ計画入力のシステムである。「輸送・配送の適切な計画を立案する」という趣旨からいえば，計画を入力するだけのシステムは厳密には TMS とは呼べないものではあるが，マーケットにおいてはこのレベルの計画入力機能しか持たないものでも TMS と称して販売されているのが実情である。

1.3.2　計画支援システム

　計画自体は人間が立案しなくてはいけないが，人間が計画立案を行ううえで補助となるさまざまな機能を持つシステムである。支援の目的としては，次の2つが挙げられる。

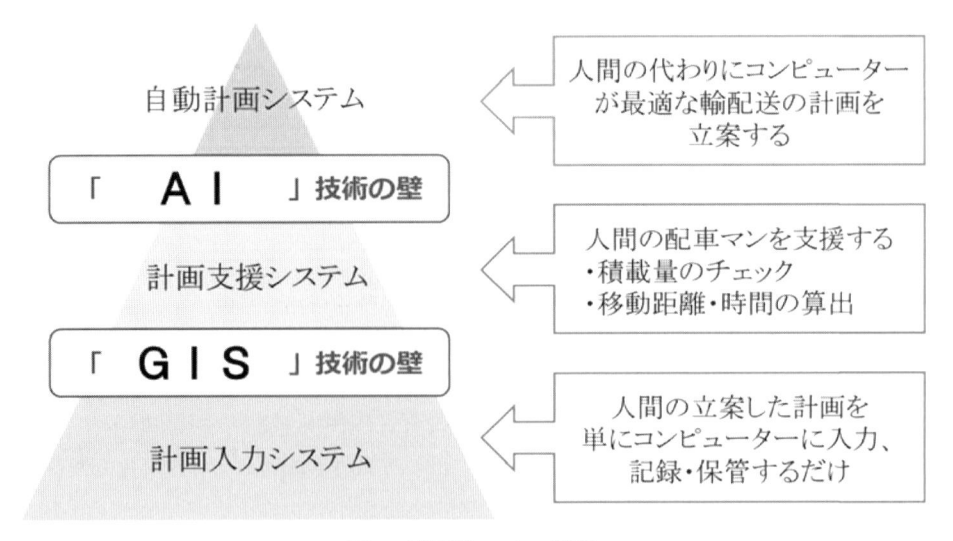

図1　計画系 TMS の種類

①　ベテランの計画担当者の計画立案における業務効率を高める

②　十分な経験を持たない担当者でも計画立案業務を実施できるようにする

支援機能としてはさまざまなものがあるが，主要な機能としては次のようなものが挙げられる。

①　地図表示

②　移動時間，稼働時間計算

③　積載量の計算

④　登録されたパターン，条件に基づいた計画の自動作成

必須の要素は地図と移動時間である。地理に必ずしも詳しくない担当者でも輸送地点の場所や移動時間を簡単に確認できる，あるいは立案した計画に対して稼働時間が妥当な範囲に収まっているかどうかを簡単に判断することができる，という機能は業務効率の向上という点においても，習熟が十分ではない配車マンに対する支援という点においても重要性は高い。

また，物流企業に対する社会的責任が重要視される昨今では，積載量の計算，チェック機能も重要な支援機能である。荷量が分からなければ当然，積載量のチェックはできないので，こうした支援機能を活用するには荷物データ，つまり荷主からの発注データとの何らかの連携が必要になることには注意が必要である。

計画の自動作成については注意が必要である。計画支援 TMS における「自動作成」とは，あらかじめ登録されたルートパターンなどに基づいて当日の荷物を当てはめていく機能に留まることが多い。次項の［1.3.3］で説明する自動計画システムのように，日々の荷物状況に応じた最適な計画を立案するわけではない。このような単なる固定的なパターンの登録と呼び出し機能だけをもって「自動計画」機能と呼んでいるシステムも見受けられるので，注意が必要である。

計画入力に比べると，計画支援機能まで有する計画系 TMS は相当に数が少なくなる。これは，計画支援機能の実装においては地理情報システム（GIS)のハンドリングが避けられないためである。特に，単に場所を地図表示するだけではなく，移動時間の計算なども行うことになると，技術的なハードルは相当に高くなり，GIS に習熟したシステムベンダーでないと開発は難しい。

1.3.3　自動計画システム

コンピュータが人間に代わって最適な輸配送計画を立案するシステムである。単にあらかじめ登録されたルートパターンを呼び出すのではなく，日々の荷物状況に応じた計画をコンピュータが自動で考える機能を持つ。具体的には次の要素の機能が必要である。

①　日々の貨物量と輸送条件に応じた最適な車両の編成と台数の算出

②　各車両に対する荷物の割り当てと輸送順番の決定

③　それぞれの訪問先に対する予定到着時刻の算出

こうした機能を実現しようとすると，当然，GIS を含めた計画支援システムの持つ機能は全て必要になるため，自動計画システムを利用する場合，その計画支援システム的な機能も同時に活用した業務運用も可能である。たとえば，まずコンピュータに計画を自動計画させたうえで，人間の担当者でチェックして必要に応じて計画を修正して使用する方法などが考えられる。

　自動計画システムではコンピュータに計画を立案させるため，コンピュータが計画の妥当性を判断できるように輸送や貨物，軒先に関する条件を与えることが前提となる。そのため，一般に導入に必要なマスタ整備や条件調査といった準備には相応の手間を要する。この点は，現状の人間による判断業務を変える必要がない計画入力や計画支援システムの導入とは大きく異なるため，注意が必要である。

　自動計画システムは，いわばベテランの判断という人間の知的活動をコンピュータに代替させるものであるため，その開発においては従来のいわゆる手続き型のコンピュータプログラムとは全く異なる人工知能分野の技術が必要である。そのため，特にこの分野の研究開発で後れを取っている日本では，残念ながら本当に自動計画の機能を有するシステムは非常に少ないのが現状である。

2　輸送計画の難しさ

2.1　なぜ計画系 TMS の普及は進まないのか

　ロジスティクス業界をよく知らない人から見れば，いまだに計画という，損益を決する非常に重要な業務が現場の勘と経験だけを頼りに行われている状況に驚かれるかもしれない。この状況をもって，ロジスティクス業界は他業界に比べて後れていると評する向きもあるが，しかし，それは一面的な見方に過ぎない。

　なぜ，まだ多くの現場では計画業務をシステムではなく勘と経験に頼って行うのか，あるいは頼らざるを得ないのか。また，なぜ計画系 TMS には人間の判断を前提とした支援系のものが多く，本当に自動計画といえるものが少ないのか。この理由を理解するためには，輸送・配送というものが持つ本質的な難しさを理解しておく必要がある。

2.2　輸送計画の難しさ① 「1＋1 が 2 にならない」

　輸配送の計画立案における最大の困難は，仕事の量を評価できる単純な指標がないことにある。たとえば，製造であれば製品を 1 万個作るのに必要な製造原価やエネルギーコストを見積ることは比較的容易である。ところが，製品 1 万個を輸送するのに必要なロジスティクスのリソースやコストを見積るのはそう単純ではない。

　輸送のボリュームを表す指標としては，貨物量（重量など）に発地から着地までの距離を掛け合わせたトンキロという指標がよく用いられる。たとえば 4 トン車 1 台に 4 トン満載で荷物を積載できたとして 100 km 輸送した場合，その輸送トンキロは 400 トンキロということになる。では，トンキロ上はその倍の荷物があったとして，合計 800 トンキロの荷物を輸送する状況を考えよう。この場合の輸送に必要なリソースやコストは，一見，単純に 4 トン車 2 台分で 100 km の輸送となり，単純に 400 トンキロの荷物を運ぶときの倍になるように思える。しかし，図 2 のように，800 トンキロの内訳によっては，実際の車両の運行計画やドライバの労働時間は全く違うものになってしまう。

　つまり，「荷量」が倍になったからといって，輸送コストが倍になるのかどうかは個々の輸送の内訳まで精査しないと一概にはいえない。輸配送の世界では一般の直観に反して「1＋1

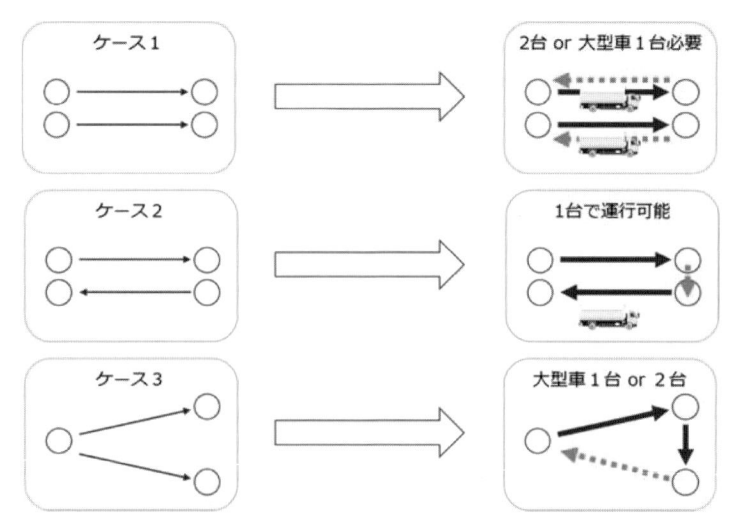

図2　同一トンキロで輸送コストが異なる例

　が2にならない」のである。ある荷物状況に対する輸配送のコストは，実際の輸送計画を大まかにでも立案してみないと見積りできないのである。

2.3　輸送計画の難しさ②「細かい輸送条件によってコストが大きく左右される」

　さらに厄介なことに，輸配送のコストを決める要因は荷量だけではない。細かい現場の輸送条件によっても計画は大きく変わり，コストは全く違うものになってしまうのだ。計画に大きな影響を与える輸送条件にはさまざまなものがあるが，代表的なものは時間指定などの時間に関する制約条件である。

　たとえば，今，10件の配送先に対して小口の荷物を配送する状況を考えよう。荷量は少なく，配送先の分布するエリアも比較的狭いとすると，通常であれば車両1台で10件の配送先をぐるっと回ってくれば配送できることになる。つまり，この場合の配送コストは車両1台分のチャーター費のみになる。

　ところが，全く同じ荷物状況であっても，それぞれの配送先に時間指定が付与されただけで計画は一変する。極端な話，全ての配送先が「朝一」，たとえば8時ちょうどの配送を要求したとする。この場合，ある配送先に8時に立ち寄ってしまうと次の配送先には8時には到着できないわけだから，1台の車両は1件の配送先しか配送ができないことになってしまう。つまり，荷物の量と行き先は全く変わらないのに，全件朝一という時間指定が付いただけで必要な車両台数とコストは10倍にもなってしまうのだ。

　このように，荷量とその内訳を知っただけでは輸配送の計画を立案するにはまだ不十分である。現場側の輸送条件まで把握しないと実際の輸送コストの見積りはできないのである。

2.4　輸送計画の難しさ③「実は数学的に難しい意志決定問題である」

　荷量とその内訳，細かい輸送条件まで明らかになれば，後は自動的に適切な輸送コストを見積ることができるものであろうか。実は，ここからが難題である。多数の荷物を多数の車両などの輸送手段で輸送する場合，一般的には次の3つの要素を決定する必要がある。

- 　輸配送計画における3大計画要素
① 　輸送リソース（車両）の編成の決定
　　大きさや設備などにおいて，どのような輸送リソースをそれぞれどれだけの量使用するか（たとえばトラックでいえば，何トン車を何台使用するか，ということ）
② 　荷物の輸送リソースへの割り当て
　　それぞれの輸送リソースにはどの荷物を割り当てるか
③ 　各輸送リソースにおける輸送順番の決定
　　それぞれの輸送リソースにおいて，割り当てられた荷物をどのような順番で輸送するか

　このような，どの車両を選ぶか，あるいはどの車両にどの荷物を割り当てるか，という選択には，たとえば1号車には荷物AとBを割り付けてみる，あるいは荷物Aは2号車に割り付けて1号車にはBとCを割り付けてみる，というように無数の組合せが考えられるわけである。適切な輸送計画を立案するためには，そうした無数の組合せの中から輸送条件を満足し，なおかつ輸送コストが最も小さくなるような組合せを探さなくてはならないのである（図3）。

　このように，考えられる無数の車両，荷物の組合せの中から，制約条件を満足するものの中で最も輸送に関わるコストが小さくなる組合せを探す，という問題構造が輸配送計画の本質である。これは数学的に「組合せ最適化問題」と呼ばれる構造の問題である。

　組合せ最適化問題には，たとえばカーナビで見られる，無数の移動経路の中から最短の経路を探す問題（「最短経路問題」）のように，良い解き方が知られている問題もある。しかし，輸配送の計画で見られる多くの組合せ最適化問題はいわゆる「NP困難」と呼ばれる数学上の難問

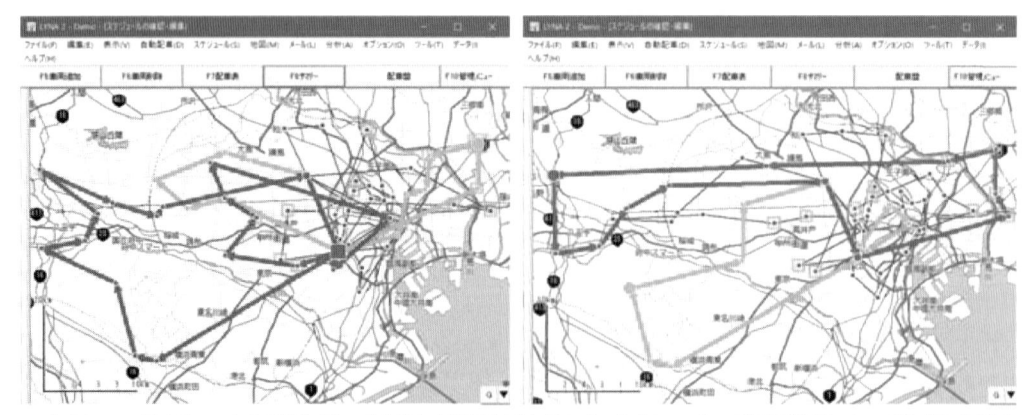

　一定のヒューリスティックな手順に従って立案した計画（左）とそれをコンピューターが試行錯誤によって改善した計画（右）。配送先の件数は70件。一見，組み合わせできないように見える配送先をうまく組み合わせることで右では台数を1台，距離を5パーセント削減している（自動計画システムにはライナロジクス社「ライナ2」を使用）

（Copyright©INCREMENT P CORP., LYNA LOGICS, Inc.）

※口絵参照

図3　組合せの比較例

に分類されることが分かっている。これらの問題については，実用的な時間内で最適な組合せを見つけることは本質的に不可能であると考えられている。

2.5　輸配送の計画業務が勘と経験頼みになる理由

以上のように，輸配送の計画業務には次のような厄介な性質がある。

- 輸配送計画の難しさ
① 単純に合計荷量だけからは必要となる車両台数やコストを見積ることはできない
② 荷物集合の内訳が同じであっても細かい輸送条件次第で計画が大きく変わるため，現場の輸送条件を知らないとコストの見積りができない
③ 荷物状況と制約条件が分かっても，そこから最適な輸送計画を立案することは難しい組合せ最適化問題であり，簡単にできることではない

これらの業務を人間で適切にやるためには，どうしても長い経験を通して，現場の条件を熟知し，なおかつ計画を立案するための勘所のようなものを掴んだ，高い能力を持つベテランが必要になってくるのである。そして，そのような知識や勘所は現場の暗黙知として長い年月をかけて後継の担当者へと継承されていくのがこれまでの常であった。ある種，輸配送の現場は伝統工芸の職人の世界に近い世界になっているともいえる。

しかし，[第3編第2章第1節]で記したように，現在の社会状況においてはそのような業務運営は，人材，コストの両面から難しくなってきている。また，伝統工芸の世界とは違い，変転する社会状況に合わせて変化が求められるロジスティクス業界では，経験に基づく勘では必ずしも今現在の状況にマッチした競争力のある解を出せるとも限らない。現在，計画系 TMS が期待され，普及が進んでいるのにはこのような時代背景があるということは理解しておく必要がある。

3　自動計画のアプローチ

輸配送計画を自動計画でコンピュータに立案させるには，いくつかのアプローチが考えられる。代表的なアプローチを以下にまとめる。

1. 計画の作成手順を与えるアプローチ

あらかじめ定められた手順に基づいて計画を組み立てていく方法である。たとえば配送計画であれば，最初に一番遠い地点への配送ルートを決定し，そこから近い順に配送先を調べて一緒に積載できれば同じルートに入れる，というような手順が考えられる。要するに，問題に対してその解決するための手順を定義し，そのとおりにプログラムを実行するという，従来の伝統的

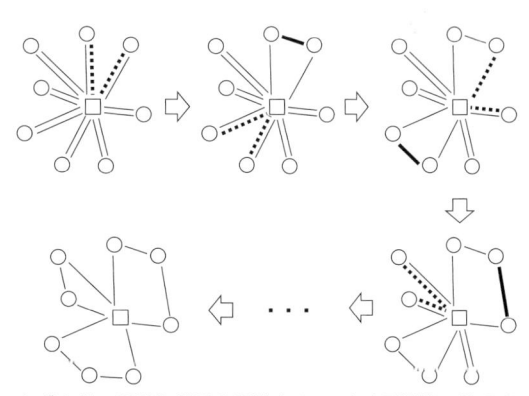

まず1件の配送先だけを配送するルートを配送先の数分だけ作成する。次に併合することによって最もコストが削減できる2本のルートの組み合わせを探して併合する。積載上限などの観点から併合できるルートの対がなくなるまで以下，併合を繰り返す

図4　セービング法

な手続き型プログラムによる解決手法を用いるわけである。

　計画を組み立てていく手順としては，セービング法(**図4**)のようによく知られたヒューリスティックを用いる場合もあれば，人間のベテランにルートの組み立て方を聞き取りし，その手順を再現する場合もある。

　しかし，先に説明したように輸配送の計画を立案する問題は難しい組み合せ最適化問題であり，良い答えを出すための万能の手順は本質的に存在しない。また，人間のベテランも一見，毎日同じような手順で計画を組み立てているように見えて，実は例外だらけで本質的には手順ではなく直観に基づいて計画を立案しているのが実情である。つまり，囲碁や将棋の名人と同様に，人間の配車の名人も本人にもどのようにやっているのかを正確には説明できないがともかく上手に答えを見つける，ということをやっているわけである。

　このため，まず計画の作成手順を定めようとする従来型のプログラム開発のアプローチでは，どんなに丹念に要件定義を行ったとしても，ベテラン同様のレベルで自動作成を実現することは難しく，実際にこのアプローチで汎用的な自動計画のシステム開発に成功した例は見ない。

2.　エキスパートシステム

　人間が計画立案する場合のルール(この場合はこうする，これはやらないというような，計画立案の考え方における断片的な規則)を集積し，そのルールの集合に適合するような計画をコンピュータに求めさせるアプローチである。このようなアプローチによる問題解決の手法をエキスパートシステムといい，医療の診断など一部の知的業務分野ではうまくいっている手法である。

　エキスパートシステムは，人間の計画立案の考え方の裏には定まったルールがあるはずだ，ということを前提にするものであり，広い目で見れば配車計画作成のための定まった手順があるはずだと考える前述のアプローチと同種のものである。そのため，本質的にはそのようなルールや手順を持たない輸配送計画の自動作成においては，エキスパートシステムも成功を収めることはできなかった。

3.　組合せ最適化問題としてモデル化

　輸配送の計画を組合せ最適化問題としてモデル化するアプローチである。つまり，計画において絶対に守らなくてはならない制約条件(たとえば積載上限など)と，計画の善し悪しを評価するための評価関数(「目的関数」と呼ぶ)を定めて，制約条件に違反しない車両と荷物などの組合せにおいて最も目的関数の値が良くなる組合せを探すという数学的な問題として求解するのである。

　組合せ最適化問題を解くアプローチ自体はいろいろな手法が提唱されていて，現在，主流のアプローチはメタヒューリスティクスという汎用的な枠組みをベースにした専用の解法設計を行う方法か，モデルを数式表現して汎用の数理計画ソルバーに解かせる方法になる。一般には，数十台以上の車両あるいは数百以上の配送地点が関わる規模の問題の場合は前者，それ以下の小規模な問題で制約条件が特殊で厳しい問題は後者のアプローチが向いていると考えられている。

　現在の汎用的な自動計画のシステムのほとんどはこのアプローチを採用しているものと考えられる。

4　計画系 TMS の活用場面

計画系 TMS は輸配送の計画を立案する際に活用されるものであるが，実際のよくある活用場面は次の3つである。

1. 物流分析のシミュレーションツールとしての活用
2. 固定ルートパターンの作成
3. 日々ルートの作成

4.1　シミュレーションツールとしての活用

すでに述べたようにある荷物想定に対する輸配送コストや必要リソースの算出は，何かの指標から単純に算定することは不可能で，人間でやる場合は長年の業務経験と勘を持つベテランでも時間がかかる作業になる。計画系 TMS を活用することで，経験の浅い人でも短時間でこうした分析ができるようになるのである。

こうした分析作業は主に次のような状況のときに行われる。

* 計画系 TMS がよく利用されるシミュレーション業務

① 新規荷主獲得時の提案シミュレーション
② 既存の物流業務の見直し
③ 物流拠点の見直し

計画系 TMS を利用してこうしたシミュレーションを行う場合のメリットは次のとおりである。

* シミュレーションに計画系 TMS を利用するメリット

① 業務経験の浅い担当者でも分析ができる
② 短時間で分析ができる
③ 数多くのシナリオを検討できる
④ 車両台数や距離，時間，コストなどの評価指標（KPI）を算出できる
⑤ 分析結果の報告書作成の労力が省ける

特に，①，②の結果として，数多くのシナリオを検討できるという③のメリットは重要である。数多くのシナリオを分析することで，結果としては分析そのものの精度，説得力を高めることができるのである。また，多くのシナリオを分析する過程でさまざまな気づきを得られるということも重要である。

4.2　固定ルートパターンの作成

コンビニエンスストアやチェーンストアの配送においては，日々，ルートを組み替えるわけではなく，固定的なルートパターンを用意して毎日，同じルートで配送する運用方法が一般的である。この場合，同じルートパターンを毎日使用するわけであるから，その善し悪しが極めて重要である。余裕のあり過ぎる，つまり効率の悪いルートを固定パターンにしてしまえば毎日，無駄が垂れ流されることになるし，逆に余裕の全くない固定ルートを作ってしまうと，毎日，どこかに無理がきて追加の車両を出さなければ業務が回らないということになってしまうからである。

　そのため，こうした固定ルートの作成には慎重な検討が求められ，長い期間と多大な労力が必要な作業となるが，前項の[4.1]のシミュレーションと同様にここでも計画系 TMS を活用することには多大なメリットがある。

　さらに付け加えると，TMS を活用して短期間で固定ルートパターンの検討ができるようになれば，たとえば今は季節ごとに作成していたルートパターンを月ごとに変更する，というように，より多頻度で，その時々の荷物想定にフィットしたルートの見直しができるようになる，というのも大きなメリットである。

4.3　日々ルートの作成

　メーカーやレンタル業の輸配送，あるいは個人宅への宅配は，出荷先も頻繁に変わり，日々の配車が必要になる。また，こうした場合，チャーターや路線便など複数の輸送モードを併用することが多く，それぞれの荷物をどの輸送モードに振り分けるかを考えなくてはならない。こうした業務において日々の配車計画の作成に TMS を利用するのも最近では一般的になりつつある。

　こうした業務へ TMS を利用する場合のメリットには次のようなものが挙げられる。

① 　業務経験の浅い担当者でも配車業務を担当できるようになる

② 　コスト，コンプライアンスの両面で良い計画を立案できるようになる

③ 　計画立案業務にかかる負荷を減らすことができる

④ 　短時間で計画立案できるようになる（競争力強化につながる）

　一般には，①，②が TMS 導入のメリットとして注目されるが，事務職における労働時間遵守の意識が高まる昨今においては，③のメリットも重要である。

　また，現在，物流において唯一かつ爆発的に拡大中の市場は EC 分野であるが，EC 分野でロジスティクスにおいて競争力を高めるには何よりも「時間」が重要である。発注者が発注してから納品完了するまでのリードタイムを最短にするには，非物理的な作業である配車は理想的には一瞬で終わらせなくてはならない。こうした領域はすでに人間では不可能なもので，すでに一部の通販業者では実際に開始されているが，今後は TMS による自動判断を前提とした業務設計が主流になっていくであろう。

物流コスト検証

物流活動は商品価値を増加させないとみなされてから，コストセンターであり，安ければ良いとされてきた。商品価値ではなく，販売活動のマーケティング効果から見れば，即配，正確さ，引取交換代引きなどの物流機能比較が重要になる。

コスト問題で高いか安いかという評価は機能と性能，品質であり，実は物流活動にもこの評価が必要なのであるが，事前には把握できないのが難点である。

何ができるか，どれだけ能力があるか，事故やミスの水準などが機能・性能・品質の観点なのだが，実績や評判は周辺情報から探ることができず，手間がかかる。

自社の物流活動は業務改善を継続すれば解消に向かうが，アウトソーシングの場合には評価ではなく，料金問題に転換されるので実際には改善はできずに双方に不満が蓄積する。アウトソーシング契約期間の平均値は肌感覚で5年ともいわれていて，互いに卒業という状況ではないようだ。

輸送費，保管費，作業単価は比較ができそうだが，実態はオープンであり，割安，割高になっているわけではない。コストの問題は物流への利用指示，使い方，頻度や回数に影響しているのだ。つまりは，物流部門の決定ではなく，生産や販売部門の意思決定に依存していることになる。

物流コストの発生原因は物流ではなく，作り方，売り方という営業起因，生産起因にあることを忘れがちであることが大問題なのだ。

年間の物流コストを問題として改善に取り組むには，生産から販売までの一貫性を検証しなくてはならない。だからこそSCMプロジェクトでも物流コストは重要なテーマになっている。

従来までは物流アウトソーシングの契約条件や物流活動の単価に焦点が集まっていたから，料金交渉は激烈な競争を事業者にもたらしてきた。日本経済の物流問題は，物流事業者の値下げ競争，事業者交代で解消されてきた。

コスト問題は年度決算で評価を受けるため，次年度の計画はどうしても無理がたたる。物流コストダウンの継続は，機能・性能ではなく，安全に関わる「やらないこと」が隠れている。一時期に輸送トラックの事故やドライバー勤務待遇問題が話題に上がったのも，この影響を受けていたと考えられる。

コストは安ければ良い，という評価ではなく，コストによる効果と評価を改めて取り組むことによって，抜本的なコスト改善が行わることがある。その事例が増えることによってSCM成功が見聞されることになる。より高い視点からの観察によって，物流の価値評価とコストはまだまだ改善の余地が残されている。

（花房　陵）

光英システム株式会社　簑口　巌

第3節　実行系TMS：デジタル式タコグラフの現状と進化

1　はじめに

　デジタル式タコグラフは，車両に取り付けて，運行を記録する機器である。かつては，異動体である車両の管理は技術的にも運用的にも難しく，ロジスティクスシステムの最後に残ったブラックボックスであった。車両がセンターを出発した後は，全てを運転者に委ね，納品先に指定時間に到着しているか，配送物の品質は担保されているかを，検証することすら困難であった。また，車両に搭載される利点から，ロジスティクスシステムとして有効活用のためのアイデアはあったが，実験までに留まり，技術面，コスト面から安定した運用に至るケースは少なかった。

　近年，モバイル端末が普及し，移動体通信を低コストで利用できるインフラが整ったことにより，位置の可視化が一般のものとなった。車載機器であるデジタル式タコグラフが位置情報をリアルタイムに管理することにより，業務への適用範囲が広がり，運行の管理に資するとともに，Society 5.0 での活用など次世代の生活基盤の礎としての期待もある。

　本稿では，歴史的観点から整理した後，現状と次世代のデジタル式タコグラフについて考察を行う。

2　デジタル式タコグラフの普及と位置付け

　タコグラフ（運行記録計）は，1962 年に一部の業務用車両に装着が義務付けられた型式認定機器である。交通の安全に寄与したが，円形の紙に線などで記録するため，そこから運行状況を読むには技術と経験が必要であり，高度な利用は困難であった。1998 年に，デジタルタ式タコグラフ（デジタル式運行記録計）が制定され，メモリーカードなどの電子媒体に運行情報を記録し，乗務後に印刷し，また，ドライブレコーダーなどと連携させるなど，より高度な運行情報の利用が可能となった（図1）。狭義には，アナログ式と区別し，デジタル式の物を指して，デジタル式タコグラフと呼ぶ。デジタル式が普及した今日，国交省はアナログ式，デジタル式を総称して，デジタル式タコグラフ，またはデジタコと呼称する。デジタル式タコグラフは車両総重量7トン以上または最大積載量4トン以上の業務用車両に装着が義務付けられた法定機器である。

　他方，納品時間指定，温度管理，労務管理の遵守が要求されるようになった。車両の運行に係る高度な機能をロジスティクスシステムに組み込む場合，法定デジタル式タコグラフでは十分な対応は困難である。このため，独自に車両搭載型端末を装着するが，一般に，こうした機

図1　型式認定デジタコ

器も総称してデジタコと呼ぶことが多くなった。

　本稿では，法定デジタル式タコグラフの3要素(時間・距離・速度)を精度，直接/間接，車両設置/乗務員携帯を問わず取得できる機器であって，位置を測定でき，移動体通信によりリアルタイムに情報を連携できる機器をデジタコと呼ぶことにする。

3　ロジスティックスシステムとデジタコ

　発注，受注，出荷，入荷(着荷)の一連の流れは，電子化された情報により，ロジスティクスシステムで正確かつ効率的に管理・運用が行われる。情報には，伝票などのスタティック情報と，物流機器を制御・管理するダイナミック(リアルタイム)情報がある。ロジスティクスシステムは，通常別々に扱われる特性の異なるこれらの情報を一体として管理・運用し，最適にコントロールする。しかし，今までは，移動体である車両を用いる輸配送は，リアルタイム情報であるにも関わらず，運行の指示がだせるのはセンター出発前であり，状況が把握できるのは帰着後となる場合が多かった。車両の運行は，道路の混雑，工事，事故などコントロールできない外的要因に大きく左右される。また，商品の状態も倉庫の固定設備での保管と異なり，振動，温度などより不安定な状態に置かれる。荷役作業は，ほとんどが人の手によるものであり，冷凍機の設定や荷積・荷卸にミスが発生する可能性もある。ロジスティクスシステムの中で，最も脆弱な部分となるが，この管理がブラックボックス化しているということになる。

　他方，ロジスティクスの成果は納品時の品質となる。指定された時間，場所に，所定の状態で商品が届くことが重要である。特に食品の輸配送品質は，食品衛生法で食品等事業者として規定されており，また，HACCP の義務化を踏まえ，輸配送中の温度管理への取り組みが求められている。

　車両にデジタコを搭載することは，即ち，異動体通信を介して運行中の車両をロジスティクスシステムの一部として組み込むことである。車両にネットワークに接続したコンピュータを設置したと考えると分かりやすい。コンピュータはリアルタイムに運転者に指示や情報を伝達し，報告を求め，車両やセンサーの情報を連携する。これにより，運行中の状況をリアルタイムに把握し，状況に応じた適切な判断と対応を取る。また，運行中の数値化された状況を解析することにより，輸配送業務を最適な状態へ改善することが可能となる。

4　デジタコの利用

デジタコは法定機器として設置し，また，定められた記録の作成，電子媒体での保管が目的となる。さらに IoT 機器として，輸配送業務に寄与する。飲料業界，自動車メーカなど，業界や企業グループ毎に標準化が推進される場合があるが，運送事業は多様な業種，企業グループの輸配送を横断的に取り扱うため，標準化や統一されたプラットフォームの構築が推進できていない。デジタコの利用は多様であるが，主な目的を次に示す。

4.1　運転者へのアシスト

運転者が行う法律（自動車運転者の労働時間などの改善のための基準）で定められた作業に，乗務の記録の作成がある。行先，到着時間，出発時間，運行中の休憩場所とその時間，その他，荷卸し待ち待機時間，附帯作業の時間などを控えて，センター帰着後に書類を作成する必要がある。法定記載項目が増えたこともあり，運行後の書類作成は楽ではない。デジタコを使用することにより，この作業を自動化することが可能となり，運転者への負担を軽減する。

配送計画情報をデジタコへ連携することにより，運転者へ次の目的地および推奨ルートをナビゲーションすることは，土地勘のない運転者への支援となる。熟練した運転者は，センターから目的地までのルートを把握するが，第一目的地から第二目的地までの適切なルートは不明確な場合があり，有効な支援となる。また，最適化された配送計画による運行指示は，輸配送業務の効率化を推進するとともに，運転者の作業の軽減となる。

配送計画の連動により，デジタコは配送先の位置を把握する。配送先の座標位置と到着場所の座標位置を比較することにより，配送先が正しいかを確認し，異なる場合は警告を出すことができる。ガソリンスタンドやチェーンストアーなど，似た名前の納品先が存在するケースは珍しくなく，経験のある運転者ほど誤配に陥りやすい場合がある。石油など，誤配の影響が大きい場合は，安全・安心の観点からも，重要なアシストとなる。

4.2　センターでの配送状況の管理

荷主からの到着時間の確認があった場合，センターから運転者へ状況の確認のため電話をすることになる。運転中は電話ができないため，運転者は道をそれて停車する必要がある。運転者にとって負担となるだけではなく，運行の遅れの原因ともなる。デジタコによる位置情報の可視化は，電話より多くの情報を瞬時に把握でき，運転者との連絡・確認を軽減することで，運転者，センターの作業を軽減する。さらに，Web などを使って荷主に車輌の現在位置や，到着予測時間を提示すれば，配送状況確認コストの削減とサービス向上となる。

食品の輸配送は，温度管理が重要となる。保冷庫の温度は，冷却機のコントローラで運転者が操作，確認を行うが，設定温度を誤認すると異常に気づくことはない。温度計，あるいは冷却機の情報をデジタコで取得することにより，センターで計画温度との差異を検出することができる。予冷温度から配送温度への切り替え忘れ，次の運行へ移る時の温度の設定変更漏れ，運転者交代時の冷却機不調の引継不備など，不具合の発生するポイントは多いが，管理者は計画との差異をリアルタイムに把握し，警告灯などにより，見える化をして対応する。

　また，運行状況と合わせて温度を管理するため，納品先での保冷庫のドアの開け閉めなど，温度異常の発生状況を分析する。記録された状況を元に，管理者，運転者，荷主が協力して改善する。

　世界的には，車両の盗難対策もある。国内でも業務用車両の盗難は発生しているが，位置が可視化された車両は，盗難にあっても迅速な対応が可能となる。

4.3　安全運転，エコドライブ指導

　デジタコは運行速度を記録し，運行管理に連動する。速度超過，急ブレーキ，急発進などの情報により，安全運転指導に資することができる。安全運転は，エコドライブ，荷崩れなどの物流事故防止にもつながる。デジタコによる，運転者への音声，ブザーなどによる警告の他，運転者が帰着後すぐに，地図上で位置と時間を示して危険運転を確認する効果は大きい。ドライブレコーダーとデジタコとの連動によって，急ブレーキの状況をヒヤリハット分析に利用し，危険回避の知見を運転者間で共有するのに利用することができる。重要な配慮事項として，運転者の意識がある。運転を正当に評価されれば，安全運転への関心も高まり，継続的な改善が期待できる。

　昨今，一般の方からの荷主や運送会社への不適切運転の通告や，ネット上での拡散がある。根拠のないものもあり，そうした場合に，当該時間帯，場所を走行した車両を特定し，データに基づき適正に対応することで，運転者や会社を守ることもできる。

　デジタコに燃料流量計やCAN-BUS（[6項]に記載）を接続すれば，リアルタイムに消費燃料を計測でき，エコドライブの指導に役立つ。ガソリンと軽油ではエンジンの構造が異なるため，エコドライブの方法が異なる。最新の車両は，エコドライブとなるよう自動調整するものもあるので，理解の不足によりエコドライブを心がけるつもりで誤った運転をする場合もある。計測値による運行情報と燃費情報の対比は実効のあるエコドライブを推進する。

4.4　納品管理

　インターネットによる購買が大きなウェイトを占めるようになった。同一商品で価格が同じであれば，物流サービスが購買の決定に寄与する。短時間納品，オムニチャネルへの取り組みが盛んである。輸配送経路が複雑となるが，Perfect Order（完全オーダー件数/全オーダー件数）の達成が求められる。輸配送において，ミスの発生は納入指定時間の遅れに直結する。また，IFRS（国際会計基準）に準拠するなら，納品を確実にし，それを記録しエビデンスとすることは重要である。

　デジタコにバーコードリーダーを接続することで，商品毎に，荷積み，荷卸しを，場所，時間と合わせて確認・記録することができる。これにより，ロジスティクスシステムを確固たるものとすることができる。荷台や出荷バースに作業漏れの荷物が残ることはあってはならない。

4.5　輸配送業務の改善

　デジタコは，運行に係る情報を自動的に収集する。輸配送業務の改善を行う場合，物流コンサルタントの横乗りでデータを取得するが，台数や期間が限定される。運行に係る情報が，

日々，自動で取得できる利点は大きい。待機時間の改善を行う場合，改善すべき荷主の特定を行い，実績データを元に改善に向けた交渉を行うことや不適切な運行計画による待機時間を定量的に把握し，運行計画の改善に役立てる。また，運転者によって走行時間・距離が異なる場合は，走行ルートが異なることが考えられる。走行した経路を比較することで，運転者へ経路選択に適切な助言を与えることができる。

業務改善を行う場合は，数値による裏付けが必要であり，それがなければ掛け声だけとなる。掛け声による業務改善は長続きしない。

4.6　勤務管理，給与計算，支払請求，収支管理

デジタコの画面やボタンを操作することで，作業状況を運行と合わせて記録する。これにより，勤務管理，作業内容に基づく給与計算，データに基づく荷主への支払請求など，自動的，高精度で行うことができる。関係者と随時情報交換を行えば，請求書を発行してから内容の齟齬に気づくことや後日運転者から給与金額の誤りを指摘されることもなくなる。また，下請け法で必要となる書類の整備と運用も可能となる。

荷主ごとの作業内容，運行時間，待機時間などを精査することにより，不採算運行の切出しも対応が可能となる。また，運行ごとの実績を明確にし，より正確な（見做しの少ない）日々の収支管理を可能とし，運送事業の経営安定化に寄与する。運転者にとって，割の良い運行/悪い運行は一般に存在し，乗務割によって不公平や利害が発生する場合がある。また，乗務割が不適切だと，最低賃金に届かない運転者が出るなどの不具合もある。運行に係る情報を可視化し，自動化し，見える化をすることで，事業運営を円滑にすることが可能となる。

5　デジタコの種類と運用

デジタコは，精度，機能，形態など，多様である。どのような機能を実装し，センサーを装着するかによって，多様な輸配送現場のニーズにフィットさせて活用すべきである。次に，運行管理とデジタコの関係を整理した後で，デジタコの種類について考察する（**図2**）。

図2　IoT 機器としてのデジタコ

5.1　運行管理とデジタコ

　デジタコは，運行管理と一体として機能するが，インタフェースは統一化されていない。デジタコはA社，運行管理はB社のような利用は通常できない。荷主と運送会社で異なる運行管理を導入している場合，運行情報を共有することは難しい。通常はどちらかに合わせるか，併用することになる。これは，スマホをデジタコとして利用する場合も同様であり，A社用とB社用の2つのアプリをインストールできたとしても，2つのデジタコアプリを別に操作する必要がある。運行管理・デジタコを橋渡しするシステムを構築すれば，相互利用は可能だが，システムへの投資費用との兼ね合いとなる。

　1社で用途に合わせて複数のデジタコ，運行管理を提供する場合は，目的・状況に合わせて組み合わせを検討する。同じ機能でも，デジタコ側で実現するもの，運行管理側で実現するものなど多様である。デジタコ，運行管理を分けて評価を行うことは困難であり，一体としたソリューションを検討することが望ましい。

5.2　入力インタフェース　ボタン型/タブレット型

　デジタコへの入力は，移動体通信を介してサーバへと連携，蓄積される。デジタコにより，接続可能なセンサの種類や，その個数は限定される場合がある。運転者が直接操作するには，ボタン型とタブレット型がある。ボタン型は，タクシーなどで見かける実車/空車/迎車などのボタンと同様で，始業/終業/休憩/荷役などをボタンで指示し，現在の状況をランプで表示する。ボタンの種類は運行管理で既定となる場合が多い。これに対して，タブレット型のインタフェースを持つ場合は，要件に合わせて多様なボタン・機能の選択やカスタマイズが可能となるが，費用と開発期間が必要となる場合がある。

　ボタン操作などを行わずに，目的地への到着などを自動的に判断することも可能である。これは，目的地の緯度・経度と車両位置や，その他の情報を元に，到着と見做すことで，自動的に判断を行うものだが，確実に情報を取得するためには，ボタンなどにより明示的に状況を示す必要がある。

5.3　固定型と可搬型　速度の精度と安全指導

　デジタコには，車両に固定(車体工事)して利用する固定型と，車両間で載せ替えができる可搬型がある。具体的には，車両の速度を取得するのに，車軸の回転を取得するパルスカウンターに接続するか，GPS測位による位置移動より計算するかの選択となる。型式認定機器は固定型となる。固定型は速度メータの表示値と同じ値を取るため，安全運転の指導を重視する場合は，固定型での運用となる。温度センサーなどとの結線が必要な場合も固定型となる。固定型として使用するデジタコは，夏場の高温の車内や，振動に耐えうる頑強な機器となる。

　これに対して，庸車を用いる場合など，デジタコを車両に固定するのが困難な場合や，車体への結線を必要としない場合は，可搬型が有効である。可搬型/固定型で同じ筐体を使うことがあるが，性能や機能が異なることに留意する。物流専用機器の他，スマホなどの一般的な移動体通信機器に専用ソフトを導入して利用することも可能である。車体に固定されない利点を生かし，商品の納品管理など，適用業務の幅を広げることができる。

6　先進的な車両情報の取得方式（CAN-BUS の利用）

　現在の車両は，幾つもの車体に取り付けられたコンピュータ（ECU）とそれに接続された機器により制御されている。それぞれの ECU は車内に張り巡らされたネットワーク（CAN-BUS）により統合され，一体として機能する。CAN-BUS にはエンジンの回転やブレーキ操作から，ウインカーやワイパーの操作に至る情報が流れている。

　先進的な取り組みとしては，CAN-BUS にデジタコを接続して車両の詳細かつ正確な情報を取得し，管理を行うシステムも用意されている。たとえば，エンジンへの燃料の噴出量を取得することでリアルタイムの燃料消費量（燃費）を計算したり，4 輪のタイヤの回転を取得することで，走行速度を計算したりする。CAN-BUS からは，有用な情報を取得することができるが，そこに流れる伝文は車両メーカ毎に異なり公表されていない。メーカの独自サービスとして利用者に提供する他，伝文を独自に解析して運行管理に資する一部デジタコに限られた利用に留まる。

7　プローブデータとナレッジデータベース

　デジタコを探針（プローブ）として，それに紐づく各種センサのデータを情報化し，蓄積することでビッグデータとなる。さらに分析，加工を行うことでナレッジデータベースを構築する。用途に合わせてナレッジデータベースを構築し，活用することで，デジタコのデータは多目的に利用できるようになる。国交省はこうした高度な情報の利活用の要となる次世代型デジタコを，スマートタコグラフと呼称する。

　プローブデータは，ETC 2.0 や車両メーカで取得し運用している。デジタコの附帯情報は異なる価値を生み出す。車両に紐づく多くの情報が運行管理で管理されるからである。大型車か普通車かなどの他に，荷物を積んでいるのか，空で走っているのか，建材を運んでいるのか食料品を運んでいるのか，横持か，納品かなど，運行の目的や内容に係る情報が紐づくため，高度な位置情報の利用が可能となる。

　ナレッジデータベースは，直接，運行計画の改善や運行の安全・安心に寄与する。荷卸し待ち時間，走行時間，走行距離とそのバラつき状況を，その他の情報と紐づけることで，多面的に運送事業の状況を分析し，改善へ結びつける。プローブデータによる道路の混雑状況をインターネットや表示板で確認することも一般的に行われる。最近では，道路計画への利用が促進されるようになった。道路計画で，どこに問題があるのかを特定したり，対策後の検証に利用する。検証に必要となるのは，どのように車が流れたかの荒い情報ではない。目的により，車型や積荷など絞り込んだ情報が有用となる。

　激甚災害においては，プローブデータにより道路，交通の寸断状況の検証が行われた。石油類の不足が問題となったが，その供給を検証するのにタンクローリーに限定した動態情報が必要となる。また，物資の供給についての検証を行う場合は，当該車両の動態情報が必要となる。

　スマートタコグラフは，さらに輸配送商品のナレッジデータベースを構築し，マーケティングなど，より広範囲での利活用が進むことを目指している。

8　リアルタイムシステムの特性

　デジタコは，多目的に利用できる有効な機器である。しかし，移動体という不安定でタイトな環境に設置される機器であり，時々刻々と変化する環境に依存して動作するため，完全に情報取得しきれない場合がある。また，過去に遡ってデータを取得し直すこともできない。運転者に依存した操作にあっては，押し忘れや操作ミスなども発生する。この点において，一般の機器，情報システムと大きく特性が異なる。

　デジタコは GPS を利用して，測位や時間の管理を行う。誤差は一般に 10 m 程度といわれ，運行管理を行うに必要な精度で位置を特定できる。運用が進められている準天頂衛星を利用すると誤差が 1 m〜数十 cm 単位まで向上すると期待されており，測位精度の向上により高度な車両運行管理が可能となると期待される。しかし，トンネル，地下施設などでは測位することができず，また，ビル街など電波が反射をする環境では正しい測位ができないことがある。さらに，GPS が保守や調整中などの場合，通常と異なる信号を送信することがあり，GPS 測位が機能しないこともある。

　デジタコは移動体通信によりサーバと情報の交換を行うが，東北激甚震災では，携帯電話が利用できなかった。この時，携帯電話と同じネットワークを利用した多くのデジタコは機能せず，車両位置の確認や情報の交換ができなくなったが，M2M（Machine to Machine）機器を前提とする回線を利用したデジタコは，車両の位置や通信により，安否確認や非常時の物資供給に資することができた。

　デジタコは夏場の高温の車内や常時発生する振動など，過酷な環境での利用となる精密機器である。ハンディーターミナルなど，物流機器は故障のための予備機を準備するが，工事により車体に取り付けるデジタコは，直ぐに交換することはできない。車両の実働率，稼働率が高くなっているため，工事日程を合わせる必要もある。デジタコ本体の他に，温度センサやドアセンサなどの故障もある。

　法定機器としてのデジタコは，交通事故に合っても情報が損なわれない構造を持っているが，IoT 機器としてのデジタコは，その運用と合わせて，不具合な状況にあっても運送業務に支障をきたさない工夫がある。データにおいては，推測や補正により不具合なデータを補完することや複数の情報を統合して運行状況を判断することなどがある。運用面では，修理，交換までの可搬型デジタコの準備や手動でのデータ作成などとなるが，輸配送管理全体としてどこまでを担保するかを明確にしたうえで，不具合時の対応を含めた総合的な見地から構築する。

9　おわりに

　デジタコを導入し，運行を可視化すると，運転者の意識が変わり交通安全や適性運行が推進される。運行終了後に，その内容を確認検証することで，改善点に気が付くことができ，また他の運転者との運転内容を比較することで，望ましい運行の有り方を確認することができる。

　IoT 機器としてのデジタコの利用は，さらに，車両の運行を可視化する。可視化した情報を精査し，手順を定めれば，見える化が実現される。

　ロジスティックスシステムの観点からは，輸配送状況を管理することで，システム全体を統合して管理し，オムニチャネルなど新たな仕組みの導入を駆動する。また，そこから集まる情報を元に，新たなビジネスの考案やそれを実現する手段を提供する。

　さらに，その情報はビックデータとして，効率的で安全，安心な社会の礎としての利用が進められる。

　デジタコは，単なる車両に取り付けられた記録機器から，社会の諸活動を計測するためのプローブとして，また動態を制御し，駆動するための制御装置としての利用へとその位置づけを変えている。今後，この装置をいかに活用し，新たなビジネスモデルを実現するかについて，無限の可能性を見出せる状況となっている。今後の進展と深化に期待をしたい。

──── **簾口　巌　プロフィール** ────

　最終学歴：東海大学理学部情報数理学科。現職：光英システム㈱システム開発部。資格：運行管理者（貨物）。

膨張する物流不動産

　21世紀になってからの日本の物流業界は，実は急激に活性化が進んでいる。それは，倉庫，運輸，人材，情報システムという物流周辺産業に新たに「巨大物流施設開発」という不動産開発業者が黒船とともに到来したからだ。

　今や毎年数百万坪の規模で数兆円単位の投資が行われ，全国主要都市の周辺には巨大な物流倉庫が林立するようになった。

　倉庫の開発が進むに連れて，物流作業を請け負うビジネスや新規の運輸企業も続々と参入してきている。産業空洞化がいわれ，いろいろな工場が国内から徐々に姿を消しているなかで，その跡地には巨大な物流倉庫が開発されるようになっている。

　日本にそんなに倉庫の需要があったのか？　と不思議な気分にさせるが，実は供給が需要を産んでいるという事態らしい。

　ちょうど新築住宅やオフィスビルのごとくに，新旧の住み替え，移転，突き出しという状況らしい。また，活況なネット通販も小売店舗より新築倉庫に期待しているようだ。

　昔，大きな建物の工場と倉庫の違いをどれほど人が働いているかによって区分していたらしいが，工場は自動化が進み，倉庫は盆暮れお中元のセット加工で沢山の人が働く逆転現象が起きている。

　ネット通販では商品撮影，品質検査，二次加工や分解修理など，工場やオフィスさながらの機能を組み込んだ新型倉庫が登場している。さらには沢山の人が働くための魅力的な設備として，託児所や食堂，健康ジムまで組み込まれているとの噂である。

　外観もデザインが施され，屋上には太陽光パネル，壁面には緑化花壇で省エネ機能が充実しているともいう。

　このような新機能，異色の倉庫を開発しているのが新参の物流施設開発会社なのだ。業界にとっての異色遺伝子として歓迎されているに違いない。

（花房　陵）

第4節　実行系TMS：デジタル機器（スマホ）による運行管理と支援

株式会社ナビタイムジャパン　石田　学

1　はじめに

　運送業界は，重要な社会インフラを担っている。「店舗の商品棚が充実している」「宅配便が自宅まで荷物を届けてくれる」ことが当たり前の中で生活している人々にとっては，このありがたみを意識する機会はそうないであろう。このことは，トラックドライバの不断の努力の賜物であり，そのうえに国民生活・経済活動が成り立っているというのはまぎれもない事実である。

　しかしながら，その運送業界がかつてない危機に瀕している。「荷物を運ぶことができなくなる」という時代の到来が現実味を帯びてきているのである。その原因は，高齢化社会に伴う労働人口の減少など多々あるが，情報通信技術（ICT：Information and Communication Technology）がこのような危機的状況を回避するひとつの手段になるものと考える。これからは，ICT の活用により業務効率化はもちろんのこと，業務にいかに付加価値を付与していけるかがポイントとなってくるであろう。ICT というと広範囲にわたるが，ここでは対象をスマートフォンに絞り，スマートフォンによる運行管理・支援について考えていきたい。

2　スマートフォンについて

　まず，普及状況を見てみよう。スマートフォンの始まりは，2007 年に iPhone が発売された

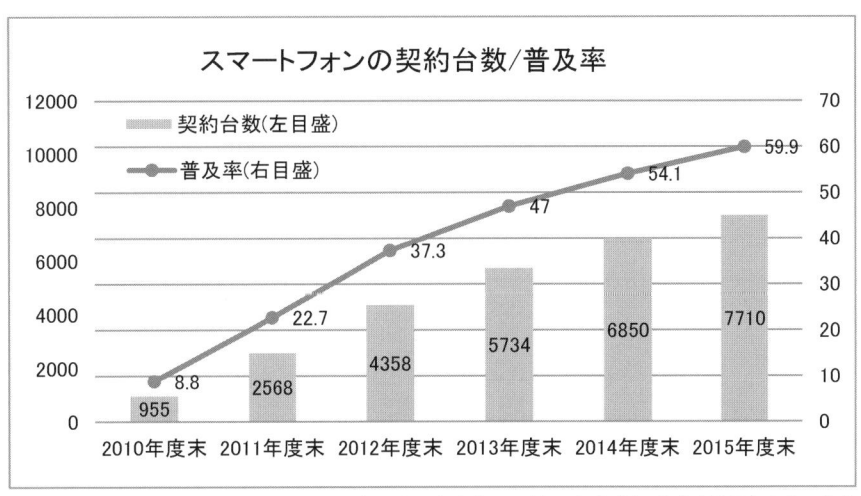

「平成 28 年 5 月 13 日 総務省 総合通信基盤局 電気通信事業部 事業政策課」を基に作成

図1　電気通信事業分野における市場の動向

ことだ。これを機にこれまでのフィーチャーフォン(いわゆるガラケー)から，スマートフォンへの移行が進んでいく。その過程において，スマートフォン自体の機能向上が進められる。これまで単なる電話にしかすぎなかった機器が一変したのである。言うなれば，電話付きの超小型コンピューターに変わったのである。その後，スマートフォンは爆発的に普及が進み，私たちのライフスタイルを変えた。また，現在では法人での活用も急速に進んでおり，公私共に手放せないツールとなっているのは，皆さんもご存知の通りである。

　具体的な数値を見てみると，2010年度末に955万台(普及率8.8%)であったものが，2017年度末には7,710万台(普及率59.9%)と8倍の増加をみせている(図1)。

3　現在の自動車の運行管理・支援について

　前提として，本稿における自動車および運行管理の定義は，以下の通りとする。
- ・自動車：警察庁が所管する道路交通に関する法律(通称：道交法)で規定されている「大型自動車」，「中型自動車」，「準中型自動車」，「普通自動車」
- ・運行管理：輸配送部分における自動車の稼働状況および車両の位置情報を把握すること

　一般的に自動車の運行管理は車載型の機器で実施されている。また，貨物自動車運送事業輸送安全規則に基づき，車両総重量7トン以上または最大積載量4トン以上の事業用自動車は運行記録計(アナログ式運行記録計またはデジタル式運行記録計)の装着が義務付けられている。

　スマートフォンの普及に伴い，今後は車載型の機器だけではなく，スマートフォンを活用した運行管理も増えていくものと思われる。㈱ナビタイムジャパン(以降，当社)でもスマートフォンとパソコンを活用した『ビジネスナビタイム動態管理ソリューション』というパッケージサービスを提供している。2012年5月のサービス開始時はスマートフォンの法人利用がまだ一般的ではなく，ご理解をいただくのが難しい状況ではあったものの，現在では多くのお客様にご利用いただいている。本サービスでは，ドライバが持つスマートフォンにて，配送状況の入力/ドライバ状況の入力/自動車のリアルタイムな位置情報取得/到着予想時刻自動計算/ナビゲーションといった機能の利用が可能で，スマートフォンで入力された実績を計画側のパソコンで管理できるものとなっている。なお，[第3編第2章第2節]に記述の計画系TMSである㈱ライナロジクスの完全自動配車システム「LYNA2」とも連携している。LYNA2で作成した配車計画を当該サービスに取り込むことで，配送状況などの実績を取得することが可能となり，予実管理を実現できる。ユーザーの多彩なニーズに応えるサービスとなっている。

　ここで，車載器と比較した時のスマートフォンの主なメリットを以下にまとめてみたい。
- ・スマートフォンに簡単にアプリのインストールが可能
- ・インターネットを介して，アプリの機能や性能を継続的に向上/改善させることが可能
- ・外部アプリケーションや外部機器との連携が可能
- ・MVNO(仮想移動体通信事業者)の普及により，低コストでハード入手が可能
- ・持ち運びできるため，低コストで備車の管理が可能
- ・アプリのUI(ユーザーインターフェース)/UX(ユーザーエクスペリエンス)を高めることで，ドライバの利用促進が可能

　一方，デメリットは何か。自動車にじかに接続していない分，取得できるデータが限られるという点である。たとえば，アクセル開度/ブレーキ回転数/燃料使用量といったデータである。しかしながら，前述のメリットに記載のとおり，車載器と連携することで取得可能なものであり，補えるものであると考える。ここで，スマートフォンの総合的な特長として，"柔軟性"を加えたい。スマートフォン自体で実現できないことは外部機器と連携し，データを取得する。そのデータをもとに使い易いアプリをスマートフォンで享受することが可能である。また，後述するが，ICT の進歩により，開発コストを最小限に抑えて最大のスピードでサービスを提供できる環境が整った。スマートフォン自体の機能向上以外に，アプリの利活用といった面でスマートフォンを活用することは，非常に有効であると考える。

　以後は，運行管理・支援において，スマートフォンがどのように寄与できるかについて考えていきたい。

3.1　カーナビアプリの普及

　スマートフォンの爆発的な普及でこれまでのフィーチャーフォンと大きく変わった点は，機器自体の使い方である。インターネットを介して，さまざまなアプリを各個人が手軽に入手できるようになった。中でもカーナビアプリは，その実用性から高い支持を得ている。支持を得られた背景としては，従来の据え置き型のカーナビと比較して安価であるという点もあるが，通信インフラが発展したことと，スマートフォン自体の機能が向上したことが大きいと思われる。ストレスなく快適にアプリを使えるような環境が整ったことがその利用を後押ししている。

　ここでカーナビアプリの有用性を2つの背景から考えてみたい。

　第一に，人手不足に起因するドライバ不足問題である。これまで当たり前のように享受されてきた「物が届く」という活動自体に危機が迫っている。近年 EC の活用が当たり前になりつつあるが，日本の EC 化率は約5%といわれており，米国や中国と比較して低い。今後ますます EC の物量が増えていくのは目に見えており，ドライバのなり手を増やすことが急務である。このような背景もあり，2017(平成29)年3月12日に改正道路交通法が施行され，普通免許と中型免許の中間に準中型免許が新設された。これにより，車両総重量7.5トン未満(最大積載量4.5トン未満)の自動車の運転が可能となった。20歳以上から取得可能となっていた中型免許とは異なり，18歳で普通免許なしでも取得可能となる。トラック運送業界への間口を大きくし，若年ドライバの就業人口増が期待される(**表1**)。

　第二に，2020年に開催される「東京オリンピック・パラリンピック競技大会」に付随する環境変化である。従来の渋滞や交通規制などの道路交通事情が大きく変化することが予想される。国土交通省の施策のひとつとして「道路輸送インフラの整備(首都圏3環状道路)」が挙げられているが，この他にも「首都圏空港の機能強化」「空港アクセスなどの改善(バス/タクシー)」といった施策も挙げられており，直接的あるいは間接的に道路交通事情に影響を及ぼすであろう。経験豊富なドライバも予想し得ない状況が発生するものと思われる。

　現在，ドライバのなり手を増やす解決策のひとつとして，若年層や女性の登用などが挙がっている。しかしながら，このような運転経験が浅い方々を即戦力化するためには，同乗運転をするなど，教育に相応の時間が掛かる。輸配送業務に関しては，運転以外にも荷役，取引先へ

表1　2017(平成29)年3月12日以降の運転免許区分

自動車種類	免許種類	年齢	車両総重量	最大積載量	その他
普通自動車	普通免許	18歳以上	3.5トン未満	2トン未満	
準中型自動車	準中型免許	18歳以上	7.5トン未満	4.5トン未満	
中型自動車	中型免許	20歳以上	11トン未満	6.5トン未満	普通免許等保有2年
大型自動車	大型免許	21歳以上	11トン以上	6.5トン以上	普通免許等保有3年

の納品方法といったさまざまな業務を覚える必要があるため，より短期間で即戦力化することが求められている。カーナビアプリを活用することで，運転教育コストの削減，ひいてはドライバの運転への心理的負担の削減にも寄与できるものと考える。

　また，道路交通事情の変化に対しては，刻々と変化する道路交通事情をリアルタイムで把握しながらのナビゲーションが必要となる。スマートフォンは元々通信機能を備えており，リアルタイムでの情報取得に向いている。カーナビゲーションは情報の鮮度が重要である。渋滞・通行止めといった交通規制以外にも地図・駐車場満空情報など，ユーザーが意識することなく，リアルタイムで情報が常に更新されていくメリットは，思いのほか大きい。当社ではコンシューマ向けに自動車系のアプリを提供し，法人向けには前述の『ビジネスナビタイム動態管理ソリューション』を提供しているが，リアルタイム性が重視されている例として「NT-FILTER」を紹介したい。これは当社の開発したシステムで，自動車の走行実績を基に，現時点では地図情報に反映されていないが，通行可能な道路を自動検知することで，最短で道路開通の翌日から地図情報に反映・ナビゲーションに適用することができ，より最適な案内を実現しユーザー満足度向上に寄与している。現在，多くの人々にスマートフォンが普及していることから，カーナビアプリを利用する障壁は低いといえるだろう。

　さまざまなカーナビアプリがあるが，ここで当社が提供する『トラックカーナビ』を紹介したい。『トラックカーナビ』は，2016年3月にリリースした日本初のトラック専用ナビである。元々は当社が提供している乗用車向けナビゲーションの利用者のうち約4割が運送業などの職業ドライバと分かったことがきっかけで，ユーザーからも大型車専用のナビゲーションを作ってほしいという要望が非常に多く，開発に踏み切った経緯がある。既存の普通自動車用のカーナビゲーションとの違いは主に以下である(2017年8月21日時点)。

- 大型車の規制考慮
  - ・大型貨物自動車通行止：全国35,000箇所(指定方向外進行禁止65,000箇所)
    ※補助標識も考慮するため，通過する時間によりルートを変更。最大積載量による通行可否も判定が可能
  - ・高さ制限，幅制限，重量制限：全国約76,000箇所
  - ・スマートICの通行可否：全国約80箇所
- 交差点旋回可否判定
  - ・自動車のサイズ(長さ，幅など)および旋回前の道路幅，旋回角度から計算される旋回後に必要な道路幅が走行先の道路幅未満であれば，旋回可能と判定
- 道幅通行可否判定
  - ・大型車のサイズと道幅を比較し，ある程度の余裕をもって通行できる道のみを案内

- 巡回経路検索
  - ・複数の配送先がある場合，ワンタップで一番効率的な配送順を自動で算出
- 大型車が駐車可能な施設の絞り込み検索機能
  - ・コンビニエンスストアなど，大型車が駐車可能な施設を絞り込んでの施設検索が可能

　自動車のサイズに応じたナビゲーションを実現することで，お客様からの「道幅が狭くて通れなかった」「車高が高くて陸橋をくぐれなかった」という従来のカーナビゲーションの課題解決につながった。前述の 2 つの外部背景もあり，円滑に業務を推進するためにカーナビアプリが必須となる時期が遠くない未来に訪れるものと考える。

3.2　カーナビ技術を活用した次世代運転診断サービス

　交通事故による死者および交通事故を減少させることは，運送業界における積年の課題である。国土交通省では「事業用自動車総合安全プラン 2009」を策定し，2018 年までに飲酒運転をゼロとすること，および営業用トラックの死者数及び人身事故件数の削減を目標に掲げている。

　また，交通事故防止を支援する観点からについて，国土交通大臣より認定された機器の取得に対して，補助を行っているのは周知の通りであるが，カーナビ技術と上記機器を連携させることで，さらなる付加価値を生み出せるものと考える。ここでは次世代の運転診断サービスを紹介したい。

　デジタル式運行記録計には運転診断の機能は付帯されているが，いくつかの課題も見受けられていた。たとえば，運転の仕方次第では高得点を取ることが可能であったり，速度超過は一律で高速道 90 km／一般道 70 km を超過したものを検知するなどである。事故を未然に防止するという観点に立った場合，交通規制状況に応じてきめ細かく“走行の実態”を把握したうえで，ドライバへ是正指導ができた方がより効果的であろう。走行の実態とは，「信号無視」，「最高速度」，「右折」，「左折」，「徐行」，「一時不停止」，「安全速度」といった法令違反のことである。全日本トラック協会調査の「平成 26 年 事業用自動車の法令違反別事故発生件数（第一当事者）」によると，これらの法令違反に起因する貨物車の事故発生件数は，1,158 件と全体件数 17,801 件の 6.5 ％を占めている。居眠りといった生理的な現象とは異なり，ドライバの意識改革で改善可能なものであるため，改善の余地は大いにあると考える。

　このような法令違反は，カーナビ技術を活用した次世代の運転診断サービスで解決可能と考える。これは，ドライバの運転実態を可視化し，運転実態に基づいた是正指導ができるという点で非常に高い効果が期待できる。仕組みとしては，カーナビやドライブレコーダー，デジタル式運行記録計などで取得した GPS ログデータを地図上にプロットし，各種交通規制データとマッチングさせることで法令違反の有無を検知する。ここでは，車両の位置情報を地図にプロットするだけではなく，実道路の走行軌跡に合わせて正確に地図上にプロットするというカーナビ特有の技術が必要となる。そうすることで正確な検知が可能となる。また，大型車の交通規制データを保有していれば，大型車の法令違反有無を検知することも可能である。

　また，最近ではデジタル式運行記録計やドライブレコーダーにも通信機能を備えるものが多くなってきた。これらの機器の情報とカーナビ技術を連携させることで，より精度の高い法令

違反検知が可能となる。前述の通り，スマートフォンは劇的な機能向上により，自動車のデータを取得できるようになっているものの完全取得は難しい状況であるため，車載という自動車に直接繋がっているという機器の特性を活かすということである。具体的には，デジタル運行記録計の速度や時間，ドライブレコーダーの画像データといった情報をカーナビアプリで検知した法令違反地点とマッチングすることで，検知精度を向上させるのである。加えて，運転実態を把握した後に是正に繋げる点でカーナビアプリを活用できる。カーナビアプリは常に走行状態を把握しながらドライバへ道案内を行う機能を有しているが，これを運転指導に応用。先の運転診断システムから得られたドライバ個別の運行実態に基づき，走行中に音声で運転のアドバイスを行うことができる。たとえば，一時停止違反の多いドライバには一時停止線の直前に音声で「しっかり止まって左右を確認してください」といった発話をさせるなどである。

　これまでは，ドライバが実際に法令違反を起こしているかどうかまでを把握する術はなかった。次世代運転診断サービスは，ドライバ自らに交通安全遵守を促すこと，また，管理者が運行実態を基に説得力のある是正指導が可能になるという点で，交通事故削減に大きく寄与できるものと考える。

4　運行管理・支援の今後

　ICTにおいて，近年よく耳にするワードに「IoT」，「クラウド」といったものがある。毎日どこかで必ず見聞きするワードではないだろうか。簡単にいえば，IoTはあらゆるモノがインターネットにつながるということであり，クラウドはインターネットを通じてサービスを必要な時に必要な分だけ利用するという考え方のことである。センシング技術により，さまざまなモノの情報をデータ化することが可能となった。また，これらの膨大な量のデータを蓄積することがクラウドによって，以前とは比較にならないほど，簡単にできるようになったのである。

　このようにあらゆるモノがインターネットにつながるIoT社会が到来すると，今後は複数のデータを組み合わせて物事を判断することが求められてくるだろう。なぜなら，さまざまなデータを集約できる環境がクラウドで実現されるため，これらのデータを組み合わせることで，新たな価値を生み出していくことが企業の競争力の源泉となっていくからである。

　このことは運送業界にとっても同様である。これまで自動車の出庫後の運行状況をリアルタイムに管理することは難しいものであった。しかしこれからは，自動車に装着されているデジタル式運行記録計/ドライブレコーダーといった機器はもちろんのこと，OBD（On-Board Diagnostics：自動車の自己診断機能）/温度管理計/タイヤ空気圧計といった機器がインターネットに繋がり，リアルタイムに自動車のさまざまな状況を把握することが可能となる。また，ドライバが身に付けるウエラブルといった機器により，リアルタイムにドライバの身体状況を把握することが可能である。たとえば，デジタル式運行記録計の運転診断の評点が良くとも燃費が悪いようであれば，タイヤの空気圧が適正でないことが疑われる。また，ドライバの眠気を感知した段階で休憩地点までナビゲーションするということも可能となる。複数のデータを組み合わせることで，より安心で安全な運行管理を実現できるのである。このように単にインターネットに繋げるというだけではIoTの恩恵を最大限に享受できているとは言い難い。IoT

はデータを「集約/蓄積」，「解析」，「アウトプット」することで意味を成すものになるからである。

　また，IoT を考えた場合，スマートフォンの活用が非常に有効である。ここでは当社の『NAVITIME IoT Smart』を紹介したい。『NAVITIME IoT Smart』は，2017 年 8 月に発表したサービスである（**図 2**）。商用車向けのさまざまな周辺機器や情報をスマートフォンに集約して，クラウドへのハブの役割を担わせることで，以下のようなメリットを生み出している。

① 通信料の削減

　　クラウドにデータを上げるためには，各機器で通信することが必要となるが，各機器を直接クラウドに接続しようとすると個々に対して通信料が発生して高額となる。そこで，Bluetooth でスマートフォンにデータを集約してクラウドに上げることで通信契約が一本化され，通信料を削減できる。

　　なお IoT においては，LPWA（Low Power Wide Area）という無線通信方式が注目されているが，2017 年時点ではゲートウェイのカバレッジが非常に狭く移動する機器の接続には向かないという事情がある。そのため，Bluetooth と 3G/LTE のゲートウェイとして，手軽さ・普及率を考慮してスマートフォンを推奨。

② データの集中コントロール

　　スマートフォンのアプリにて，集約されたデータの取捨選択や送信を任意に行える。たとえば，画像データを間引くことで，通信遅延回避やセキュリティ向上につなげることができる。また，状況に合わせて必要な情報のみを表示し，ドライバに対して情報過多にならないような制御も可能である。

③ ドライバの業務効率向上

　　スマートフォンに各機器からのデータを集約。ひとつの画面にまとまることで，複数機器の操作の必要なくスマートフォン上で全てのデータを確認できて，異常検知もしやすくなる。

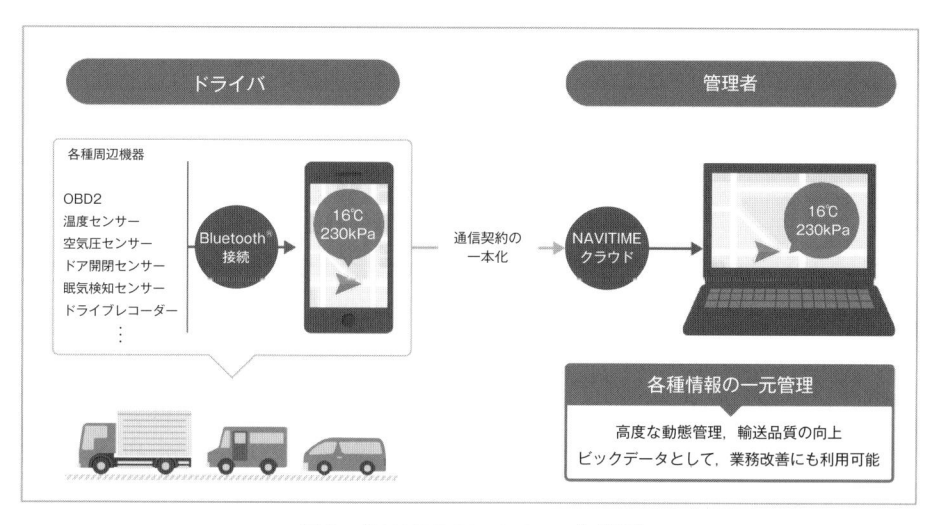

図 2　『NAVITIME IoT Smart』概要

④　管理者の業務効率向上

クラウドに上げられたデータに加工を施すことで，例えば管理者が利用している何らかのアプリ内にデータを送信。当該アプリ内で表示することで，全てのデータを確認できる。

⑤　データの統合による分析効率化

ひとつのクラウド環境にデータを集約。別のクラウド環境からデータを引っ張り紐付けを行う必要がないため，素早い分析が可能となる。

5　運行管理・支援の未来（次世代運行管理システム）

ここからは運行管理のさらなる未来について考えていきたい。

ICT は日々進展しているが，前述の「IoT」，「クラウド」以外に「API」，「AI」，「みちびき」，「5G」をキーワードとして挙げておきたい。これらの技術要素を上手く活用することで，これまでの運行管理・支援は全く別モノになるであろう。また，そうなるように私たちサービスプロバイダーは知恵を絞らなければならない。

まず，API（Application Programming Interface）だが，目新しい技術ではないが，改めて注目を浴びている。API を活用することで，ある機能をゼロから開発する必要はなくなるため，開発コストと時間的なコストを低減できる。また，昨今，API エコノミーといわれているように，機能だけではなくサービスそのものを API を介して利用することができるようになり，新たにサービスを提供しようとした時のスピードが劇的に早くなっている。金融業界におけるフィンテック（Fin Tech）がその好例であろう。次に，AI（Artificial Intelligence）であるが，ご存知の通り人工知能のことである。人間では決してなし得ない膨大なデータの解析が可能となった。2015 年 10 月に Google DeepMind 社によって開発されたコンピュータ囲碁プログラム Alphago が，人間のプロ囲碁棋士を初めて破ったことに全世界が衝撃を受けた。現在，人工知能は身近なところで実用化されており，iPhone の「Siri」，Google の「Google アシスタント」がそうである。利用したことがある読者も多いのではないだろうか。

次に，みちびき（準天頂衛星システム）であるが，日本版 GPS システムのことである。現在の米国が運用する GPS 衛星と一体で活用することで，測位誤差数 cm の範囲内に向上できる。よりきめ細かなサービスの提供が可能となると考えられる。日本では，2023 年度をめどにみちびきを 7 機体制とし，都市部だけではなく山間部も含めて正確な位置情報の取得を目指している。

最後に 5G（第 5 世代移動通信システム）である。日本では 2020 年の東京オリンピック・パラリンピックで都市部でのサービス開始が予定されている。5G が登場することで，現行の携帯通信よりも 10～100 倍の高速通信が可能となる。これは大容量の動画などを通信遅延なく，送受信が可能になることを意味する。

つまり，強固な通信環境のもと，IoT によりあらゆる種類のデータが通信を介してクラウドに集約・蓄積される。それらのデータ（いわゆるビッグデータ）が AI によって解析され，その結果をデータあるいはサービスとして元の機器や別のアプリに API にてフィードバックする

ことで，新たな付加価値を生み出せる環境が当然のものとなるのである。

　このような未来を見据え，運行管理・支援は今後どのように進化していくのであろうか。これまでの自動車単体での運行管理・支援から脱することが求められることになるだろう。なぜなら，クラウドに蓄積されるビッグデータは千差万別であり，これら性質の異なるデータの解析結果をもとに，これまでにない運行管理・支援が出現するはずだからだ。またそれは，物流の定義の一要素である輸配送という枠を超えて，荷役/包装/流通加工/保管といった他の物流業務プロセスまでも加味したものとなる。つまり，部分最適化だけではなく，全体最適化の精度もあわせて高められることになるのである。

　これまでのように「Aということがありました」といった何らかの事実を基に人間が何かを考えるのではなく，「Aということが起こる可能性があります。だからBとしましょう」という"予兆"を検知したものとなる。例えば，以下である。

・ドライバの体調不良の傾向を見越して，乗車そのものを控えさせる。
・自動車の物流センターへの到着時間変更を見越して，ピッキング順番を変更，あるいは，梱包完了後の荷物の保管場所を変更する。
　また，同業界を超えて異業界とのデータを組み合わせた形も考えられるであろう。たとえば，以下である。
・某コンビニのPOSデータの統計から特定エリアでのイベント開催を察知。多くの人の外出を見越して，安全と思われる配送ルートをスマートフォンに指示を出す。
・HEMS（Home Energy Management System）の電気利用の傾向から在宅傾向を察知。在宅率の高い時間帯を考慮した配送計画を作成して，スマートフォンに指示を出す。

　これまでの運行管理・支援システムは，管理者がドライバを管理するための一方通行的なものであった。しかし，スマートフォンをプラットフォームとすることで，あらゆるデータの送受信が可能となった現在では，双方向的なものとなり，より良い運行管理・支援が実現可能となるのである。

6　おわりに

　これからの運送業界を取り巻く状況は簡単なものではなくなってきている。高齢化による労働力減少など，予見されている課題が目前にある。現在は，共同配送のように同業界ではあるが企業を跨いだ連携も一般的なものとなりつつある。このような状況下では，運行管理・支援も一企業で考えるものではなくなっていくのではないであろうか。これまで論じてきたとおり，スマートフォンをデータのハブとすることで，企業間で新たな価値を享受することができる可能性を秘めている。このような難しい状況を憂えるのではなく，ICTの力で何とかできることを考えていければと思う。また，サービスプロバイダーとして，そのようなサービスを世に送り出せるよう，日々研鑽に努めていきたい。

───── **石田　学　プロフィール** ─────

2006 年㈱ナビタイムジャパン入社。法人向けシステム等の営業に従事した後，2012 年法人営業部部長，2014 年企画・営業 2 部部長，2017 年ビジネス開発 1 部部長に就任。現在はロジスティクス分野に対して，アライアンスを含めた提案を中心とした業務に従事。

戦略物流センター

　戦略という経営用語の定義は曖昧であるが，物流センターの高機能化が産業を変えることは確実だ。製造業や流通業にとって，工場や店舗以上に物流センターの業態変化は顕著である。

　食品工場と生鮮食品の選別や加工，包装などを行うプロセスセンター（大型小売店の惣菜工場を兼ねる）の進化は，工場との区別をなくした。

　フラッシュセールという EC マーケティングを駆使する物流センターには，コールセンター，撮影スタジオ，商品研究，マーケティングデータ分析者が終日詰めている。24 時間オープンする小売店以上に多くの人が働き，仕事をこなし，モノが動く。

　生産工場と小売店舗の代用を兼ねる物流センターが，単なる代用から新しい価値を生み出しているといえるだろう。地域の雇用や産業にとってみても，重要な産業としての物流が見直され始めているのは確かだ。

　利用者からの視点でも優れているのが巨大な物流センターなのだが，これを供給している開発会社や物流アウトソーサーにとっても事業進展に欠かせない存在である。今や膨大な供給が需要を生み出す構造になっているが，新旧物流センターの交代にとどまらない新しい使い方，物流の役割が変わってきていることが散見される。

　24 時間稼働，高機能な自動機器設備，多様な作業と物流加工作業を実現できるために，従業員確保の欠かせない魅力的な施設として食堂，ユーティリティー，送迎バス，託児所，売店などまで一体化してきている。眠らない街としての物流センターができ始めているのだ。巨額な金融投資を価値あるビジネスに転換する方法として，物流センターが利用されている。100 億円の有効活用が物流であることを思えば，これこそが戦略物流センターともいえるのだ。

（花房　陵）

第3章　倉庫制御システム（WCS）

株式会社アイオイ・システム　西田　光男

1　物流センターの現場を支える倉庫制御システム

　第3編第1章では倉庫管理システム（WMS）について，第3編第2章では輸配送管理システム（TMS）について，その定義と現状と今後の課題について説明された。本稿では倉庫制御システム（WCS：Warehouse Control System）について解説する。

　WMSとWCSはいずれも倉庫，すなわち物流センター内の事象に関連する情報システムであり，互いに補完関係にあるシステムとして，実際には明確な区分をせずに活用されている場合も多い。管理（Management）と制御（Control）の語源と定義から考えれば，その意味からの差異を想定することは可能だが，物流システムが他のシステムと異なる共通点としては，必ず資材，部品，製品，商品など物（Material）が伴うということである。第4章ではマテリアルハンドリングシステム（MHS）について解説されているが，まさに必ず物の取扱いが伴うシステムとして物流（Logistics）システムが語られるところである。第1編では物的供給連鎖管理，すなわちサプライチェーンマネジメントシステム（SCM）について理論と現実を論説しているが，製造工程・流通工程，すなわち産業基盤を支える実物経済の原理であり，その実態と現実を担っているシステムこそがロジスティクスシステムなのである。最近では，WMSとTMSを統合管理するロジスティクスマネジメントシステム（LMS：Logistics Management System）も提唱されている。

　財務・会計・人事などの企業経営資源全体を最適管理するためのシステムとしてERP（Enterprise Resource Planning）と呼ばれるシステムがあることは周知のとおりである。WMSはERPの機能の中で倉庫，すなわち物流センターと物の管理に特化したシステムともいうことができる。現実的にERPを介してWMSに物流管理を託している企業も多くある。また，ERP自体が物的資産管理も担当して，ERPを介してWCSに物流の最適制御を実行している企業もある。このようにWMSとWCSとは区分しがたいほどに機能を共有している。第2章ではTMSを計画系と実行系に区分しているが，その分類ではWMSは計画系システム，WCSは実行系システムということもできる。製造関連システムでも生産管理システム（MPS：Manufacturing Planning System）とそれを実行するための生産実行システム（MES：Manufacturing Execution System）があるのと同様に，計画管理系と現場実行系との棲み分けはシステムの特性から必然と思われる。

　本稿ではWCSを「情報通信技術を駆使して物流工程の生産性と精度の向上と可視化によって，倉庫全体の最適化を制御するシステム」と定義することにする。

　WCSでは情報通信技術（ICT：Information Communication Technology）を駆使したシステ

ムによって，物の情報とさまざまな機械機器（MH機器）と作業者とを連携させることで，物流センター内での生産性＋精度＝効率化を図り，併せて複数の物流センター内の状態をオンデマンドにリアルタイムに可視化を実現することになる。

2　サプライチェーン効率化の一端を担う倉庫作業支援システム

　製造・物流・流通という実物経済を支える基盤であるサプライチェーンの実行系がロジスティクスである。資源，資材，部品，商品のなどの構内物流と輸配送など，すなわちサプライチェーンの効率化と可視化を実現するために，ロジスティクスシステム高度化へのニーズはますます拡大している。人口増で消費が拡大する経済発展段階にある国々では，消費拡大に伴う物量の増大によって，アナログ的人海戦術だけでは生産性が上がらないので，作業支援のためにデジタル情報処理・制御を駆使した情報通信技術（ICT）のより高度な進化が求められている。

　少子高齢化と人口減少が進んでいる（**図1**）わが国では，その結果として消費量が減退し，それに伴って物量は低減することになる。しかし，一方で人々の欲望の増大に伴うニーズの多様化によって，アイテム数と搬送頻度が増大するとともに，店舗配送だけでなくネットスーパーやネット通販の拡大，そしてそれらを複合したオムニチャネルへの発展など，サプライチェーンを支えるロジスティクスシステムへの課題は山積している。はたまた，少子高齢化に伴う作業労働力の低減は否めない。周知のように，いまやわが国における製造と物流の現場労働力不足は待ったなしの課題となっている。したがって，作業効率化システムのニーズは，経済的発展段階と成熟段階いずれの局面でも拡大するのである。

　いまだに自動化＝ロボット化できない製造・物流工程を支える手段として，人間作業系は不可欠なものである。第4章で記述されているように，搬送系ではコンベアやフォークリフトや

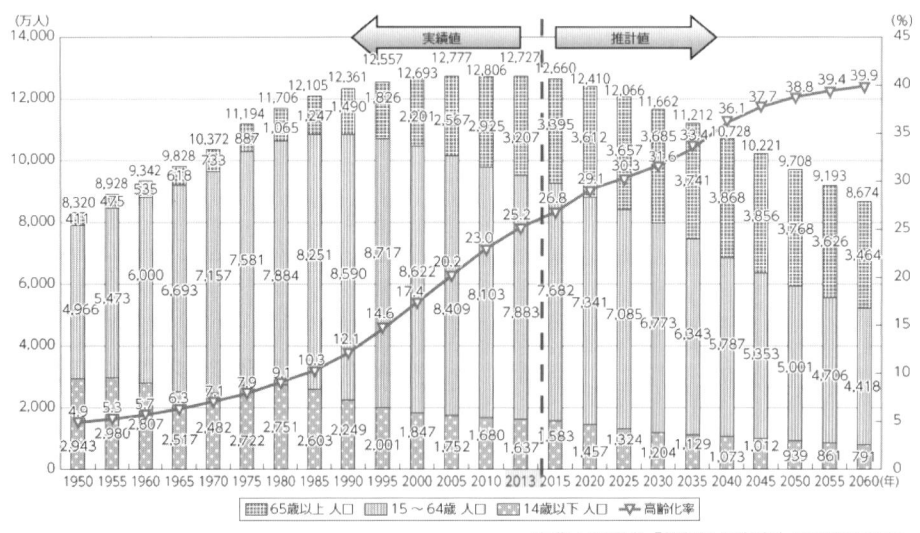

出典：総務省「情報通信白書」平成26年版
※口絵参照

図1　わが国の高齢化の推移

AGV（Automatic Guided Vehicle）などが自動化を実現しているし，保管系では各種自動倉庫がある。仕分系ではソーターが，ピッキングでは自動ピッキング機械が実現されてはいるが，すべての物の属性に合わせて搬送・荷役系統に適用できるわけではないし，対投資効果から採用できないものも多い。あらゆる物流工程で作業者に依存せざるを得ない部分はたくさん残されている。

　人的作業系で課題となるのは，人時作業生産性と作業精度である。人的作業系では速度と精度は常に二律背反の関係にある。だからこそ，今後とも作業支援システムのニーズは国内外ともに増大するものとして，今まで以上にICTに磨きをかけて進化させていく必要がある。製造と物流における資材・部品・商品の出庫作業や仕分作業の効率を大幅に向上することができるデジタル作業支援システムには早くからICTが活用されてきたのである。

3　デジタルシステムによる作業の効率化

　改めて作業支援システムの代表格として活用されてきたデジタルピッキングシステム（DPS：Digital Picking System）について解説する（**図2**）。作業効率実現のための5原則として，一般に下記の要件が挙げられている。

① 作業者に余分な物を持たせない
　……手にリストや端末を持たせて作業を行うと，商品や部品を扱う際に邪魔になる。
② 作業者に作業指示情報を読ませない
　……読みながら作業していると読み間違いが生じる。
③ 作業中にできるだけ考えさせない
　……目的物の属性や所在などを記憶に頼りながら考えて作業していたのでは勘違いが生じる。
④ 作業者に目的の物を探させない
　……目的物の所在を探していては余計な時間がかかってしまう。
⑤ 作業者をできるだけ歩かせない
　……目的物の所在までの距離が長いと歩行の時間が余計にかかってしまう。

　以上の5つが作業生産性と作業精度すなわち作業効率を向上するための5原則とされている。作業品質向上の5S（整理・整頓・清掃・清潔・躾）に対して5Nと呼ぶことにする。まさに，DPSではこの5原則が実現された結果として，リスト作業と比較して，生産性で2倍以上，精度で10倍以上という効率向上が達成されている。

出典：㈱アイオイ・システム

図2　デジタルピッキングシステム

出典：カシオ計算機㈱

図3　ハンディーターミナルでピッキング

出典：㈱シーネット

図4　ボイスピッキングシステム

リストピッキングとの比較をしたベンチマーキングによる評価でも，ハンディーターミナルによる作業支援（**図3**）では人時生産性で1.2倍，音声ガイドシステムによる作業支援（**図4**）では1.3倍ということで，DPSによる作業支援の方が生産性では圧倒的に高いことが実証されている。

DPSは商品などの物の保管場所に表示器を設置して，オーダーに応じて該当保管場所をランプの点滅でガイドし，併せて表示パネ

出典：㈱アイオイ・システム

図5　デジタルアソートシステム

ルでピッキング数を表示するシステム（図2）だが，商品などの物の仕分け先の場所に表示器を設置して，該当する商品などの物に対応する仕分け先の場所をランプの点滅でガイドするシステムもある。これをデジタルアソートシステム（DAS：Digital Assort System）と呼んでいる（図5）。なお，正式な英語表記ではDPSはPick to Light System，DASはPut to Light Systemであり，欧米では何れもPTLと略称されている。

4　進化を続ける作業支援システム

生産性では優れているDPSやDASでも作業精度ではミスゼロを達成するまでには至っていないので，DPSの後工程で検品システムを導入したり，DPSと併行して検品作業を実施するなどの複合システムとしてピックアンドチェックシステム（PCS：Pick and Check System）も採用されている（図6）。また，仕分けミス防止のために該当間口に表示器とシャッターを併設するシャッターアソートシステム（SAS：Shutter Assort System）（図7）も実用化されている。さらに，仕分け先のミス防止と数量違いを同時に防止するために，重量センサと組み合わせたウェイトアソートシステム（WAS：Weight Assort System）（図8）も開発されている。赤外線センサやカメラによる画像処理などと連動して該当間口からのピッキングミスを防止するシステムも登場している。

出典：㈱アイオイ・システム

図6　PCS：DPSでピッキングした商品をバー
　　　コードスキャナーで検品する複合システム

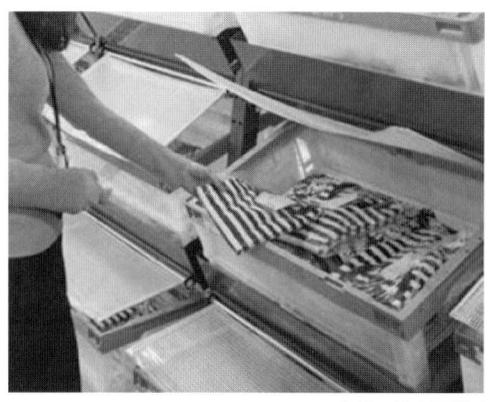

出典：椿本興業㈱

図7　シャッターアソートシステム：SAS

出典：㈱アイオイ・システム

図8　ウェイトアソートシステム：WAS

出典：㈱アイオイ・システム

図9　フリーロケーションとモバイルとマルチ指
　　　示を実現した無線表示器

　物流現場での作業を支援するシステムデバイスとして，表示パネルに電子ペーパーを採用することで消費電力を大幅に低減した無線表示器も実用化されている（図9）。同製品は電子ペーパーの特色を活かしてフルドット表示にも対応し，数字以外にもバーコードはもとより文字や図形や画像も表示することができる。電子ペーパーは書き換える時だけ微弱電力を必要とするが，書き換えた後は無電力で表示を保持できるので，紙に代わる画期的な表示デバイスだ。電子ペーパーと省電力無線通信を採用した無線表示器は，フル充電すれば長時間連続使用が可能という利便性が評価されている。無線表示器はフリーロケーションとモバイルを可能とし，固定設備なしで，コンテナやカーゴテナやカートなどの容器や移動体に必要に応じて装着して利用することができる。

　電子ペーパーと非接触近接通信（NFC：Near Field Communication）対応のRFIDを組み合わせて実現したデバイスであるスマートタグとスマートカードは，「見えるRFID」とも呼ばれ，RFIDの新しい活路を開拓している（図10）。スマートタグ，スマートカードはNFCの技術でIDを読み取り，そのIDに対応して情報をメモリに記録すると同時に，表示すべき情報

を必要に応じて電子ペーパーに表示することができる。すでに製造と物流の紙に印刷して利用する作業指示書やラベルや現品票などに代わるものとして実利用されている。スマートタグとスマートカードはいずれも NFC 対応のスマートフォンはもちろん，NFC 対応の HHT や PDA でも読み書きができるので，IoT のニューメディアとして活用領域を拡大している（**図11**）。UHF/RFID を実装した NFC と UHF を連携させたハイブリッドタイプのスマートカードも開発されている。UHF との連携によって 2~3 m の距離でも ID の認識と一括読み取りが可能になる。

　日本発・世界初の次世代作業支援システムとしてプロジェクションピッキングシステム（PPS：Projection Picking System）も開発されている。画像処理技術と画像認識技術によってサーバーコンピュータのなかでの情報処理技術と現実現物とを同期させることで，フレキシブルな作業支援システムを実現したものである（**図12，図13**）。まさに仮想現実システム（CPS：Cyber Physical System）と拡張現実（AR：Augmented Reality）の技術によって作業効率化を支援するシステムの登場であり，さまざまな物流現場での作業支援システムとしての適用が期待されている。

出典：㈱アイオイ・システム

図10　スマートカード

出典：㈱アイオイ・システム

図11　スマートフォンでも読み書き書換えできるスマートカード

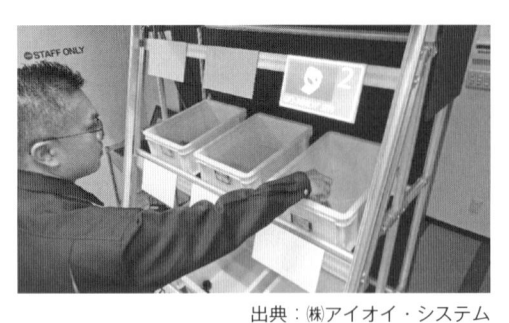

出典：㈱アイオイ・システム

図12　部品棚に適用した PPS

出典：㈱アイオイ・システム

図13　小物引出棚に適用した PPS

5　情報通信技術の進化

　携帯電話から進化したスマートフォンが，何時でも何処でも誰にでも，電話だけでなく情報検索，メール送受信，SNS，GPS，加速度センサなど，さまざまな機能を提供していることは言うまでない事実である。ICT の飛躍的進化によって，私たちは今まさに第4次産業革命の只中にいることは誰しもが認めるところである。"Industry 4.0"とか"Logistics 4.0"という概念の中にも情報通信技術による製造と物流，すなわちサプライチェーンの効率化へ向けた潮流を観ることができる。

　コンピュータの発達と ICT の飛躍的進化によって，私たちは今まさに新しい産業革命の只中にいるのである。製造と物流，すなわちサプライチェーンの効率化のためにさ，まざまな機器や機械を繋ぐ M2M（Machine to Machine）へと進化してきた。しかし，M2M はそれぞれの機器メーカーごとに独自なネットワークとして発達してきたために，オープンでグローバルなネットワークではなく，クローズドでローカルなネットワークとしてそれぞれのメーカー内で活用されるきらいがあった。今でもその慣性で大手メーカーが独自路線を続けているが，今や，グローバルにインターネットを介して対象（機器・物・人）を連携させることができる IoT（Internet of Things）とかコンピュータ内部の情報処理である仮想の状態と現実とを結ぶ CPS へと進化して実用化されている。

　インターネットの普及と ICT の進化によって，私たちがパソコンやスマートフォンやタブレットを単に通信手段としてだけではなく，ゲームや実生活のなかでも私たちの作業を支援する道具の一つとして活用することで，如何に大きな恩恵に浴しているのか，身近に実感していることだ。

　情報通信システムの中核的技術としてコンピュータの処理スピード，メモリ容量，外部システムとの通信スピードは，まさに日進月歩の勢いで進化を継続している。処理スピードは人間にたとえれば頭脳の処理スピード，メモリ容量は脳の記憶容量を，通信スピードは脊髄の中にある中枢神経系と身体全体に張り巡らされている末梢神経系の情報伝達スピードを意味している（図14）。

　製造と物流の作業支援のために開発された各種の末梢神経系によって，製造と物流の効率化と可視化を併せて実現することも可能となり，さまざまなセンサ，スイッチ，リレー，アクチュエータを繋ぐことで，個別的に自律系を形成することも可能となっている。さまざまな産業用ロボットもルンバやドローンも多少のセンサとアクチュエータを末梢神経系ネットワークで繋ぐことで，私達の意図した動きを可能にしている。未だ稚拙ではあるが，それぞれが個別に部分的には自律系を形成しているのである。

　ICT の発展の結果として実現されている基幹系を司るクラウドシステムと大容量高速通信技術を駆使して普及した中枢神経系を介して，抹消神経系を繋ぐことで，低コストで何時でも何処でも誰でもが簡単に利用できるスマートシステムの実現が可能となってきたのである。

　科学技術は私たち人類が生活している基盤環境である自然界を模倣し学習して得られた産物だ。私たち自身の大脳と小脳を模倣してコンピュータシステムでいうところのサーバー－クライアント（Server-Client）のシステムを構築して発達させてきた。また，脊髄の中枢神経系は

インターネットと繋ぐための大容量高速公衆回線（LTE：Long Term Evolution）や LAN や WiFi に相当している。中枢神経系から身体の隅々に伸びている末梢神経系も私たちはより速くより正確に情報通信ができるように磨き上げてきた。その末梢神経系は目，耳，皮膚，筋肉などに繋がっている。目，耳，皮膚には，光，音，触覚の機能が，筋肉は運動の機能を司っている。これらはセンサであり，アクチュエータなのである。人工的センサの数は ICT の発達に応じて増大している（図 15）。ロジスティクス全体を可視化して最適化と効率化をすすめるシステムの構築も進められている（図 16，図 17，図 18）。

　しかし，にもかかわらず，私達の鼻の粘膜と舌で感じる匂いと味は未だに対応できるセンサはできていない。人類の欲望の結果として産み出される人工的産物も自然界から習得した賜物

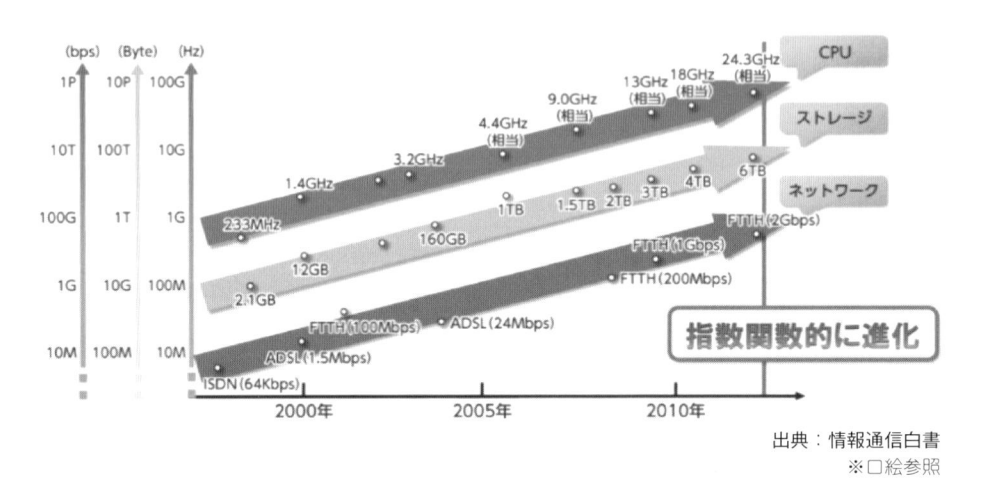

出典：情報通信白書
※口絵参照

図 14　情報通信システム発達の推移

出典：電子情報技術産業協会：センサ出荷実績 2016

図 15　センサ出荷金額の推移

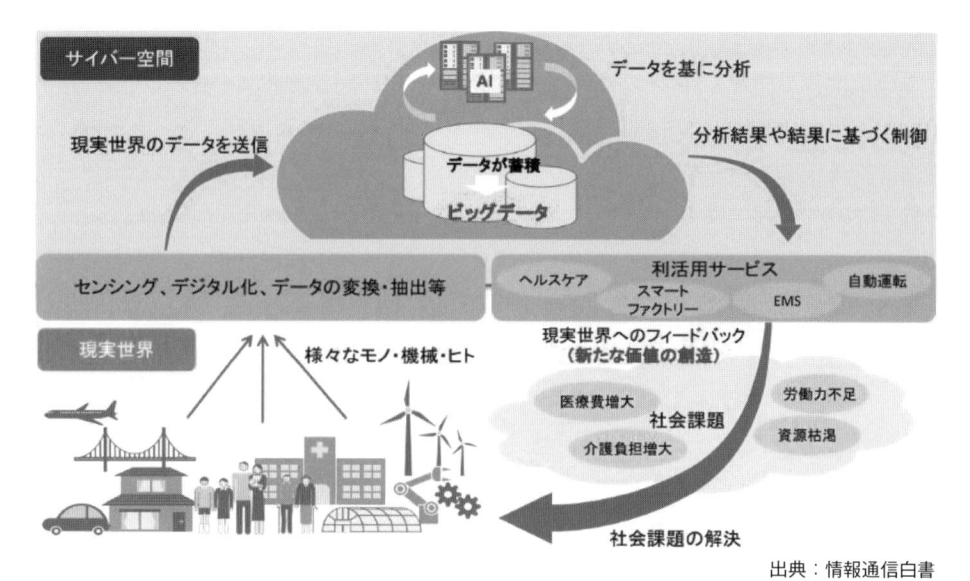

出典：情報通信白書

図16　現実世界⇔ビッグデータ⇔ AI ⇔仮想世界の関係

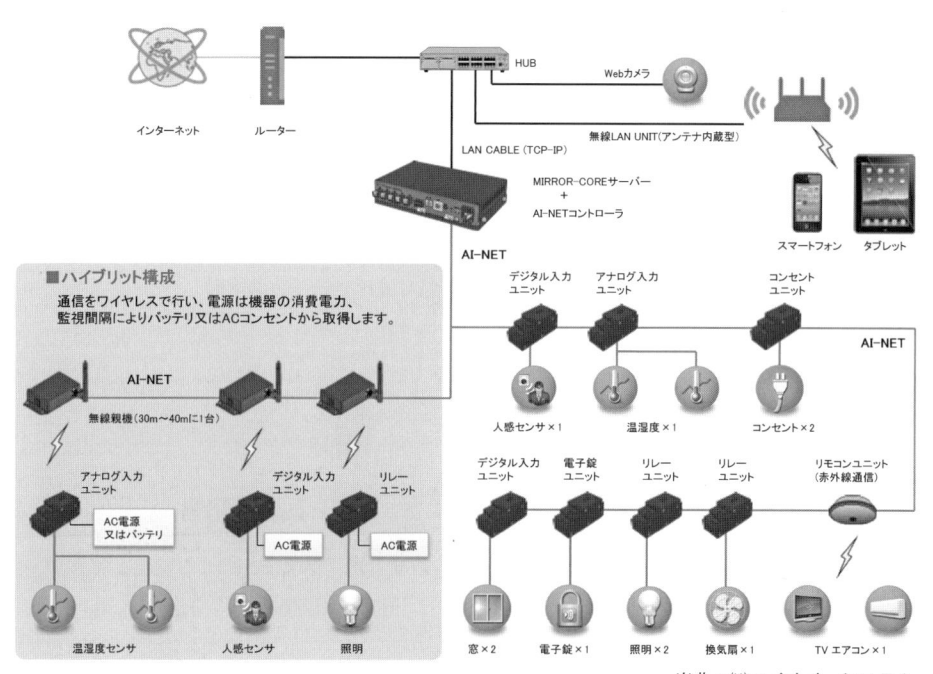

出典：㈱アイオイ・システム

図17　末梢神経系システムの事例

である。人口と自然を区別すること自体が人類の思い上がりかもしれない。謙虚に模倣と学習を続けることが私達の使命なのだろう。

　無線通信技術（WiFi，Bluetooth，RFID など）の進化によって，コンピュータ機能を移動しながら携帯して利用できる技術（モバイル化）も進展し，工場や物流倉庫などの構内のみならず，構外の荷役運搬系（MHS：Material Handling System）を司る輸配送管理システム（TMS：

Transportation Management System）のスマート化も進められている［第2章］。スマートフォンに実装されている位置情報システム GPS，加速度センサ，音声認識と音声合成（音声アシスト）などの機能は，輸配送系に必要な幾つかの機能を提供してくれる。これらを駆使することで，物流センタから店舗や消費者宅へ配送されるまでのシームレスな貨物追跡が実現されることになる。すでに一部で実用化されているが，同システムでもクラウドシステムとの連携が必

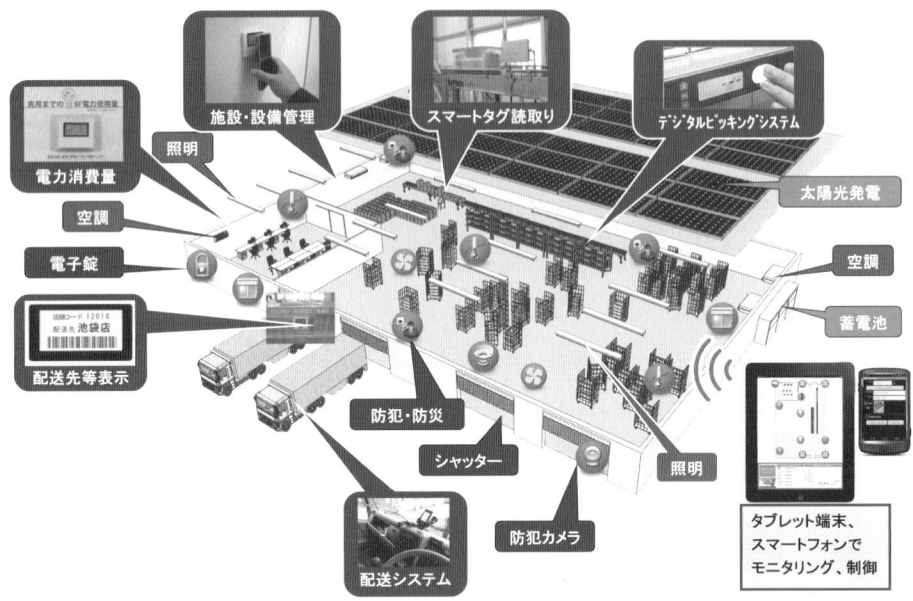

出典：㈱アイオイ・システム

図18　物流センターで活用される末梢神経系の概念図

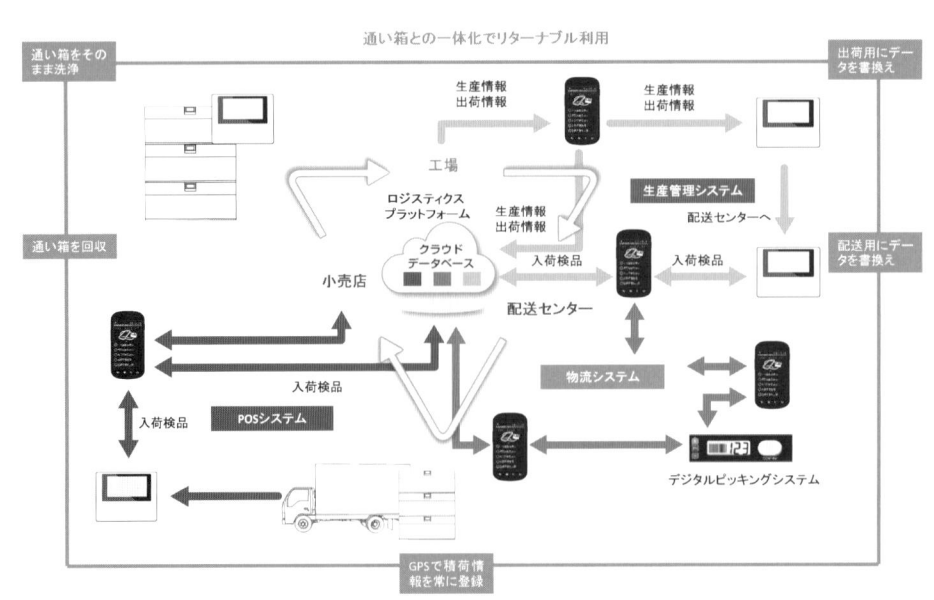

出典：自動認識，2015.7，日本工業出版

図19　ロジスティクスプラットフォームとスマートシステムの連携

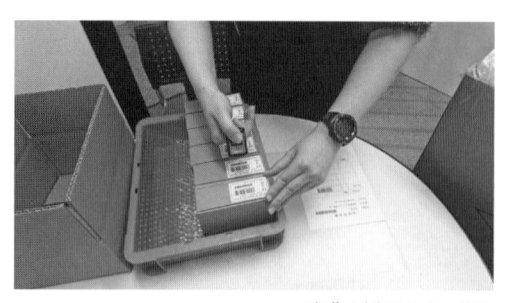

出典：㈱アイメックス

図20　指に装着したバーコードスキャナーで商
　　　品チェック

出典：㈱ゴビ

図21　手に装着したRFIDリーダー

須であり，さまざまな業種業態に対応するロジスティクスプラットフォームの構築が進められることは必然である（図19）。

　モバイルシステムの進化のもう一つの流れとして，ウェアラブルデバイスの登場も忘れてはならない。

　作業効率向上の要件でもある作業者に余計な物を持たせないことを実現するウェアラブルデバイスとしては下記の装置があげられる。

・ヘッドセット（音声認識と音声合成のためのイヤーホンとマイク）（図4）
・ウェアラブルスキャナー（手または指に着けて利用するバーコードスキャナ）（図20）
・ウェアラブルRFIDリーダー（手または指に着けて利用するRFIDリーダー）（図21）

文　献

1)　富田倫生；パソコン創世記，旺文社(1985).
2)　西田光男；デジタルピッキング，省力と自動化，24(4),(1992).
3)　富田倫生；パソコン創世記，ティービーエス・ブリタニカ(1994).
4)　鈴木震；オーダーピッキングシステムハンドブック，流通研究社(1994).
5)　西田光男；フィールドエリアネットワークの活用，ファクトリー・オートメーション，14(1),(1996).
6)　西田光男；物流作業支援ネットワーク活用の合理化手法，自動化技術，30(10),(1998).
7)　西田光男；物流新時代に対応したDPS，MHジャーナル，(221)，日本マテリアルハンドリング協会(2000).
8)　和田光；情報武装による革命の時代を迎えて，ロジスティクスIT，7，運輸新聞(2000).
9)　和田光；ITとマルチメディアの登場，ロジスティクスIT，9．運輸新聞(2000).
10)　和田光；人間と機械，ロジスティクスIT，10，運輸新聞(2000).
11)　和田光；物流の情報化，ロジスティクスIT，11，運輸新聞(2000).
12)　西原純；WMS導入課題とそのポイント，流通ネットキング，4，日本工業出版(2006).
13)　西田光男；製造と物流の効率化と可視化を実現する省配線ネットワークシステム，流通ネットワーキング，9．10．日本工業出版(2015).
14)　西田光男；IoTのニューメディア「スマートカード」のすすめ，自動認識システムソリューション大全，日本工業出版(2016).

15)　西田光男：ロジスティクスの効率化と可視化を実現する IoT，MH ジャーナル，(278)，日本マテリアルハンドリング協会(2017)．

16)　西田光男：スマートロジスティクスの進化，日本ロジスティクスシステム学会第 20 回全国大会予稿集，日本ロジスティクスシステム学会(2017)．

─────　**西田　光男　プロフィール**　─────────────────

　現職は，㈱アイオイ・システムの常務取締役・営業本部長，上海の愛鴎自動化系統有限公司では総経理を兼ねている。日本ロジスティクスシステム学会，日本物流学会，日本 SCM 協会，日本 MH 協会の各会に会員として登録。

ロジスティクスファイナンス

　今の日本に溢れているのは投資に向かわないタンス預金とそれを大事に抱え込んでいるシニア世代だ。マネーの価値は限りなくゼロに近づき，保有することが虚しいほどにゼロ金利が続き，買わない・食べない・遊ばないシニアが街を散歩している。小売店は閑散として，大型モールは日々の売上家賃を毎日勘定するほどのヒマが溢れている。

　大量高速が物流の得意技だから，シニア生活の面倒を見るサービスと金融代金の回収，支払い立替，融資の代参などがビジネス領域に入ってこないことが不思議だ。

　具体的にサービスメニューを展開すると気づくが，すぐさま取り掛かれるし，リスクも思いのほかに少なく，単独でも荷主連携でも OK といえるだろう。

シニアサービス：

　　住宅リフォームメンテナンス，家財道具保守とレンタル，給食サービス，年金相談，健康診断，モーゲージローン，団体旅行，ハウスクリーニング，家財保管，遺産相続整理支援，不動産鑑定評価，長男一家との墓参契約，見守りネットワーク，買い物代行 etc.

ファイナンス：

　　在庫担保での企業融資，販売伝票担保での代金回収，融資代参，銀行交渉肩代わり，貿易代金立替，労務経費給与計算支払い，グループカード発行，保険代行，人材マッチング，社宅アパート費用，就学児童学資保険，共済開発による独自保険，動産保険，セキュリティ保険，自動車火災保険，両替代行，為替，株式投資，ベンチャー公募，クラウドファウンディング取りまとめ，技術特許申請代行 etc.

　多いもの，あふれているもの，取り扱いに問題を抱えている量は物流領域であり，サービス開発の可能性が十分にある。スマホでシステムを作るのもいいだろうし，ニーズをまとめて肩代わりするのも容易であろう。

　そもそも，巨大倉庫，物流不動産の開発は個別ニーズではなく，あくまでもマスマーケットを狙っているのだ。

　多くある，溢れている，取り扱いがめんどう，どこにでもあるなどのモノ，ニーズ，サービス，チャンスを手のうちに抱えるのは，気づく人材であり，スマートであろうとする若者なのだ。物流とゼロ金利ファイナンスを組み合わせたサービスがあまりにも少なすぎると感じているのは，いったい誰なのだろうか。

（花房　陵）

第1節 マテリアルハンドリングシステム

有限会社ロジスティクス総合研究所 関 護

1 はじめに

　マテハンは，マテリアルハンドリングの略語であり，通常的に使われている。英訳すれば，材料運搬ということであるが，単に運搬・搬送だけを意味することではなく，物の扱いとして捉えていく，これがマテハンであった。しかし，これからは，システムとして処理することの役割・機能の重要性が求められ，それに応えるのがマテリアルハンドリングシステム（通称マテハンシステム，MHS：Material Handling System）である。

　マテハンシステムを考える場合，立体自動倉庫，ローラーコンベア，仕分け装置，フォークリフトなどの設備そのもので捉えるのでなく，「運ぶ」，「揚げる」，「分ける」，「集める」，「貯める」，「纏める」，「識別する」などの機能要素として捉えることが必要である。そして，もう一つの要素コンピュータ（情報）を含むその利用技術である。これらの要素で小規模な物流システム化では単独設備で，大規模な物流システム化ではマテハンシステムを複合化して利用される。

　マテハンが工学的に纏められたのは1950年頃になってからである。物流センターや工場の中で人手作業から機械で物を運ぶマテハンシステムの機械化が本格化してきた。しかしながら，物を運ぶという作業はそれほど高度なことを考えなくても何とかできるという側面があり，物の加工や組み立てなどのような作業と比べ，自動化・機械化などの点で取り組みの認識が薄かった。しかし，「一般的な仕事で，あまり知的でない仕事」といわれてきたマテハンシステムが，アルバイトやパートタイマーの現場への進出などによって機械化が進んでいるが，他方で，かんばん方式に代表される物つくりに適合する複雑で迅速な動きにも要求されている自動化，質の高いマテハンシステムが，物つくりやサービスレベルの提供の場面で不可欠になってきている。コンピュータが手軽に利用できるようになってきてマテハンシステムの高度化も加速され，マテハンシステムはますます高度化され，効率的で効果的な物流システムを構築するための必須条件となってきている。

　改めて，マテハンシステムの定義は，「モノを運ぶ，貯める，仕分・ピッキングするなどの機能を持ったマテハンシステムと識別する機能を持つ自動認識のバーコード・RFIDをはじめとする倉庫管理システムなどの情報技術，ソフトウエアをインテグレートし，メーカの工場内，物流および流通業界の物流センターへ提供するシステムのこと」で，これを称して，マテハンシステムという[1]。

2　マテハンシステムと物流

　物を移動させることは付加価値を生まないので投資しても無駄である，と言われてきた。今でもその傾向は多分にあるが，そこで，付加価値ということを確認してみると「商品の生産，流通の段階で新しく付け加えられる価値」とあり，物を移動させる，保管するだけでは確かに付加価値を生んでいないということになるが，実際のところ生産者の隣に消費者がいるとは考えられず，物の移動をなくして生産活動や消費活動は成り立たない。「必要とされるものが，必要とされる人のところに，必要な数量を，適切な時に，適切なコストで，そして，最高のサービスレベルで届けられる」ことには「知恵」と「工夫」が必要であり，それが物流である。意味のある移動，目的のある移動は，物流の付加価値と呼ばれる価値が付加される。そこで，マテハンシステムであるが，先に記したように古くは運搬管理といわれてきたが，その後，物流に係わる設備自体をマテハンシステムと呼ぶようになってきた。

3　マテハンとロジスティクス

　物流を語る時，モノを移動させること，モノを保管することは，付加価値を生まずムダであり，それには投資ができないというのが企業経営者の多くが発言することで通念的であることは前記した通り，その傾向は否めない。

　ロジスティクスはフランス語の Logistique が語源であり，それは，軍隊の移動，供給，宿営に関する軍隊の科学の一分野と定義されている。つまり，ロジスティクスは戦略・戦術と並ぶ軍事3大用語で，正に戦っている，戦おうとしている第一線に対し，兵員，食糧，部品，武器弾薬などを適時に適量を適所に補給することで，前線で戦う軍隊の後方支援業務といえる。

　ところで，「物流」と「ロジスティクス」という言葉が混在して使われている時期が合った。特に，企業イメージ的に「ロジスティクス」が非常に多く使われ，「物流からロジスティクスへ」のキャッチフレーズが企業の意識の中で使われていた。

　たとえば，

①　企業の物流部をロジスティクス部へとの名称変更

②　物流専業社には，ロジスティクスやロジテックなどと社名を変更

③　企業における物流に関するプロジェクトや委員会にロジスティクスの名称をつける

④　企業における物流センターをロジスティクスセンターという名称をつける

⑤　物流関係団体の名称を物流からロジスティクスに変更

⑥　行政もロジスティクスに関心を向けていた

⑦　大学の学部にロジスティクスの講座を開設したり，講習会，セミナーでロジスティクスが大幅に増えていった

　この理由として，一つは，ロジスティクスでなければならない必然性があって使用されている。あるいは，物流ではスマートでなく若い人の受けが良くないとか職種としても人気がないためのイメージアップのために使用されているのではないか，と言われてきた。このことは，

①　効率やコスト削減を追及する物流，商品供給活動だけでなく調達までも含めたものと

いったように，その目的や枠組みのさらなる拡大した概念として「ロジスティクス」を使用している

② 物流が生産と販売と同じように戦略性を持つなど，物流を企業における戦略的位置付けで考えるようになった

③ 物流インフラの制約要因である人手不足や環境問題を克服するには，現在の環境にふさわしい適応性が必要で，この適応性に物流の方法として使われている

などの理由で，従来の物流より広い範囲，高い次元から考えられた概念として「ロジスティクス」が使われている。

他方で，ロジスティクスの定義として，American Management Association が 1967 年に発行した A New Approach to Physical Distribution では，「顧客の要望に応じるための情報と製品の流れに影響を与えるあらゆる要素の関係」としている。この概念図（**図 1**）を見るとモノが製品となってから消費者の手元に渡るまでの情報並びに製品の取扱いに関する活動というように受け取られる。

ロジスティクスは，このような定義よりもさらに範囲が広く，自社内の物流過程に加え，原材料の入手から最終的な消費までの，物の流れを容易にする全ての移動・保管活動と同時に，適切なコストでかつ適切な顧客サービスレベルを提供するための情報の流れも含むような，サプライチェーン的な考えで使われることも多々ある。

この理念という観点から両者を見ると，物流はコストの削減や利益の最大化というところに主眼があり，あくまでも供給者側の論理である。一方，ロジスティクスは最終消費者である顧客の満足に視点が置かれており，一歩進んだ理念といえる。

ここで，このマテハンシステムを語るうえでの確認として，マテハンシステムは，古くは運搬管理と言われてきたが，その後マテハンシステムと呼ばれることになってきた。「物流」が登場してから，一時期ではあるが生産管理用語として扱われたこともあった。マテハンシステムは，モノを効率的に移動・保管することそのものを指している。つまり，単純に考えて「モノが動けばそれはマテハンシステムである」と捉えている。すなわち，物流の中にも，ロジスティクスの中にも，また生産システムの中にもあらゆる場面にマテハンシステムは存在する。マテハンシステムは手法であり，ロジスティクスは構想である。目指すところは両者の巧みな

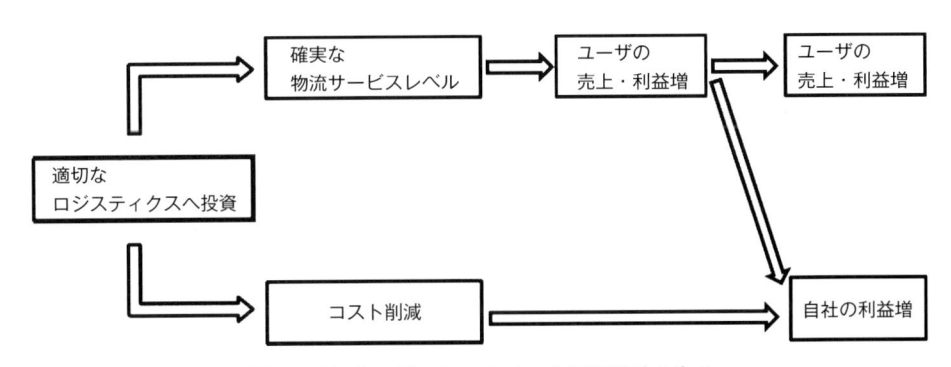

図 1　適切なロジスティクスへの投資利益を生む

結合によるロジスティクス・オートメーションであり，その究極的な目的は，「無判断反復作業からの開放」である。

4　マテハンとサプライチェーン

　なぜ，サプライチェーンなのか。今，多くの企業がサプライチェーンを要請されるのは，それをめぐる環境要件が動態的に変動してきているからである。

　米国がSCM（Supply Chain Management）に取り組む発想には，規制緩和こそ，SCMが要請される要件として最大のものであるからであり，世界的にもこの規制緩和によって，より自由化された政治的・経済的環境が出現し，本来の意味でのサプライチェーンが競争上で積極的な役割を果たすことができる大きな機会が創出される環境が整い，経済活動のグローバル化が進み，世界市場への製品供給を考えると，国境を越えて，生産および販売業務の効率的な支援が必要となると共に，環境の異なる多国間に渡ってその業務能力を発揮することが要求されようになる。そこには，情報技術（IT）の急速な発展によって，業務の効率化や意思決定支援のための情報システム構築，物流情報システムの構築を可能にするだけでなく，部門間・企業間および多国間の統合が可能になってきた。

　また，日本でのサプライチェーンに取り組む発想には，消費者が望んでいる顧客サービスレベルに対して効率的，迅速的に対応しなければならないという考え方，つまり個々の顧客要求変化に迅速，的確に対応しなければならないように変化が大きく作用してきている。一方で，米国と同じように，経済活動のグローバル化が進み，世界市場への製品供給を考えるなら，国境を越え生産および販売業務を効率的に支援することが必要になってきた。規制緩和についても，1990年12月に物流二法が発足してビジネスチャンスの拡大と自由で公平なサービス競争が可能になった。さらには，ハード・ソフトの両面における情報や通信技術の急速な革新によって，物流が販売や生産と密接に係わるようになった。つまり情報の主導によって物流が経営戦略と密接に絡んできたことが大きな背景となっている。

5　マテハンのシステムを創る

　マテハンシステムは，物流やロジスティクスの要所にあるサブシステムである。工場の中，物流センターの中，あるいは輸送ターミナルなどの中など，あらゆるところにマテハンシステムは存在する。マテハンはシステム化された手法であり，それはモノが主体となる。物流やロジスティクスもモノを効率的に効果的に扱うことに集約されるが，それは，マテハンシステムを通してできることである。

　また，物流やロジスティクスを機関車にたとえるならば，マテハンシステムは車輪のようなもので，あらゆる局面に必要とされるものであり，そして全体を活性化させるものである。そこで，マテハンシステムを構築しようとする時，物流の前後工程や全体を考えずに，その部分だけの最適化を求めても満足な結果は得られない。それは，各々のシステムは物の流れの過程において，それぞれの役割，機能が違うようにシステムの特性も異なり，またシステムを創造

していく上での手順や留意点も微妙に違ってくるからである。従って，マテハンシステムを創るには「前後工程や全体の関係を認識した上で特徴をうまく掴み，それを生かしたマテハンシステム創りから始めること，その結果として，それを構成する設備や情報はおのずと見えてくる」と考えてシステム構築に取り組む必要がある。

6　マテハンシステム全般の変遷概要

　マテハンシステムの進展は，1939年に日本初のバッテリーフォークリフトが開発されたが，あまり普及されず，その後1960年頃に，エンジン動力フォークリフトが開発された頃を境に，各マテハンシステム製造企業がそれぞれ独自の技術を持って開発してきた単機能機ではあるが，それぞれがその役割と機能を発揮してきた。その代表的な機種が，搬送ローラーコンベヤの出現，垂直搬送機の誕生，無人搬送車の誕生，立体自動倉庫の誕生，仕分け装置の出現等である。加えて1966年には立体自動倉庫の誕生を機に，マテハンシステムを制御する専用コンピュータが開発され，さらに，情報化を進めるバーコードもこの時期に開発され，現在の情報化の礎が築かれた。これらのマテハンシステムは，単機能機として製造企業を中心に導入されてきたが，一方で，物流の自動化（DA：Distribution Automation）市場のシステム化の芽が芽生えてきた。この時期がマテハンシステムの創成期である。1975年代の後半から2000年度がマテハンシステムの成長期に当り，物流センターおよび工場内物流の形態は，立体自動倉庫を中核にシステム化され，製造の自動化（FA：Factory Automation），物流の自動化が進展した。工場内物流では，機械加工の自動化としての工程自動化（FMS：Flexible Manufactory System）が進展した。工作機マシニングセンターにテーブル治具に被加工物をセットして立体自動倉庫に保管し，スケジュール管理に沿って立体自動倉庫から出庫して工作機に供給するシステムとして夜間無人化にも対応できる機械加工のシステム化が実現できた。

　物流センターでは，従来のパレット出庫から顧客のニーズに対応したケースあるいはピース出庫が主流になり，特にピース出庫には，1981年にデジタル表示ピッキングシステムが開発され，誤出庫（ピッキングミス）が画期的に低減された。

　物流センターで，大量の物量処理に対応するための自動仕分けシステム装置が開発された。ハンドリング機器としては，パレット納品からケース・ピース納品など市場の変化に対応する機器類として，カゴ車が開発され，また回収と積載効率を考慮した折りたたみコンテナ通称オリコンなどが開発されてきた。

　さらにこの時期には，ロジスティクスが浸透し，SCMが初めて日本に紹介され，物流のトレンドとなった。また，情報媒体として，RFID（Radio Frequency Identifier）が出現，情報技術（IT）革命による情報通信技術（ICT）が発達し，その後の物流業界に大いに影響を与えることが期待されてきた。

　2001年度から2010年度は，SCM・ロジスティクスに対応したマテハンシステムは成熟進化期を迎える。その一例として，立体自動倉庫を中核にした複合機能機として，保管システムと仕分けシステムの複合化，保管システムとピッキングシステムの複合化したシステム機種が出現した。

　その他，仕分けシステム装置の高速化，搬送コンベヤの高速化などが大容量の物量を処理するために開発された。2010年度以降のマテハンシステムは，グローバル化対応としての高度進化期に入る。マテハンシステムの単機種での進化，周辺設備との有機的システム化による進化，あるいは他機種とのシステム化による進化がますます進展して行く。一方で，その取り組みは，マテハンシステムの標準化対応，環境面への対応，省エネルギー化への対応，省資源化への対応，マテハンシステムの安全化への対応，マテハンシステムのリスクマネジメント対応，マテハンシステムと人時生産性への対応などの視点で取り組んでいく必要がある。特に，マテハンシステムの標準化対応は，環境対応以下人時生産性への対応それぞれに係わる検討課題であり，非常に重要な役割を持つ。たとえば，省資源化への対応については，物流センターあるいは，輸配送でのハンドリング機器であるパレット，カゴ車，台車などを標準化すること，そして，業界全体で共有することによって省資源化を図ることが可能になる。事例として，チェーンストア協会，スーパーマーケット協会で取り組んだ物流クレートの標準化で大きな成果を挙げている。

　あるいは，安全対応やリスク対応については，企業はもとより業界全体で取り組むことによって，安全化やリスクマネジメントに対する情報を共有して安全はより強化対応に，リスクマネジメントは分散化対応を図ることが可能となり，マテハンシステム業界全体の活性化を図ることができる。また，人時生産性については，物流センターにおける物流作業で人とマテハンシステムで，より人間性に拘る標準化(マテハンシステム開発のコンセプトの明確化)を図ることによって，作業の容易性，作業の迅速性，作業の正確性などを確保して成果を得ることが可能になる。つまり，これからは，従来の「効率性」だけではなく，「効果性」を追求して行くことへの重要なキーワードであり，視点となってくる。

　以下に，マテハンシステムの変遷年表概要を示すが，乗用自動車の生産が日本のマテハンシステム技術を大きく進展させてきたともいうことができる。

1939年：日本初バッテリーフォークリフトが開発される(余り普及しなかった)

1955年：日本から米国に輸出された乗用車は，トヨタの「コロナ」が1台，日産の「ブルーバード」が1台の計2台

1950年代後半：白黒テレビ・洗濯機・冷蔵庫の3種類の家電が生活環境の中に浸透

1961年：トヨタ自動車が自動車生産ラインコンベヤを導入，大量生産のスタート

1960年中頃：エンジン動力フォークリフトが開発される。高度経済成長時代には，カラーテレビ・クーラー・カーの3種類の耐久消費財が新三種の神器と呼ばれるようになる。これらは3種類の耐久消費財の英語の頭文字が「C」であることから，3Cとも呼ばれた

1962年：搬送機器(ローラコンベヤ)が誕生

1963年：垂直搬送機が誕生

1965年：日本初，無人搬送車(AGV)の誕生

1966年：日本初，高層立体自動倉庫の誕生

1969年：日本初，コンピュータオンライン高層立体自動倉庫が稼動

1972 年：日本初，汎用機種ユニット式立体自動倉庫の誕生

1976 年：日本初，スチールベルト式仕分け装置の誕生

1978 年：日本初，三次元搬送機モノレールシステムの誕生

1980 年：日本での生産台数が，1100 万台を突破，米国を抜いて世界第 1 位

1981 年：ラック式デジタル表示ピッキングシステムの誕生

1982 年：本格的 FMS が稼動

1983 年：FA/DA 用吊下式モノレールの誕生

1984 年：半導体業界向けクリーンタイプ立体自動倉庫の誕生

1986 年：日本車の米国への輸出のピーク時，約 240 万台に達する

　　　　　カート式デジタル表示ピッキングシステムの誕生

2005 年：生産台数，2000 万台をはるかにしのいで世界市場の約 1/3 を占める

文　献

1)　(一社)日本物流システム機器協会：http://www.jimh.or.jp

2)　㈱ダイフク：http://www.daifuku.com

3)　国立研究開発法人新エネルギー・産業技術総合開発機構：http://www.nedo.go.jp

──── 関　護　プロフィール ────

　1965 年，芝浦工業大学機械工学第 1 科卒後，㈱ダイフクに入社。マテハンシステム機器の設計，マテハンシステムエンジニア部長を歴任後，㈱ダイフクの子会社㈱ロジスティクス総合研究所の社長に就任。2002 年，㈲ロジスティクス総合研究所を創業。

第2節　保管システムの種類とその変遷に見る進化

有限会社ロジスティクス総合研究所　関　　護

1　保管設備の種類

　貯める機能を持つ保管設備は，モノを在庫するという仕組みの主要素である。

　どのような方式を選択するか，入出庫の能力は幾らにするかなど，検討する項目は非常に多い。特に在庫における多寡は流通過程における顧客のサービスレベルに，生産過程においては前後工程での供給バランスに大きな影響を与える。流通過程において，在庫が多いとサービスレベルは向上するが，それに反して場所や金利負担が増加する。このように，在庫の増減は相反する両面を持つので保管設備の容量や機能の決定には充分留意しなければならない。保管設備の自動化はマテハンシステムが必要とされる広い分野で実施されるようになり，大型のものでは自動車の完成車や鋼材の保管に利用されている。また，小型のものではコンテナや段ボールケースの保管があり，その他，半導体のウェハからチップなど多種多様なものまである。さらにこれらの保管設備は，その保管品の特性，用途，機能によって自動化されたものから人手によるものまで幅広く活用している。たとえば一度に大量に入荷した商品を大量に出荷する場合の保管設備，荷動きが速い商品や遅い商品の保管設備，商品保管量が多く作業員の歩行距離が長い場合の保管設備，出荷準備として保管した商品を積込み順に整列させて出荷する保管設備など，いろいろな用途に応じた設備がある。

　サプライチェーンの仕組みにおいても，保管は何処にでも存在する（図1）。

　図2に，立体自動倉庫の構成図を示す。

　立体自動倉庫（AS/RS：Automated Storage/Retrieval System）は，ビル式立体自動倉庫とユニット式立体自動倉庫に大別される。保管物の物性や形状により，パレット化，コンテナ化

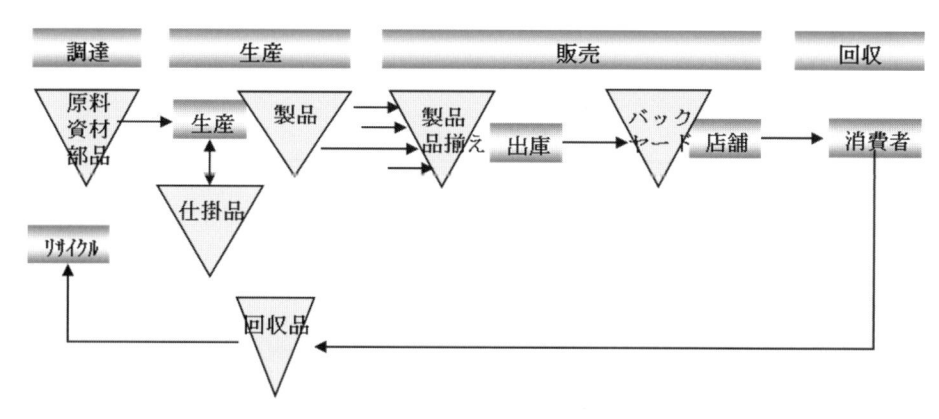

図1　サプライチェーンの仕組み

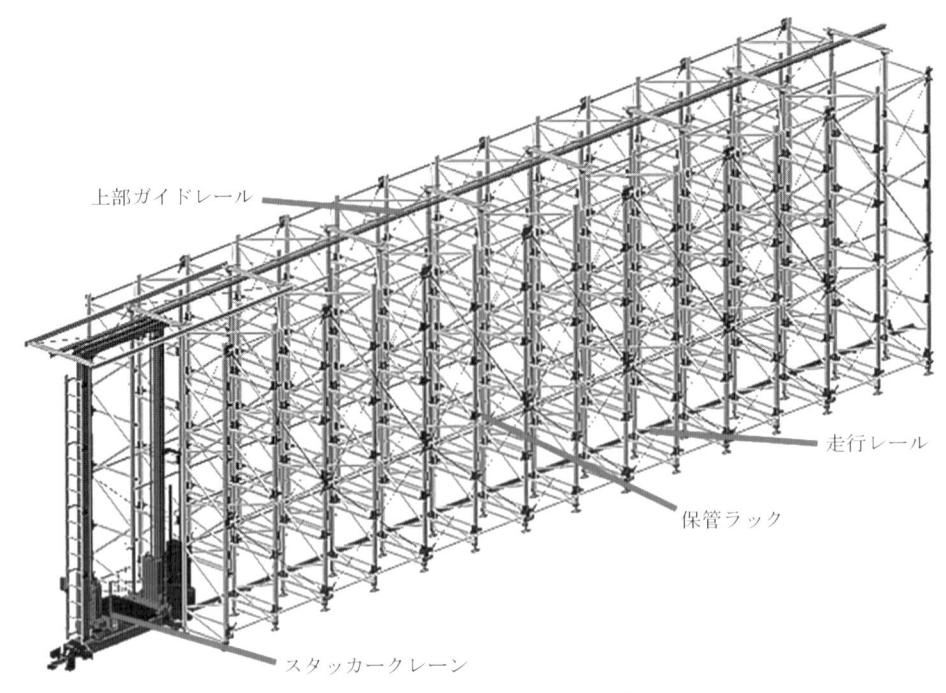

上部ガイドレール

走行レール

保管ラック

スタッカークレーン

図2　立体自動倉庫イメージ図[2]

して保管する。そのため立体自動倉庫に使用する主要機器も異なり，多くの機種のバリエーションが必要になる。

① ラック

ビル式立体自動倉庫においては，荷物を保管するラックであると共に屋根・壁を支える建築構造体としてのラックでもある。一方，ユニット式立体自動倉庫は，物流センターなどの屋内に自立したラックで荷物を保管する。

② スタッカークレーン

スタッカークレーンは，棚から荷物を出し入れする(入出庫)クレーンで昇降，走行，フォーキングの動作を行う(**図3**)。ラックNoの表示は，「列×連(奥行)×段」としている。

③ 荷捌き設備

スタッカークレーンで荷物を出し入れするために，次工程への搬送やピッキング作業を行うためのラック周辺のコンベヤなどである(**図4**)。

保管システムは，**図5**のように分類される。大分類として，立体自動倉庫，回転ラック，流動ラック，移動ラック，固定ラックと5つに分けられる。一方で，保管方式の選択は，扱うモノの大きさや質量によって大きく変わってくる。一般的にはパレット系，コンテナ系に区分けされる。

パレット系1000 kg，コンテナ系10〜50 kg程度と大きな違いがある。さらに，具体的な方式の選択は，数量や入出庫の形態，スペース効率，作業効率化，管理の確実さやコスト面などにより総合的に決められる。中でも重要なのは入出庫に係わる要件であり，出庫作業の方式に

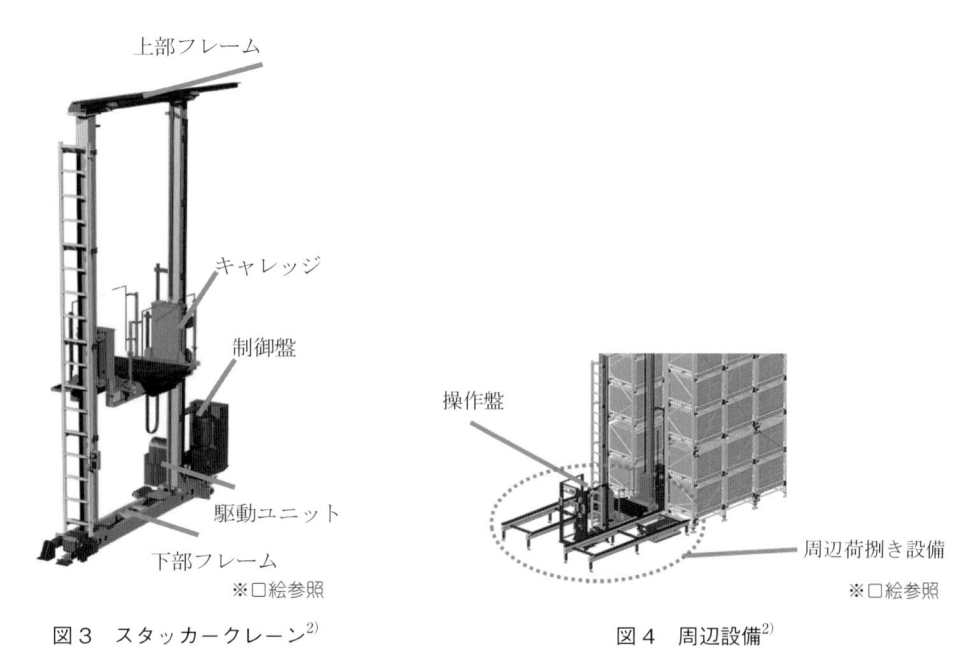

図3　スタッカークレーン[2)]

図4　周辺設備[2)]

図5　保管システムの分類

表1　パレット系保管設備の特徴[2]

種類	イメージ	特徴	適用例
ケース系 立体自動倉庫		＊ケースまたはコンテナを 　立体自動倉庫で保管 ＊自動で入出庫できる ＊順序よく物が出せる ＊高くできる	＊品種数が多い時 ＊ピッキング作業が細かく 　時間が掛かる ＊ケース入出庫自動化を 　構築したい時 ＊頻度に合わせたクレーン 　台数設定
軽量ラック		＊最も一般的なケース保管 ＊荷姿に規制されない ＊容器がなくても保管できる ＊人が届く範囲。2〜3m程度	＊1品種当りの量が少ない時 ＊荷姿が一定しない場合 ＊頻度に合せて保管場所， 　通路幅を設定
移動ラック （軽量型）		＊スペース効率が高い ＊全通路で同時に作業が不可 ＊通路毎に順番作業を進める	＊大量に保管したい時 ＊入出庫頻度が低い ＊冷蔵倉庫等容積を 　小さくする
ケース 流動ラック		＊高流速型商品の保管出庫 ＊入出庫作業が同時にできる ＊先入れ先出しが確実に可能	＊出荷頻度大・荷動きの 　早いもの ＊1間口1品種が前提 ＊先端でピッキング 　またはパレット出庫
回転ラック		＊順序よく物が出せる ＊定位置でピッキングできる ＊入出庫能力に限界がある	＊商品が号機単位でグループ 　化できる ＊細かい商品で目の前で 　作業がしたい時

　よって決められることが多い（**表1，表2**）。

　加えて保管に必要な機能として，その代表的なマテハンシステムが立体自動倉庫である。従来では，スペースの効率化が重視されてきたが，近年では作業の効率化と確実な管理が重視されてきている。単なる保管の機能でなく流れの中で全体を統合した活動的な立体自動倉庫として保管と入出庫機能を生かす傾向で活用されている。

2　保管システムの変遷と進化

　保管システムには表1，表2に示すように，保管品の荷姿，保管品の特性（特に入出庫）などによっていろいろな機種があるが，ここでは代表的な立体自動倉庫について記述する。

　1966年，立体自動倉庫が誕生する以前の保管形態の主流は平置き保管であった。立体自動

表2　ケース系保管設備の特徴[2]

種類	イメージ	特徴	適用例
パレット系 立体自動倉庫		＊スタッカークレーン方式の 　自動倉庫 ＊入出庫が自動化できる ＊順序よく物が出せる ＊定位置ピッキングできる	＊在庫量や品種数が多い時 ＊自動で入出庫を構成したい 　時 ＊頻度に合わせてクレーン台 　数を設定する ＊周辺設備と組合わせ自動化 　が可能
パレット ラック		＊最も一般的な保管方法 ＊荷姿に規制されない ＊入出庫は人手による ＊パレットサポート方式 ＊狭い通路での運転が可能， 　（ガイドレール方式）	＊多品種中量品向き ＊荷姿を統一できない場合 ＊一時ストレージ ＊パレットおよびピッキング 　出庫可能
移動ラック （重量型）		＊スペース効率重視型 ＊全通路で同時作業が 　できない ＊入庫，出庫の時間を 　決めて作業をする	＊大量に保管したい時 ＊入出庫頻度が低い ＊冷蔵倉庫等容積を 　小さくする
パレット 流動ラック		＊高流速型商品の保管出庫 ＊出庫・入庫作業が 　同時に可能 ＊先入れ先出しが確実 ＊歩いてピッキングできる ＊多段方式もできる	＊出荷頻度大・荷動きの 　早いもの ＊1間口1品種が前提 ＊先端でピッキングまたは 　パレット出庫

倉庫が誕生した背景には，土地の有効活用，商品の保管効率，保管作業の省人・省力化，保管管理レベルの向上があり，特に保管品の管理は台帳と伝票方式であった。

1969年には，立体自動倉庫の格納位置がX・Y・Zの座標で管理できることから，コンピュータによる制御が容易であることに着目し，スタッカークレーンの自動無人化を可能にし，コンピュータ制御によ

図6　1996年初めて導入された立体自動倉庫[2]

る完全無人化の立体自動倉庫が開発された。コンピュータ制御が可能になったことによって保管品の入出庫と同期した在庫管理が簡単にできるようになった。初期のスタッカークレーンの駆動は，ポールチェンジモータを採用していたので，走行速度は毎分90m，昇降速度は毎分20m程度で，パレットの処理能力は時間あたり20〜30パレット程度であった（図6）。

1970年後半から1980年代初めには，スタッカークレーンの駆動部には，DCモータが採用され，インバーター制御へと移行し，制御面では，開発当初のリレー回路構成，トランジスター基盤からマイコン基盤搭載へと変わり，移動ケーブルでのスタッカークレーン本体と地上側の

信号のやり取りから誘導無線方式になり，そして，光伝送方式へと変わり，スタッカークレーンの高速化が図られてきた。さらに，マイコンが高性能化することによって，スタッカークレーンの停止位置制御方式は，従来の検出板に代えてラック自体の位置を検出することで，各ラックごとに自動的に停止位置を決める「位置学習制御」が開発され，この技術が立体自動倉庫の信頼性をより向上すると共に，据付け現場での調整期間を短縮した。このような背景のもと，スタッカークレーンの走行速度は毎分200 m，昇降速度は毎分100 m となり，パレット保管品の時間当たりの処理能力は60パレットに向上した。

　立体自動倉庫の市場が製造業中心から第三次産業に拡大する1991年初めには，保守要員を確保できない企業に対し，トラブルの早期発見・早期復帰が重要課題となり，これらに対応すべく，グラフィック表示のモニタリングシステム，異常履歴管理システムに加え，通信回線を用いたリモートモニタリングシステムがマテハンシステムメーカ側に開設され，納入ユーザーに対しオンラインによる24時間365日のサービス体制が稼働した。さらに，1987年頃から立体自動倉庫の周辺設備が高度化されたものが開発され，より充実されたマテハンシステムが稼働している。

　ケース系スタッカークレーンの走行スピードの開発変遷（表3，図7，図8，図9）を示す。

表3　スタッカークレーン（ケース系）の能力変遷[2]

能力 →

	〜2000年	2002年	2004年	2006年	2008年
コンセプト	高速化	高加速度能力UP	最高速仕様	敏捷性追求能力UP	システム能力UP
処理能力	220 ケース／時	330 ケース／時	500 ケース／時	800 ケース／時	2200 ケース／時
走行速度	200m ／Min	200m ／Min	500m ／Min	400m ／Min	350m ／Min
特　徴	シングルドライブ	ツインドライブ	ツインドライブ 高グリップ構造	超軽量化 1アイル2台	超軽量化 1アイル2層4台

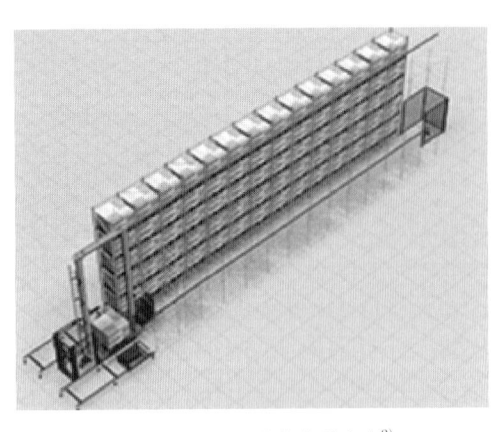

図7　一般的な立体自動倉庫[2]

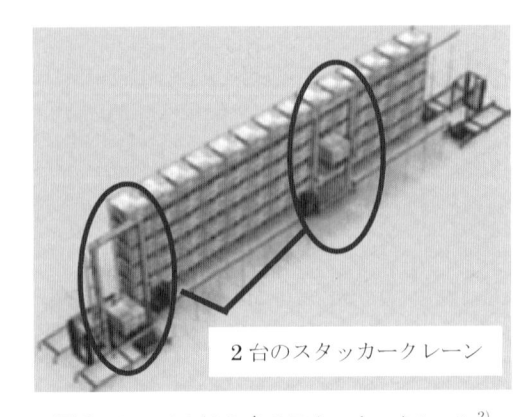

2台のスタッカークレーン

図8　1アイルに2台のスタッカークレーン[2]

単位時間当たりのケースの処理能力は，2,200ケースと一般
的な立体自動倉庫の約6倍の処理能力を持つ。

図9　1アイル2層スタッカークレーン4台[2]

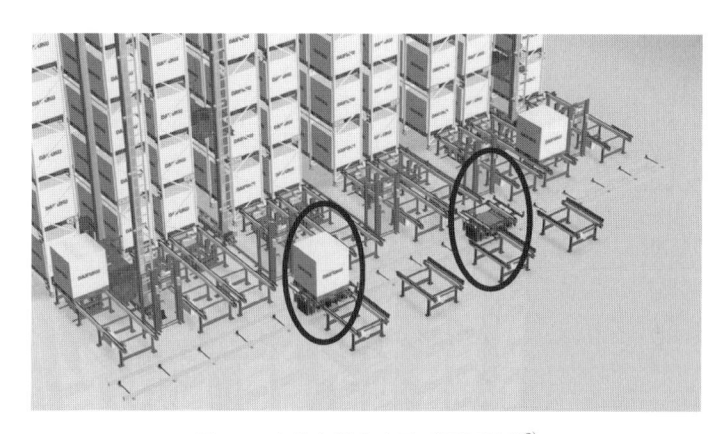

図10　立体自動倉庫及び周辺設備[2]

図11　軌道式自走台車[2]

　特に，2000年以降，立体自動倉庫は顧客の影響度によって進化してきた。処理能力の確保からの高速化，軽量化による消費電力の低減化，あるいは，スタッカークレーンのトラブルへの対応およびメンテナンス対応の予知予報システム化の導入など，高度な立体自動倉庫が開発されてきている。この立体自動倉庫の進化には，その周辺設備の技術開発が大きく影響している（**図10**）。その代表的な設備として軌道式自走台車がある（**図11**）。

　軌道式自走台車は，台車側に駆動力源を搭載し外部からの給電により専用軌道を走行する台車である。軌道式自走台車には，モノレール，三次元搬送台車，高速移送台車，移送台車，車上一次リニアモータ台車などの種類がある。軌道式自走台車は，コンベヤシステムに比べ高速化，停止精度に優れ，各種の移載装置，ロボットを搭載した自動化レベルや柔軟性の高い機種が多く，立体自動倉庫の周辺設備や加工ライン，組立ラインなどの生産システムを中心にして広い分野で活用される。立体自動倉庫の周辺設備として活用される代表的な機種は，モノレール式の自走台車である。

　立体自動倉庫と軌道台車をシステム化することによって，高度な複合システムである高速仕分け台車として機能する。複数台の立体自動倉庫への仕分・集約機能を備え，ピッキング作業の効率化が図られる。さらに，個別に立体自動倉庫への入出庫ステーションを設けることができ，同時に複数の作業が可能になる。

文　　献

1)　(一社)日本物流システム機器協会：http://www.jimh.or.jp
2)　㈱ダイフク：http://www.daifuku.com
3)　国立研究開発法人新エネルギー・産業技術総合開発機構：http://www.nedo.go.jp

第3節　搬送システムの種類とその変遷に見る進化

有限会社ロジスティクス総合研究所　関　　護

1　搬送システムの種類

　搬送システムには大別して，連続搬送機としてのコンベヤシステムと間欠搬送機としての搬送台車システムに分類される（**図1**）。

　コンベヤシステムは，モノを運ぶ機能を持つコンベヤと，所要の距離を所要の速度（時間）で所要の量を連続的に搬送するマテハンシステム設備であると定義できる。物流センターにおけるユニットロード品，パレット系，コンテナ系，段ボールケースあるいは，荷物そのモノを所定の場所間の搬送に活用される。また，モノを生産する所，商品を組み立てる所などにコンベヤが活用され，他方では，回転寿司，エスカレータ，空港内荷物搬送などでも活用されている（**図2**）。

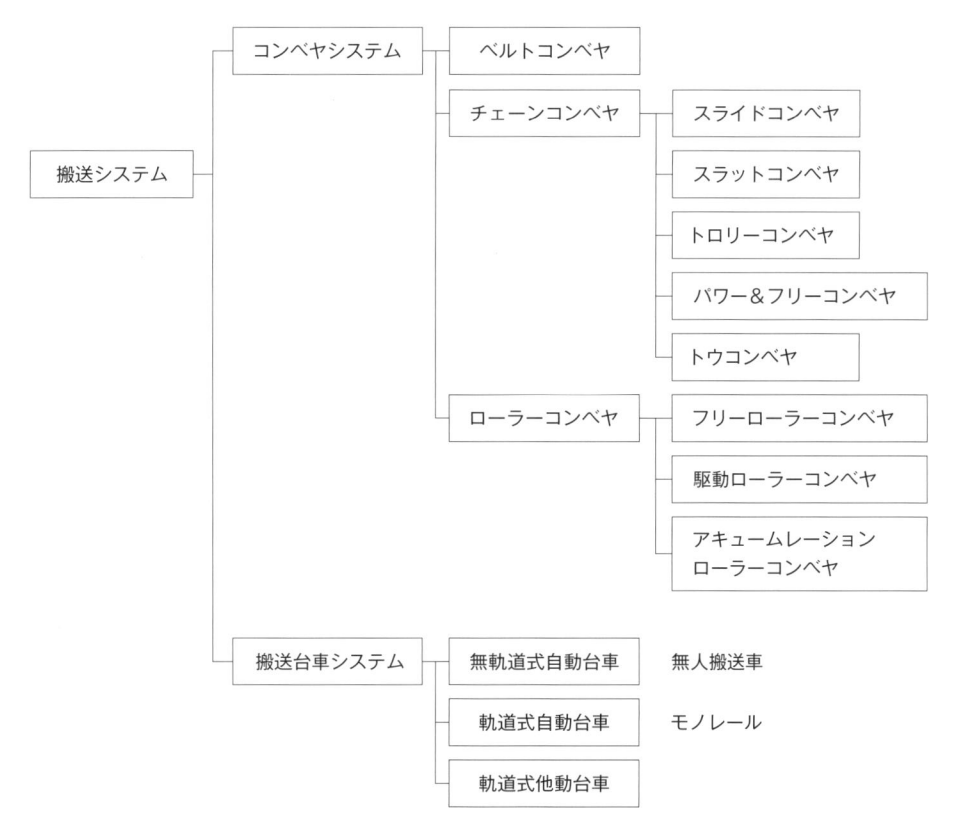

図1　搬送システムの分類表

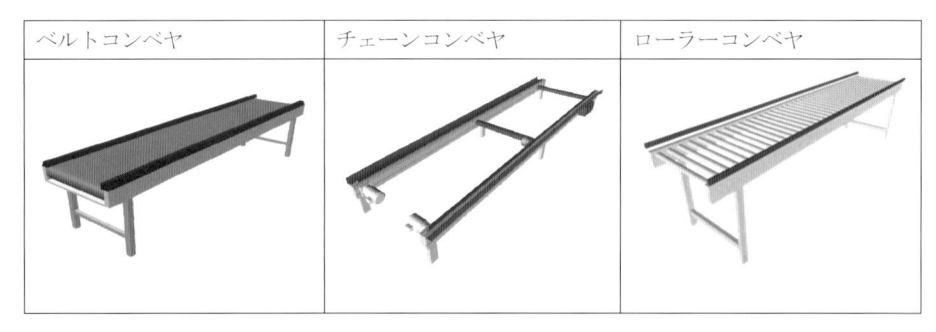

図2　各種コンベヤシステム機器のイメージ[2]

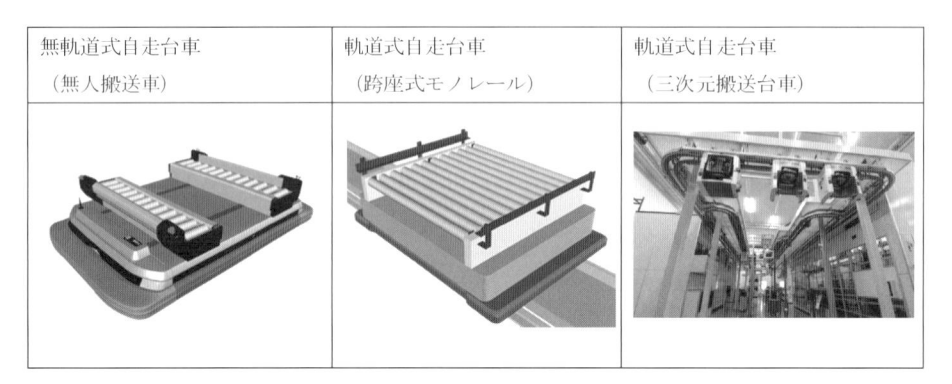

図3　搬送台車システムイメージ[2]

　モノを運ぶ機能を持つ搬送台車システムとは，所要の距離を所要の速度(時間)で所要の量を間欠的に搬送するマテハン設備であると定義できる。

　物流センターにおけるユニットロード品，パレット系，コンテナ系，段ボールケースあるいは，荷物そのモノを所定の場所間の搬送に活用される。また，モノを生産するところ，製品を組み立てるところなどでも搬送台車が活用されている(図3)。

　無軌道式自走台車は，走行用レールが無く，自動ステアリングによって自走する搬送用台車である。コンベヤに比べると搬送のための経路変更が容易であることや通路を活用する非固定型の設備であるため搬送量が少ない場合の自動化には最適なマテハンシステムである。無軌道式自走台車は，制御技術，ソフトウエア技術の向上により，今後，さらに高速化，高機能化し，多目的に活用されるであろう。無軌道自走台車は，無人搬送車，無人牽引車，無人フォークリフトがこの種に属する。無人搬送車(AGV：Automatic Guided Vehicle)は，コンベヤシステムに比べ，さまざまな搬送条件に柔軟的に対応でき，自動搬送システムの中でも中核機種の一つとして位置づけられている。

　一方で，軌道式自走台車は，台車側に駆動力源を搭載し外部からの給電により専用軌道を走行する台車である。軌道式自走台車には，モノレール，三次元搬送台車，高速移送台車，移送台車，車上一次リニアモータ台車などがある。軌道式自走台車は，コンベヤシステムに比べ高速化，停止精度に優れ，各種の移載装置，ロボットを搭載した自動化レベルや柔軟性の高い機種が多い，加工ライン，組立ラインなどの生産システムや立体自動倉庫などを中心にした物流

表1　コンベヤシステムと搬送台車システムの比較表[2)]

コンベヤシステム	搬送台車システム（図は，軌道式自走台車）
	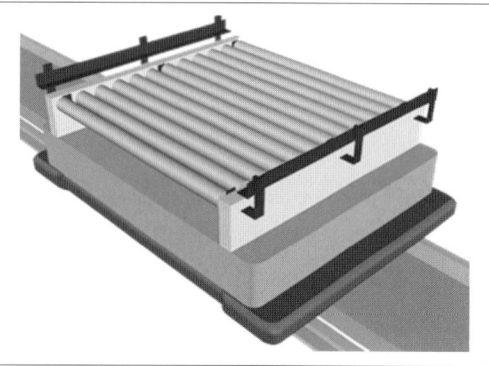
＊コンベヤは，連続的に搬送可能 ＊それ故，速度は，特別な物を除き搬送台車より遅い（一般的に 20 m から 60 m/分） ＊1000 個/時間など，単位時間に多くの処理が必要な時に向いている ＊配送センターに多く利用	＊搬送台車は，間歇運転である ＊それ故，速度は，コンベヤより早い（一般的に 60 m から 600 m/分） ＊間歇運転なので，仕事の要求を出してから台車が来るまでの時間が重要 ＊工場に多く利用

システムなど広い分野に多く用いられている。

　ここで，コンベヤシステムと搬送台車システムの比較をまとめてみる（**表1**）。

2　搬送システムの変遷と進化

　コンベヤシステムにおけるローラーコンベヤは，ケース用の搬送用として 1962 年頃に誕生した。それから半世紀余りの時を経ながら絶対的な搬送システムとしての機能，役割を担ってきている。

　特に，ローラーコンベヤの機能の特徴の一つであるストレージ機能は，各社いろいろな技術を駆使して開発されてきた。また，これらマテハンシステムに使用される駆動源であるモーターは，AC 電源モーターで構成されるのが一般的であるが，ここにきて，DC 電源モーターで構成されるコンベヤが誕生した。その特徴は，DC モーターを一定間ブロックで配置し，荷物の搬送されるところだけを稼働させて無駄な電力を消費させない。コンベヤが稼働中でも駆動源の電源モーターが 24 V であり安全性が高い。マテハンシステムに DC 電源モーターが活用されることは非常に稀有なことである。ただこれから，技術の進展に伴って他のマテハンシステムにも使われることになるのを期待したい。

　マテハンシステムが発展，進化してきた背景には，1950 年代後半から 1955 年後半に家電業界における三種の神器といわれた洗濯機，冷蔵庫，テレビの生産ライン，組み立てライン，あるいは部品供給ラインとして搬送システム機器が多く採用され，一方で，1960 年代に入って自動車が生活の必需品として普及し始め，大衆化してきた頃の 1961 年にトヨタ自動車が自動車生産ラインにコンベヤを導入し大量生産の幕開けとなった。その後，生産方式の代名詞にもなったかんばん方式，あるいは，JIT（Just In Time）など，物流情報システムや情報技術（IT：

Information Technology)によって進化してきた（**図4，図5，図6**）。このことが搬送システム機器の発展に大いに寄与された。

　搬送台車の分野は，従来，無人搬送車の走行速度は，安全性の面からほぼ毎分60m程度になっていたが，近年の技術的進歩によって走行速度が毎分200mの機種が開発され，物流センターでの活動範囲が大きくなった。ここに，国立研究開発法人新エネルギー・産業技術総合開発機構（NEDO：New Energy and Industrial Technology Development Organization）の委託事業としてマテハンシステム企業が開発した「安全技術を導入した物流センター内高速ビークルシステム」について記述する。

　その仕様は，高速ビークルが作業エリアの通路を人やフォークリフトと共有できる安全技術の開発で，その技術は，視野範囲での検出技術の向上，物陰に隠れた人やフォークリフトについても対象として検出（リアルタイム位置認識技術）ができることで，より安全性が確保される（**表2，図7，図8**）。

　開発された安全システムとして次のものがある。

① 3D障害物センサー

　ビークル進行方向の障害物を検知する3Dセンサーの開発。進行方向20m先，高さ2mまで検知でき，ビークルを安全に停止させる。

② エリア管理システム

　UWB（Ultra Wide Band）により，

図4　パワー＆フリーコンベヤ[2]

図5　懸垂式モノレール[2]

図6　パレット式フリクションドライブシステム[2]

表2　高速ビークルの仕様

項目	高速ビークル・コンベヤタイプ	高速ビークル・フォークタイプ
サイズ	1354 W×2740 L	1270 W×3580 L
重量	1500 Kg	4500 Kg
可搬重量	1000 Kg	1000 Kg
速度	200 m/min	200 m/min
電力	DC 48 V（250 Ah）	DC48 V（600Ah）
消費電力	1000 W（定速走行中）	3000 W（定速走行中）

出典：配送センター内高速ビークルシステムの安全技術
　　　開発　NEDO生活支援ロボット実用化プロジェクト

図7　コンベヤタイプ高速ビークル

出典：配送センター内高速ビークルシステムの安全技術
　　　開発　NEDO生活支援ロボット実用化プロジェクト

図8　フォークタイプ高速ビークル

　人やフォークリフトの位置をリアルタイムに計測し，ビークルをコントロールする。パレットラックなどの物陰からの急な飛出しにも対応する。

文　　献

1)　(一社)日本物流システム機器協会：http://www.jimh.or.jp
2)　㈱ダイフク：http://www.daifuku.com
3)　国立研究開発法人新エネルギー・産業技術総合開発機構：http://www.nedo.go.jp

第4節　仕分け・ピッキングシステムの種類とその変遷に見る進化

有限会社ロジスティクス総合研究所　関　　護

1　仕分けシステムの種類

先ず初めに，代表的な自動仕分けシステムの構成を示す（図1）。

自動仕分けシステム構成の詳細を次に説明する。

① 本体仕分けコンベヤ

　被仕分け対象物（以下対象物という）を方面別・得意先別等に仕分けるための搬送するコンベヤ。

② インダクションコンベヤユニット

　本体仕分けコンベヤに対象物の投入タイミングを制御する装置で，連続してくる対象物をバーコードの読み取りでタイミングを図る。対象物の仕分けタイミングを取りやすく，仕分け能力に合わせて連続して搬送されてきた対象物を切り離し，仕分けコンベヤに送り込む装置。

③ シュート

　仕分けられた対象物を集品作業者の手前まで搬送する機器。

④ リジェクトライン

　バーコードなどで自動読み取りを行った場合，情報を読み取れない対象物は最上流部の

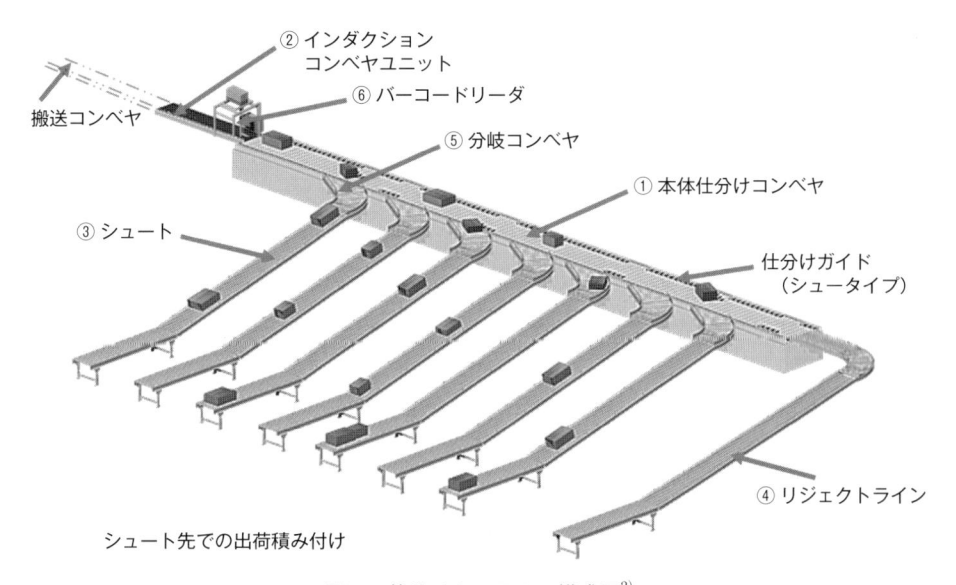

図1　仕分けシステムの構成図[2]

コンベヤラインに搬送する。

⑤　分岐コンベヤ

　　搬送されてきた対象物を方面別・得意先別のシュートに分岐しやすいようにするコンベヤ。

⑥　バーコードリーダ(情報入力装置)

　　対象物に貼付された仕分け情報(バーコード)を読み取り確実に仕分け先に搬送させる装置。入力装置には，バーコードリーダの他に，設定器によるキーイン入力，文字認識（OCR），音声入力，マーク読み取り，カラー認識なども利用される。

　仕分けとは，個々の人為的な情報を持った商品を，その情報に基づいて所定の行き先へ分けたり集めたりすることである。多品種・小口化・多頻度配送というニーズに加え，行先アイテム数の増加により仕分けが物流における大きなコストを占めるようになってきた。従って，省力化，高速化，正確化，コストダウンを目的に働きやすく使い勝手の良い作業環境を作る高度なシステムが求められてきた。そこで，自動仕分けシステムには，**図２**のような機種に分類される。

図２　自動仕分けシステムの分類表

図3は，本体のスラットコンベヤに左右に移動するスライドシューを組み込んだもので，分岐装置によりシューに導かれ，商品を押し出す自動仕分け装置で代表的な自動仕分けシステム一つである（**表1，表2**）。

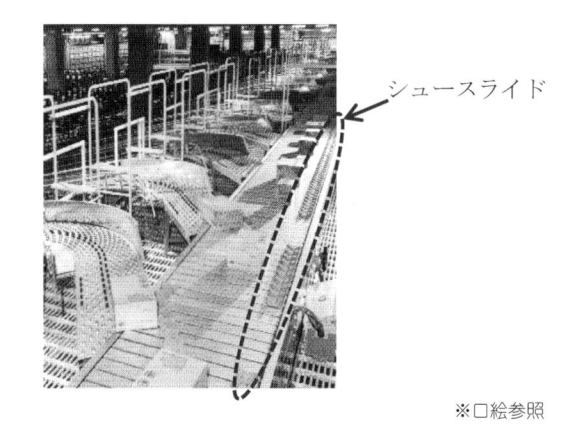

シュースライド

※口絵参照

図3　押し出し式シュースライド型仕分けシステム[2]

表1　代表的な自動仕分けシステム装置の一覧表(1)[2]

仕分け方式	スライドシュー方式	ダイバータ方式	プッシャー方式
全体図	スライドシュー式仕分けコンベヤ／仕分け分岐部／スライドシュー／分岐シュート部／インダクション部	ダイバータ式仕分けコンベヤ／ダイバータ／分岐シュート部／インダクション部	プッシャー式仕分けコンベヤ／プッシャー／分岐シュート部／インダクション部
仕分け部	スラット／切替ユニット／スライドシュー／分岐シュートフレーム／コンベヤチェーン	押し出しダイバータ	押し出しプッシャー
構造概要	搬送面に押し出し機構を組込み被対象物と共に移動しながら押し出す方式である。この機構はスラットコンベヤとスラットに水平移動できる押し出しシューが取付けられ，これが仕分け所定位置でコンベヤ下面に取付けられたガイドシューに沿ってシュート側にスライドし，被対象物を押し出す方式	仕分けコンベヤの側面に設備されたダイバータをスイング旋回させて，被対象物を仕分先シュートに押し出す方式	仕分けコンベヤの側面に設備された押し出しプッシャー装置で被対象物をシュート側に押し出す方式
特徴	・水平仕分けが可能で，片側，両側仕分けどちらでも可能 ・被対象物は多様な荷姿に対応可能，小物，中物，大物，長尺物，段ボールプラスチックケース ・仕分能力は大	・水平仕分けが可能で，片側，両側仕分けどちらでも可能 ・仕分対象物は，中物，袋物段ボール ・仕分能力は大	・水平仕分けが可能で，片側，両側仕分けどちらでも可能 ・仕分対象物は，中物，袋物段ボール ・仕分能力は小

表2　代表的な自動仕分けシステム装置の一覧表(2)[2]

仕分け方式	スライドシュー方式	ダイバータ方式	プッシャー方式
全体図	浮き出し式仕分けコンベヤ／仕分け分岐部／インダクション部／分岐シュート部	ベルトキャリア式仕分けコンベヤ／インダクション部／分岐シュート部	チルト式仕分けコンベヤ／分岐シュート部／インダクション部
仕分け部	(1)ベルトまたはチェーン浮き出し式／ベルトまたはチェーン浮き出し装置／(2)ローラ浮き出し式／ローラ浮き出し装置	ベルト／ベルトキャリア／ベルト可動装置／ガイドローラ／走行レール	ガイドローラ／チルトトレイ／レール／傾倒装置／チルトスラット
構造概要	仕分けコンベヤの搬送面の下部から分岐装置(ベルト，ローラ，ホィールなど)が浮出し，被対象物を送出す方式	走行レール上を連続した仕分け送り出しベルト装置が装備されて，台車が被対象物をシュート側に送り出す方式。この方式は，ストレートラインあるいはループラインの構成が可能	走行レール上を連続した仕分け送り出しトレー装置が装備されて，台車が被対象物をシュート側にトレーを傾倒させて送り出す方式。この方式は，ストレートラインあるいはループラインの構成が可能
特徴	・水平仕分けが可能で，片側，両側仕分けどちらも可能 ・仕分け対象物は，中物，段ボール，プラケース ・仕分け能力は中	・水平仕分けが可能で，片側，両側仕分けどちらも可能 ・高速仕分けが可能 ・シュート間口が狭くできる ・仕分け対象物は中物，薄物，スーツケース ・仕分け能力は大	・水平仕分けが可能で，片側，両側仕分けどちらも可能 ・高速仕分けが可能 ・シュート間口が狭くできる ・仕分け対象物は中物，薄物，スーツケース ・仕分け能力は大

2　仕分けシステムの変遷と進化

　社会の経済情勢も1970年に入り下降線を辿るようになり，さらにドルショック，第1次石油ショックが起こり，日本経済は深刻な景気低迷期に突入する。こうした状況下，運輸業界はいち早く労働集約体質からの脱却を試み，トラックターミナルなどを中心に自動仕分けシステム装置の導入が始まった。この自動仕分けシステム装置の搬送コンベヤにスチールベルトが，採用された。スチールベルトはシンプルな構造で多様な荷姿への対応が可能，耐久性に優れるなどの特徴がある。仕分け機は押出し式ダイバータ型が採用された。コンベヤの速度は毎分60～80m，仕分け能力は毎分3,000～5,000個程度であった。その後，いろいろな機種が開発されると共に，倉庫業界，製薬業界などメーカの物流センターへ広く納入されるようになった。1990年中頃に入ると，チェーンストア，スーパーマーケット，専門量販店など小売業界向け物流センターや，あるいは，業界の物流業務を代行する3PL(Third Party Logistics)，卸売業

など顧客からの要望に応え，仕分け時に荷物に優しく衝撃が少ない機種が開発された。仕分け能力も毎分7,000個程度と能力が向上してきた。さらに，2000年代になると仕分けシステム装置の顧客からの要求は高まり，仕分け能力が，毎分10,000〜12,000個の高能力タイプが開発された（図4）。

図4　高能力タイプ 両側仕分けの仕分けシステム装置[2]

3　ピッキングシステムの種類

　物流センター保管庫や工場内保管庫などに限らず，在庫が存在するところには必ずピッキング作業や仕分け作業が発生する。目的に合わせて幾つかの商品や部品を必要数量取り揃えることがオーダピッキングである。オーダ（要求）に応じて，要求されたモノが，必要とされる数量を，一定の時間内で，少ない労力で，確実に準備できることが最も良い方法といえる。このオーダピッキング方式には，オーダ別ピッキング（摘み取り方式）と品種別ピッキング（種蒔き方式）に大別される。この2つの方式について，どんな場合にどちらの方式が良いかという問題は，これまでにいろいろな場面で比較されてきたが，的確な判定がされたものはない。ただ，現状での量販店，スーパーマーケットへの納品における日配商品に関しては，メーカからアイテム別（品種別）に納品された商品を，店舗別カゴ車などに種まき方式で仕分けられている。特に，このピッキングと仕分けはその時代の流れ，技術，人や作業時間に対する条件によって評価基準が変わってくる。どちらかの方式を選択するにしてもこのピッキングと仕分けは，全体のマテハンシステムを決定する重要な要素であり，その判断は非常に重要である（表3）。

3.1　ピッキング方式の特徴

3.1.1　オーダ別ピッキングの特徴

①　在庫（棚）からの取り出しでひと回りすれば，1オーダが完結する
②　順次オーダを受けながら，作業を進めることもできる
③　ピッキング作業は同じ棚に何度も行くことになる
④　品種の重なりが大きいとピッキングの効率は著しく低下する
⑤　ピッキング後の検品作業は必須である

3.1.2　品種別ピッキングの特徴

①　在庫（棚）からの取り出しは1回で済むが，後工程で仕分けが必要
②　全ての商品が2度のタッチとなる
③　全てのオーダが揃わないと仕事が開始できない。締め時間の仕組みが必要
④　全ての仕分けが終了しないと，作業は完了しない

表3　オーダピッキングの方式と特徴

オーダピッキング方式		特　徴
オーダ別ピッキング	シングルオーダピッキング	・1オーダ分すべてを作業者1人で集品する ・作業者が複数になるため，荷揃えの順番は特定できない ・出来上がった物を方面別に仕分ける必要がある
	マルチオーダピッキング	・能率向上のため，複数オーダ同時にピッキングすることができる
	オーダ順ピッキング	・出荷する順序，オーダ順にピッキング，荷揃えする ・物の流れは一連のコンベヤで構成され，計画の順番通りにピッキングする ・出荷の順番に荷揃えができるため，方面仕分けは不要となる
品種別ピッキング	オーダ別ピッキング（2次ピッキング）	・一定の纏まりで品種別にピッキングし，その中からオーダに合わせてピッキングする ・1次，2次ピッキングと合わせ，最終のオーダを揃える ・最後にすべてなくなることで検品を兼ねている 　（例，1トラック分を集約ピッキングし，その中から運転手が配送ルート順にピッキング）
	オーダ仕分け	・ピッキングした物をオーダごとに仕分けする ・最後にすべてなくなることで検品を兼ねている ・仕分け場所と方面を関連付けると最終的な方面仕分けが簡略できる
	オーダ括り	・アイテムごとに仕分ける場合とオーダごとに仕分ける場合がある

⑤　総量を仕分けた後，残数が0になることで検品を省くこともできる

3.2　デジタル表示ピッキングシステムの分類

　デジタル表示ピッキングシステム（DPS：Digital Picking System）とは，ピッキング作業現場では非常に多くの作業者が必要とされる。そして，その作業者のほとんどがパートタイマ，アルバイトが大半である。さらに，物流サービスレベルの重要要素である誤配送率の低減の要求から，そのピッキングシステムの方式は，さまざまな方式が開発されてきている。その代表的な方式がラック式デジタル表示ピッキングシステムとカート式デジタル表示ピッキングシステムである。デジタル表示ピッキングシステムは，多品種小口化，多頻度配送が要求されるようになり，流通段階での集品作業が一段と複雑化しそれに対応するシステム化として活用されている。ピッキングにおける集品作業は生産および流通商品をあらかじめ品種別にラック内に補充しておき，それをオーダ単位ごとにピッキングして集品コンベアやカート上のコンテナに投入していく。この場合，ピッキング作業はピッキングリストあるいは伝票に基づいて作業者がリストの数量を確認しながらラック内より商品をピッキングするのが一般的であったが，熟練者でないとピッキングは難しくピッキングミスが発生していた。そこで，ピッキング作業効率を高め，ピッキングミスを低減するようにラックにピッキング数量表示器を装備し，自動的にピッキング数量を表示して，作業者はその指示通りピッキングするシステムがデジタル表示ピッキングシステムとして開発された（図5）。

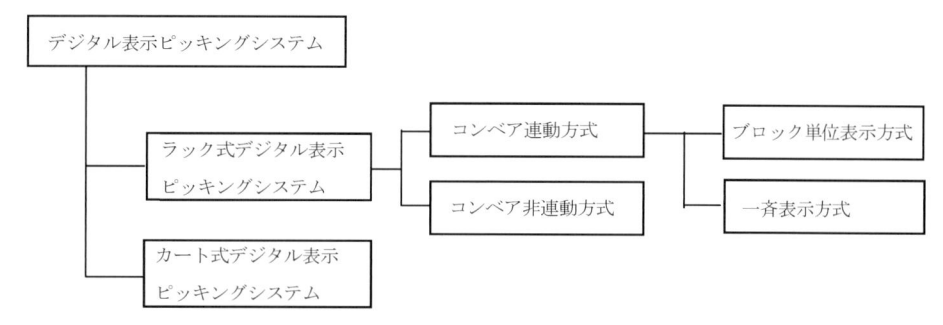

図5　デジタル表示ピッキングシステムの分類

3.2.1　代表的なデジタル表示ピッキングシステム

（1）　カート式デジタル表示ピッキングシステム

　カート式デジタル表示ピッキングシステムは，ラック式のシステムにピッキングカートを活用したシステムである。ラック式の場合のピッキング作業では1オーダに対応するシステムであるが，カート式の場合はカートにコンテナ（最大6コンテナ）を積載し，作業者はオーダ単位にピッキングした商品をコンテナに投入していく。このシステムの特徴は，一回のピッキング走行で複数のオーダに対応できることである。カート式のシステムではラックから商品をピッキングし，その商品のバーコードをスキャナーで検品することにより，ピッキング精度を格段に高めることができる。その精度は，$1 \sim 3/100{,}000$ を確保できる。また，カート式でのピッキング作業では，商品のピッキングと同時に値札付けも可能になり，さらにはラック内の商品の補充指示，在庫管理も可能である（**図6**）。

（2）　ラック式デジタル表示ピッキングシステム

　消費者ニーズにおける多品種小口化，多頻度配送の要求による流通過程での集品作業は非常に難しく，複雑化されている。一般的なピッキング作業は，生産および流通商品をあらかじめ品種別にラック内に保管しておき，それを顧客からのオーダ単位ごとにピッキングして集品コンベアやピッキングカート上のケースに商品を投入する。この場合，ピッキング作業はピッキングリストあるいは伝票に基づいて作業者がピッキングリストの出庫数量を確認しながらラック内から商品をピッキングするので，ある程度の熟練者でないとピッキング作業は難しく，ピッキングミスが多発する。ピッキングのミスなどを低減するためにラック部にピッキング指示，数量が表示される表示器が装備され，この表示器に従って作業を行うピッキング方式がラック式デジタルピッキングシステムである（**図7**）。

（3）　デジタル表示アソートシステム

　まとめて集品してきた商品をコンピュータの指示に基づき，各仕分け先にアソートする方式がデジタルアソートシステム（DAS：Digital Assort System）である。仕分けすべき商品コードを入力すると，該当の間口の表示器に「仕分け個数」が表示される。順次指示に従って仕分けていく。予定数量がゼロになると仕分け終了の検品にもなる。複数人員で作業する場合は，表示器の色を複数用意し，各々その色で作業することができる（**図8**）。

　デジタル表示アソートシステムの代表的なものとして，ハンディーターミナルタイプとデジタル表示タイプの2種類がある。これらそれぞれの特徴があり，どちらがという判断はできな

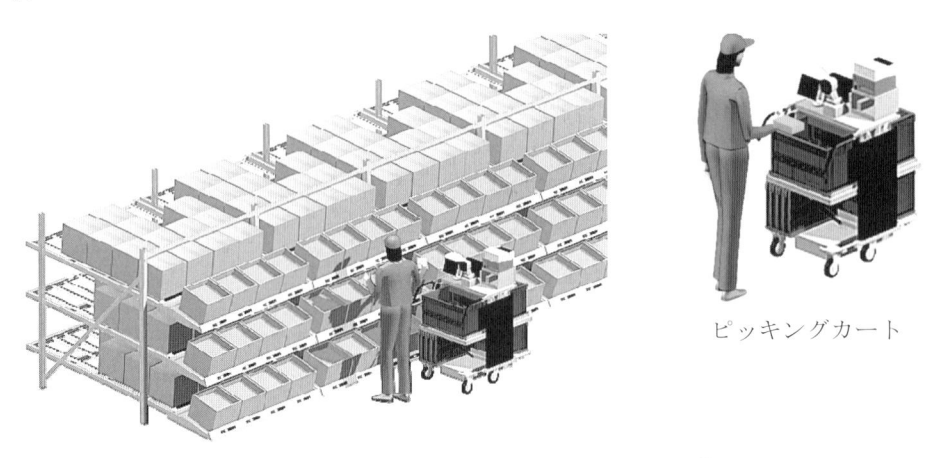

ピッキングカート

図6　カート式デジタル表示ピッキングシステム[2]

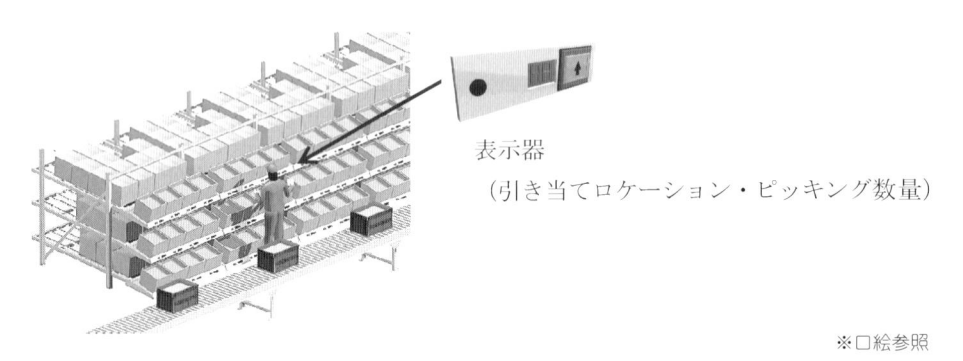

表示器

（引き当てロケーション・ピッキング数量）

※口絵参照

図7　ラック式ピッキングシステム[2]

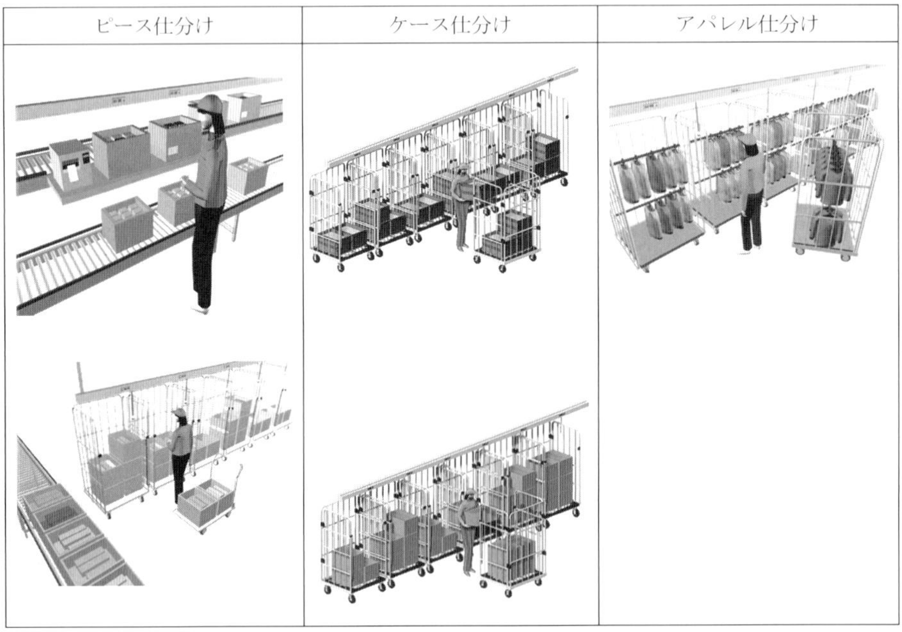

図8　代表的デジタル表示アソートシステムのいろいろ[2]

い。たとえば，出荷精度では，デジタルアソートシステムの場合，アソート商品をカゴ車に投入する時に目視投入でありミスの誘発原因になる。ラックへの積込みでも積込みチェックが無く誤配送，積み残しが発生する危険性がある。ハンディーターミナルの場合は，商品投入時に商品とカゴ車が紐付けされ，それで検品が可能であり，またトラックへの積込み検品が可能である。誤配送，積み残しがなくなるなどの利点があるが，一方で，ハンディーターミナルの場合は一時的に片手が塞がれるが，デジタルの場合は常に両手作業が可能で，その作業性は，間違いなく早く処理することが可能である。

4　ピッキングシステムの変遷と進化

　まだ物流センターが無い 1960 年代後半の倉庫などの出荷作業は，パレット単位の出荷がほとんどであり，状況に応じてケース単位の出荷があった。保管設備は，パレットラック，移動ラックで，作業はフォークリフトでのリストピッキングが主流であった。1972 年に立体自動倉庫が開発され，その後作業者搭乗型のスタッカークレーンが誕生した。これは，スタッカークレーンのキャレッジに集品用のロールボックス（通称カゴ車）やパレットを積載し，搭乗者が立体自動倉庫に保管している商品のピッキング作業を行えるようにしたものである。

　これは，安全性，作業環境などの問題で 1980 年代には姿を消した（因みに，欧米諸国ではこの種の物が主流になっている）。現在では，立体自動倉庫から出庫引当パレットを荷捌きエリアまで払い出して，そこでピッキング作業を行うのが主流となっている。2000 年代になると作業負荷の軽減やパート・アルバイト化の進展に伴い，ピッキングの自動化への要求が高まった。これに対応するため立体自動倉庫に連動させたケース自動ピッキングシステムが開発され，オーダごとにパレットで出庫して，パレット上のケースをロボットでピッキングし，荷姿の異なるさまざまな商品も 1 つのパレットに積み付けられるようになってきた（図 9）。

　その後，ケースピッキングからピースピッキングに進展し，1981 年にデジタル表示ピッキングシステムが開発された。当初この機種は，生協の班別共同購入に対応したマテハンシステムであった。そして，班別から個人別に移行すると共に，顧客から高能力のシステムが要求された。ピッキング能力として時間当たり 1,500〜1,600 集品ケースが開発された。その後これらのシステムは，医薬品業界・化粧品業界・食品業界・日用雑貨業界など製造企業や物流センターに採用され，常温から冷凍・冷蔵など幅広い環境下で使用されるようになってきた。さらに，2000 年に入ると，ピッキングの高精度化への要求が強まり，デジタル表示ピッキングシステムと POS（Point of Sales）検品を組み合わせたシステムが開発された。ピッキング商品にソースマーキングされた JAN（Japanese Article Number）コードを，バーコードリーダ（BCR：Bar Code Reader）で読み取り検品

図 9　画像認識システムを採用したピッキングロボット[2]

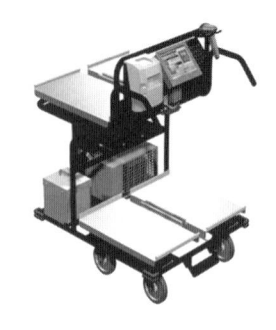

ピッキングカート

図 10　入出荷検品，棚卸しにも使えるピッキングカート[2]

を行うことによって検品精度が飛躍的に向上した（因みに，検品精度は，3/100,000 以下）。

　その後，1988 年になると複数オーダのピッキングが同時に行えるマルチオーダタイプのピッキングカートシステムが誕生した。ピッキングデータなどの授受を非接触型 IC カードにより行い，ピッキング棚にはピック間口を指示するランプを付けた多品種少量品向け高機能型システムも開発された。1990 年代に入ると，ピッキング棚の間口ランプに替えて液晶モニタで作業指示を表示するタイプが開発され，この機種の出現によってピッキングカートが急速に拡大した。1995 年になるとピッキング高精度化の要求に対し，カートにハンディー式の BCR を採用した検品タイプ，プリンターを搭載し商品値札発行機能を持たせたタイプなども出現した。さらに，1998 年に登場した SS 無線情報端末を搭載したタイプでは，作業指示・作業完了などのデータがリアルタイムに管理コンピュータとの交信が可能となり，柔軟性はさらに増強し，EDI（Electronic Data Interchange）対応の SCM（Shipping Carton Marking）ラベルの発行もできるようになってきた（図 10）。

　このような技術開発に加え，さらに移動情報端末の機能を生かした，入出荷検品の精度向上，棚卸し機能などが付加され，その利用範囲は大きくなってきた。1990 年末から 2000 年初めに掛けてサプライチェーンマネジメント（SCM）対応の物流センターを構築するにあたり，WMS（Warehouse Management System）の導入が盛んになり，そのことにより，現有マテハンシステムをそのまま生かした状態で活用できる BCR 付 SS 無線式ハンディーターミナルシステムが導入され，入出荷検品システム，ピッキングシステム，アソートシステムなどの作業効率が向上した。

　今後の展開として，通販業界などの広がりにより，流通業界は SCM の展開が拡大され，商品配送の多頻度化・小口化が加速し，物流センターにおけるマテハンシステムの位置付けとその役割は，さらなる高能力化，高精度化に加え，設備耐久性，マテハンシステムの信頼性，メンテナンスフリー化，予防安全システムなどがより求められてくるであろう。

4.1　高能力デジタル表示ピッキングシステム（1）

　このピッキングシステムの趣旨は，デジタル表示ピッキングシステムの集品コンベヤをオーダ行別に並行して 2 列に配置し，ピッキングのヒット率を上げ作業時間の削減を図ったシステムである（図 11）。

① ピッキングのヒット率の向上は，単数行オーダを全てサブラインで集品し，複数行オーダは，メインラインで行うことでゾーンヒット率を高める手法

② 作業効率とは，作業者の手待ち時間を先行ピッキングできる仕組みにして，仮置きピッキングを行うことで作業時間の活用を得る手法

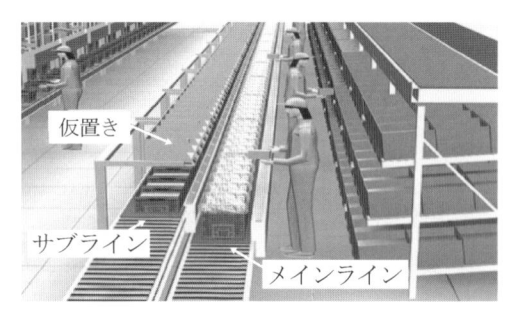

図11　高能力デジタル表示ピッキングシステム(1)[2]

4.2　高能力デジタル表示ピッキングシステム(2)

無線式表示器とRFID（Radio Frequency Identifier）を活用した連続・一体搬送方式により，従来型のデジタル表示ピッキングシステムに比べ生産性，出荷精度を大幅に向上させたシステムも実用化されている（**図12**）。

(1)　作業者の作業手待ち時間を最小化し，生産性を大幅に向上させる

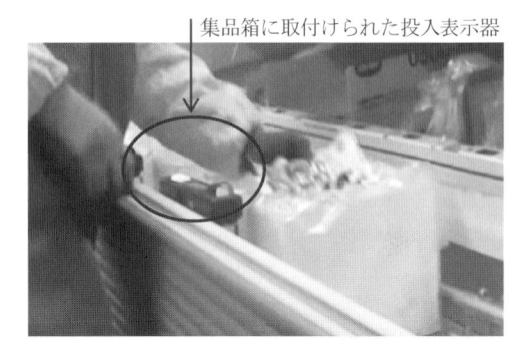

集品箱に取付けられた投入表示器

図12　高能力デジタル表示ピッキングシステム(2)[2]

① 集品箱を隙間なく連続搬送することで，ピッキング作業者1人あたりのヒット率を向上

② ピッキング作業が遅れた作業者のエリアだけコンベヤを停止し，ライン全体の生産性低下を最小化させる仕組み

③ コンベヤで集品箱が移動中も投入作業を可能にして，作業手待ちがなくなり作業の遅れを取り戻すのが容易な仕組み

(2)　集品箱と表示器の一体搬送で出荷精度が大幅に向上

① 集品箱と投入表示器のズレがなく，視認性が向上し投入ミスが大幅に削減

② 投入表示器の押しボタンでリアルタイムな検品が可能になる

4.3　自動詰め合わせデジタル表示ピッキングシステム

デジタル表示ピッキングシステムで商品の集品を自動で詰め合わせを行うことで生産性と出荷精度を大幅に向上させるシステムである。

(1)　ピッキングの手待ち時間を最小化して生産性を大幅に向上させる

① 高頻度品，重量品等集品箱への投入を自動化することによって，ピッキング作業に専念

② 複数オーダの先行ピッキングを行うことで連続ヒット時の停止程度が緩和できる仕組み

(2)　重量検品，自動詰め合わせで出荷精度を大幅に向上させる

① 先行ピッキング時，コンベヤ上で自動的に重量検品し，商品の取り違い，数量ミスを防止できる仕組み

② 集品箱への投入を自動で行うことで投入ミスを防止する仕組み

(3) いろいろな商品形状，重量物，割れ物などに対応可能

① ベルトでピッキングされた商品を包み込み，商品を集品箱に投入するとき商品を離すポイントを下げることで重量品物や割れ物などの商品に対応する仕組み

② 集品箱の内容量に応じ商品を離す高さを変え確実に，商品の詰め合わせを行う仕組み

4.4 ピッキング作業ミス防止システム

RFID を採用してシステム化し，ピッキングラックから商品を取出し，集品箱への商品投入作業をチェックし，デジタル表示ピッキングシステムでの作業ミスを防止するシステムも実用化された（**図 13**）。

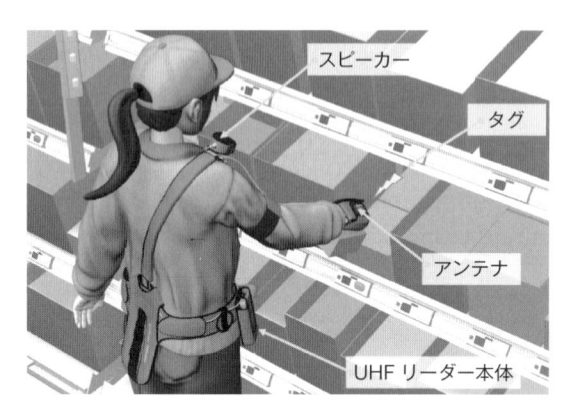
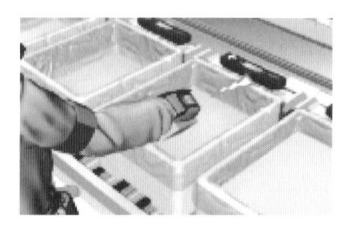

アンテナからの電波でラック側および集品箱側のRFIDを読み取り商品の合否判定を行う

図 13　ピッキング作業ミス防止システム[2]

(1) ラックからのピッキングミス防止
　　ラックから引当品をピッキングする時にラック間口の RFID を作業者のグローブのアンテナで読み取り，商品保管のアドレスをチェックし，商品間違いを防止する。

(2) 集品箱への商品投入ミス防止
　　商品を集品箱に入れる時，集品箱の RFID を作業者のグローブのアンテナで読み取りチェックし，集品箱への投入ミスを防止する。

(3) 集品箱への商品の投入時の商品破損防止
　　集品箱の RFID を作業者のグローブで読むことにより乱暴投入防止を図る。

文　献

1) （一社）日本物流システム機器協会：http://www.jimh.or.jp

2) ㈱ダイフク：http://www.daifuku.com

3) 国立研究開発法人新エネルギー・産業技術総合開発機構：http://www.nedo.go.jp

第5節　複合化されたマテハンシステムの登場

有限会社ロジスティクス総合研究所　関　　護

1　多機能化してきたマテハンシステム

　マテハンシステムの複合化では，その中核となるのが立体自動倉庫である。本稿では，立体自動倉庫を中心に複合化されているマテハンシステムを紹介していく。

　多頻度小口化，多品種少量の物流が要求されるようになってきて，立体自動倉庫の保管という機能の静的なものから，仕分け，整列，ピッキング作業などの動的なものへとその機能は変革してきている。物流管理の高度化により被対象物は，次の目的や物流センターにおける物流過程の前後工程に対して極めて動的な状態で保管されるようになってきた。従って，物の滞留時間は短く，激しい動きに応じられることが要求されている。立体自動倉庫のスタッカークレーンの入出庫能力は，その合理性の範囲内で高速化が進んできた。立体自動倉庫の使用目的は，単に保管物流から「迅速化された物流」「正確性を持った物流」に変化してきた。

2　保管・仕分機能を持つ立体自動倉庫

　立体自動倉庫はケース単位の荷物を高速で入出庫することを目的に開発されたマテハンシステムで，スタッカークレーンのマスト部分に昇降するビーム上にフォークを装備した台車が移動する構造である。本マテハンシステムは，保管機能よりも一次滞留（ストレージ）と仕分け機能を使用目的にしている。たとえば，出荷準備として1品種1パレット分毎に積み付けケースをデパレタイジングして入庫し，受注要求に応じて必要量を出庫するシステムである。そして，ストレージされている被保管物をトラックへの積込み順に出庫するシステムに活用される

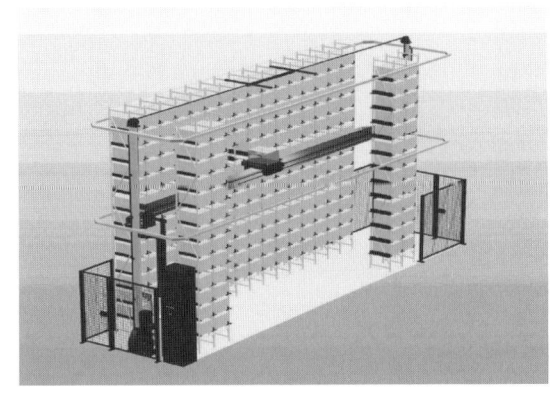
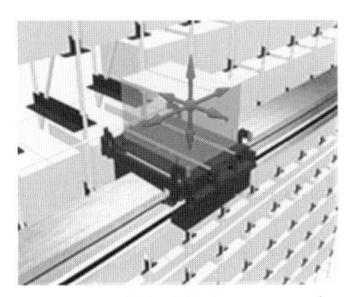

アップライトキャレッジ

図1　保管・仕分け機能を持った立体自動倉庫[2]

（図1）。

　この保管と仕分け機能を持った立体自動倉庫がさらに進化したのが，［第3編第4章第2節］に記述した1アイル2層スタッカークレーン4台の保管システムである。

3　ピッキング機能を備えた立体自動倉庫

　ピッキング機能を備えた立体自動倉庫としては，パレット系とケース系が開発されている。

（1）　パレット系

　ピッキングシステム機能を備えた高能力立体自動倉庫は，スタッカークレーンの高速化と最適速度カーブでの加速度を得て，立体自動倉庫におけるパレット入出庫の単一サイクルタイム30秒以内で通常の入出庫の単一サイクルタイムの1/2が実現された。通常の物流センターでは，保管エリアとピッキングエリアは別々の場所にレイアウトされて作業を行う場合があり，スタッカークレーンの高能力化により，高頻度の出荷に応えられるようになったことで，立体自動倉庫のラック側面にピッキングステーションを配置し，集約ピッキングやピッキングラックへの補充が容易に行えるようになった。つまり，保管エリアとピッキングエリアが一体化してそのスペースおよび作業の両面での高密度化が図られる。

（2）　ケース系

　パレット系と同様な考え方で，入出庫の単一サイクルタイムが15秒以内で入出庫が可能となって実現したシステムである。立体自動倉庫のラック側面に傾斜ラックのピッキングステーションを設けてスペースおよび作業面での高密度化を図る（図2，図3）。

　ピッキングステーションの各間口に間口表示器を，各ブロックに数量表示器とバーコードリーダが取り付けられ，到着したケースのラベルのオーダNo.をバーコードで読み取ると，数量表示とピッキング間口のランプが点灯する。そして，その表示にしたがって商品をピッキングしていく。

※口絵参照

図2　2階部分は高速パレット立体自動倉庫
　　　1階部分はケースピッキングエリア[2]

図3　ラック側面にピッキングエリアを配置[2]

4 台車搭載型水平式回転ラック

　出庫しようとする被保管物のラックが水平に回転して作業者の手元で停止する水平回転ラックも開発されている。一般の固定式のラックでの出庫作業のように作業者が動き回る必要がなく，同じ作業場所で作業ができる。作業通路が不要であり，大量保管での多数台設置の場合などは少ないスペースでの設置が可能であり，省スペース効果が大きい特徴を持つ保管システム機器の一つである。作業者が動かず，ラックが回転する機能を生かし，ラックの代わりに，カゴ車を搭載することによって，このマテハンシステム機器は，積載質量が 300 Kg 以下の台車を回転装置に直接的に簡単に載せたり降ろしたりできる。その操作は台車積載部に装備されたフートペダルで台車の着脱が容易に行える構造で，配送トラックへの積込みにおいて，台車での運搬，仕分け，保管システム機能の3つの機能を兼ね備え，方面別仕分などの配送業務に活用され，大幅に作業効率が向上した（図4）。

図4　台車搭載型水平式回転ラック[2]

文　　献

1)　(一社)日本物流システム機器協会：http://www.jimh.or.jp
2)　㈱ダイフク：http://www.daifuku.com
3)　国立研究開発法人新エネルギー・産業技術総合開発機構：http://www.nedo.go.jp

ロボットの投資回収計算

　経営の資本は機械という設備投資と人材採用の労務経費に別れる。機械は性能機能が購入段階ではっきりしている。何ができてどれほどの能力があるかは前もって決まっているものだ。それに反して，人材投資は期待を裏切らずにさらに驚異をもたらすことがある。未来の経営者や発明家が目前の面接室で小さくなっていることすらあるのだ。

　今，人手不足対策として真面目にロボットの導入を検討している企業が増えてきた。投資の順序を間違えることなく臨んで欲しいと願うばかりである。

　まず人材投資，そして人材の活用と権限委譲という能力を最大限に発揮できる制度の構築である。どうしても機械化に頼らねばならぬときは，稼働時間をできるだけ伸ばさなければ投資を回収することはできないだろう。

　深夜夜間も稼働する工場や物流センターなら，ロボットは休みなく労働力の代わりを果たすはずだ。しかも，稼働時間によって人手では不可能な長時間勤務をこなして，全体の生産性に寄与するだろう。

　ロボットや機械設備を導入する際に重要視したいのは，稼働時間と実働時間なのである。

アシモフの三原則

1：ロボットは人間に危害を加えてはならない。またその危険を看過することによって，人間に危害を及ぼしてはならない。

2：ロボットは人間に与えられた命令に服従しなくてはならない。ただし，与えられた命令が第一法則に反する場合はこの限りではない。

3：ロボットは前掲の第一法則，第二法則に反する恐れのない限り，自己を守らなければならない。

　ロボットは労働者という人の脅威になってはならず，稼働させるにあたっての調整時間や治具工具の交換，修理や補修時間が増えるような精密機器なら，生産性は人に勝ることはないだろう。

　人手不足という理由が人材投資の方向や規模を間違えているために，働く人にとっての魅力を失っている職場であるなら，いつまでたっても人手不足を解消することはできず，最終的には全自動工場，ロボットだらけの「変な物流センター」の誕生になるに違いない。

（花房　陵）

第４編　現場報告：物流事業者の課題

ロジ・ソリューション株式会社　釜屋　大和

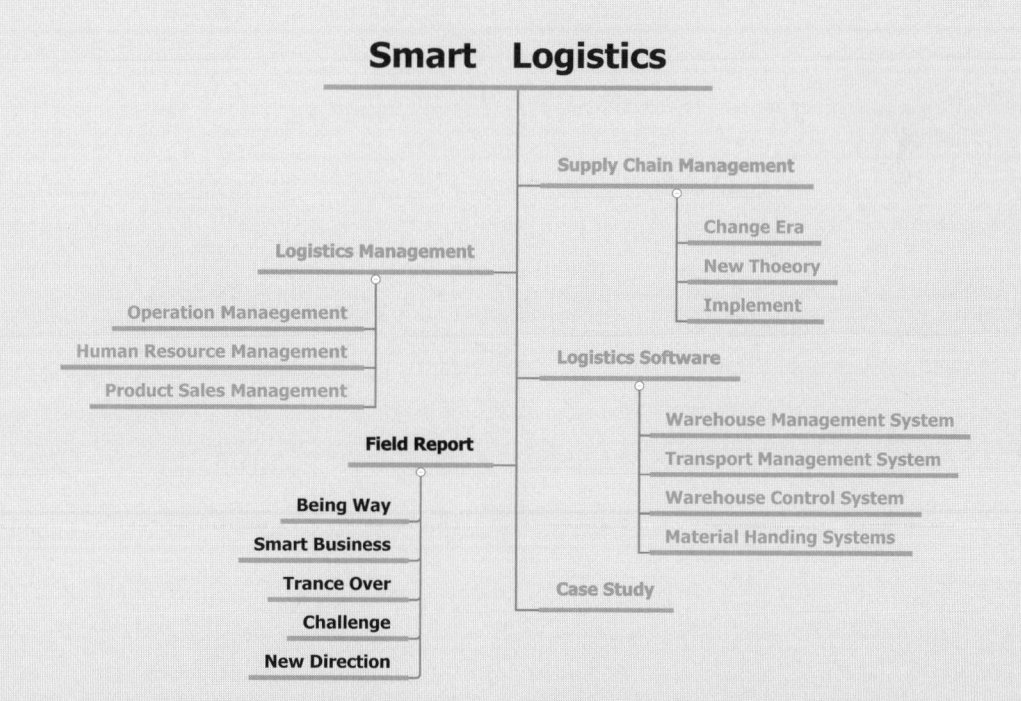

第1章　物流事業者に横たわるカルチャー

1　物流事業者の基本カルチャーについて

1.1　荷主中心のカルチャー

　物流事業者は基本的に荷主より荷物を預かり，時間乖離を埋めるサービス(保管機能)，空間乖離を埋めるサービス(配送機能)を主軸に企業運営している。この単機能サービス(保管，配送以外には荷役，梱包，情報)の提供は荷主の要望に従ってなされるものであり，物流事業者は荷主の成長に合わせて企業規模を拡大してきた。そのためどうしても荷主と物流事業者は主従関係になりやすく，荷主の要望に合わせることを第一義とする傾向にある。物流事業者がこれから事業成長するためには，荷主の事業戦略に合致したサービスの提供，そして現状とのギャップがあるならそれを埋める仕組みは何なのかのポートフォリオマネジメントが必要となる。

　荷主の事業戦略に合致したサービスの一つとしては，最新技術を適用したスマートロジスティクスがあり，それを事業化させるためには自社の核となる業務と価値を再認識し，市場を意識したうえで新領域の事業に踏み出す必要がある。

- ポートフォリオマネジメント

　事業のライフサイクルを問題児，花形製品，金のなる木，負け犬の順に位置づけ，マトリックスで表記する(図1)。縦軸に市場成長率，横軸に市場マーケットシェアをとり，問題児，花形製品，金のなる木，負け犬のマトリックスに分け，金のなる木で生じた利益を問題児

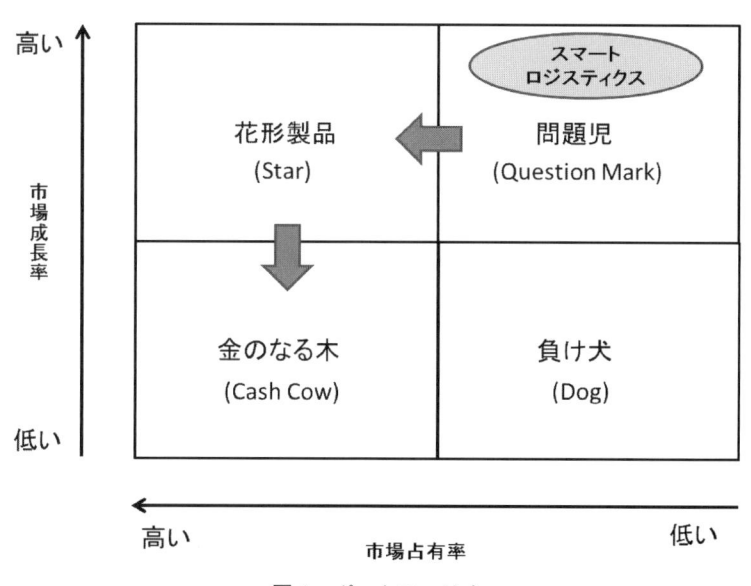

図1　ポートフォリオ

や花形商品に投資して，金のなる木へ育てようとする事業戦略である。一般的な事業は，問題児(例えば物流センターの自動化)から出発し，花形製品を経て金のなる木になる。自社の事業が，今どこに位置しており，今後どのようにすべきか，また成長分野への事業展開が行われているのかなどの変化対応の経営戦略が必要となる。

1.2　人材の流動性について

　サービス提供地域を広げることや取扱い物量の増加にともなってアセットを拡充することは，事業の拡大には必要である。その事業展開がマーケティング戦略に沿った新サービスであれば，その道のスペシャリストを中途採用し，優秀な人材の確保が必要となる。しかしながらマーケティング志向が乏しい場合，この人材確保がうまくいかない。

　事業を展開するうえの懸念事項として，「自社の人材不足」を挙げる物流事業者が多く見られる。そもそも物流業界は人材の入れ替わりが少なく「流動性に乏しい」ことや，「中途採用の制度が整備されていない」などの環境面での問題がある。

　スマートロジスティクスなどの新サービスに踏み出す場合には，スペシャリストを採用し，市場のスピードに合わせて事業化することが必要となる。自社の人事制度を見直して組織の硬直化を防ぎ，中途採用者向けに社内マニュアルを整備するなど，優秀な人材を確保する方向に向かわなければならない。

　なぜ物流業界は人材の流動性に乏しいのかを考察してみると，やはり物流事業者は荷主からの要望がきっかけとなり行動を起こすことが多く，荷主企業の業績によって売上が左右される傾向にある。荷主企業の業績悪化が物流事業者の売上低下に直結しており，物流事業者は受動的な思考・カルチャーであるため，従業員自身も受身になりがちで，所属企業への依存度も高くなる。「転職して他流試合を行う」という思考には至らず，「社内でしか通用しない論理や慣習」が発生する。つまり物流事業者の従業員は社外の環境では通用しづらくなっているということである。これが人材の流動性が乏しい原因の一つであるといえる。

1.3　給与体系の整備

　物流事業者が従業員に支払う給与は一般的に他業種より低い傾向にあり，特にそれ自体には問題はないのだが，先ほども述べた通り景気が悪くなって物量が少なくなると物流事業者の経営は厳しくなり，経営を維持するために従業員の給与を下げることがある。給与金額に弾力性を持たせることは社員の働く意欲・モチベーションにも影響する。一連托生の世界なので，社員は嫌々ながらも処遇低下を受け入れるが，このような状況が続くと優秀な人材(他流試合のできる人材)が他社に流れてしまう危険性がある。

　スマートロジスティクスなどの新サービスを提供するためには，新技術を物流分野に適用した経験者やITに精通した人材の確保，彼らへのそれなりの処遇も必要となる。知的労働への対価を支払う給与体系整備が必要となる。スマートロジスティクスを実装するにあたっては，その知識とノウハウを持った人材への投資が必要になるということだ。

1.4　社内教育方針

　物流事業者は求められる人材像に沿った教育方針を作る必要がある。現状の主たる教育は現場での OJT（On the Job Training）だが，戦略的な長期的視点に立ってプログラムに沿った教育を社員にすることが必要である。教育期間中は短期的な収支に影響する。しかしながら新サービス（たとえばスマートロジスティクスなど）を考え，育て，企業のコアに成長させるためにはそれを担う人材を育成する社内教育制度が必要となる。特にセールス＆マーケティング担当者の育成が必要といえる。

2　3PL という言葉を正しく使用しているのか

2.1　3PL が生まれた背景

　3PL は一般的には次のように定義されている。

①　広義では，荷主企業のロジスティクスの全体もしくは一部を，3PL 事業者に委託する物流形態の一つである。

②　狭義では，荷主企業のロジスティクスを物流改革の提案から運営までを包括的に委託し，3PL 事業者自身が荷主企業の立場・視点から物流効率化（物流費削減，供給の迅速化，売上の拡大など）を実現する物流形態である。

　そもそも 3PL という言葉自体は，米国のコンサルティングファームである Armstrong ＆ Associates が物流事業者の新しいサービス形態概念として作成した言葉であり定義ではない。米国らしくマーケティング戦略として概念をまず作成したのだ。

2.2　3PL の本質

　国土交通省が 1990 年代後半，Armstrong ＆ Associates に再三再四 3PL 定義を問い合わせたところ，次の回答が返ってきた。

①　今回の調査依頼主（国交省）は，3PL の定義の明確化を再三にわたり求めているが，3PL は米国では日常のビジネスですでに確立した概念である。

②　数年前では専門家たちが 3PL を定義しようと努力した。この場合，3PL のコントラクトロジスティクスという側面に重点をおく考えと 3PL を一般の輸送事業者を含むロジスティクスの外部供給者として広く捕らえたうえでコンサルタントサービスを提供する者を 4PL として強調する考えがあるが，今では誰でもが 3PL が何であるかを知っており，誰も新しい定義を作り出そうとはしていない。

③　定義は実際のビジネスから生まれるのであって学者が作るものではない。

　つまり 3PL は最初から定義されるものではなく，各物流事業者がマーケティング戦略に沿って実業として成り立たせ，それがその会社の 3PL の定義になるといった性格のものである。「3PL を目指す＝マーケティング思考を持つ」ことであり，下請けとして存在する物流事業者の場合には，思想をシフトしない限り延長線上に 3PL 事業はない。同様にスマートロジスティクスを推し進める場合にも，マーケティング志向を持つべきである。

3　物流事業者のスマートロジスティクスへの本格参入

　スマートロジスティクスは物流事業者にとっては新しい分野の事業であり，IoT の市場浸透とともにこれからもますます成長が予想される事業である（図2）。スマートロジスティクス事業に参入するにあたり，物流事業者はこれまでの企業運営のギアをシフトアップする必要がある。

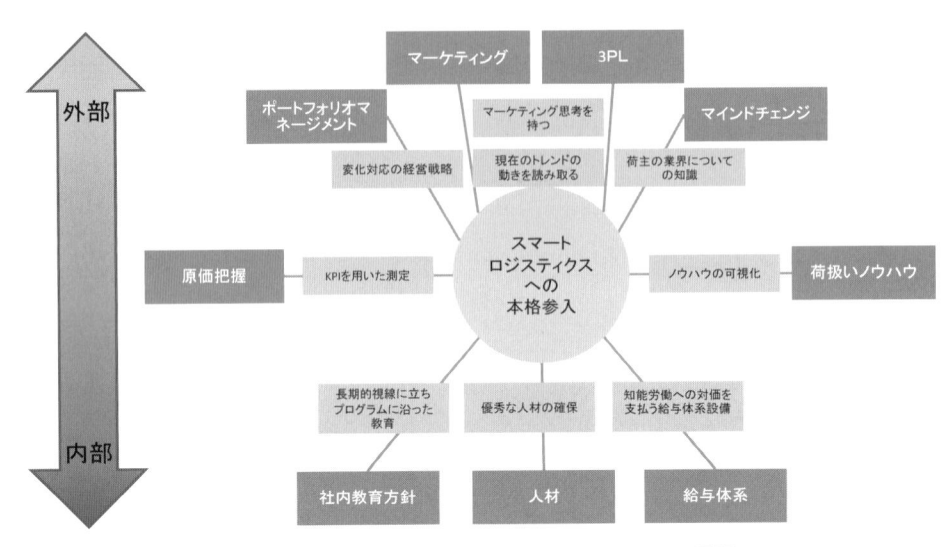

図2　スマートロジスティクスへの参入のための課題

　例として RFID（自動認識技術）の導入検討の際に起こる問題点について述べる。RFID を導入して物流分野の効率化を図ろうとした場合，サプライチェーンのどこの段階で IC チップを貼付するのかは議論になるところである。物流はサプライチェーンのキープレイヤーだが，製造業やそのサプライヤーに IC チップ活用によるコストダウンを提案しても，そのコストダウンの範囲が物流に留まるのであれば，受入れが難しいというのが現実である。つまり，物流起点での新技術導入はハードルが高いということがいえる。

　しかしながらサプライチェーン全体でのモノ・コトの見える化が図れて荷主のメリットが明確化できるのであれば，その提案を受け入れてもらえる可能性が出てくる。スマートロジスティクスについても，荷主（特に製造業）の IoT 導入によって何を物流側として準備しておくべきなのかを考えておく必要がある。

───── 釜屋　大和　プロフィール ─────

　センコー㈱に入社後，コンサルタントとして従事。日本 IBM にキャリア採用され，営業を 10 年間経験。現在はロジ・ソリューションにて物流コンサルティングを実施。3PL 協会 EC 物流委員会幹事。

第2章　大手物流事業者のスマートロジスティクス構想

1　労働力不足への対策

● 労働力不足の実態

　2011年を境に日本の人口は減少に転じており，高齢化の進展に加えて世帯構造（共働きや単身の増加）が変わってきている。数年来続いている物流業界の労働力不足は賃金高騰にも表れており，物流業の平均時給は2017年6月までに65か月連続でアップしている。この傾向は引き続き継続するものとみられ，根本的な解決策が必要となっている（図1）。

　雇い入れる賃金を上げても物流業界に労働者が集まらない状況となっている。物流現場に調査などで出向くと，トラックターミナルにいるドライバの高齢化が進んでいることに驚く。現場責任者になぜかを聞いてみると，以下のような回答があった。

① 　ドライバーの募集広告を出しても応募がない

② 　やっと採用が決まっても，少しでも条件の良いところに行ってしまう

③ 　ましてや新卒などはまったく入ってこない

　地方都市の中堅物流企業にいたっては，高齢者ドライバの姿さえも見られず，ターミナルには動かない（動かせない）トラックが停まっている。このようなトラック，ドライバ不足を受け，ある物流事業者の方からは運賃水準に関する潮目が変わったとの話題や，荷主から配送能力確保の要請がくるようになったとの話もあり，これまでにはないトレンドになっている。

　国土交通省の自動車保有台数および生産台数の推移調査では，トラック（含トレーラー）保有台数はこの10年で約16％車両保有台数が減少していて，輸送能力確保が荷主にとっても大きな課題になっていることが分かる。また貨物自動車運送事業者数（一般）は，ここ数年は事業者

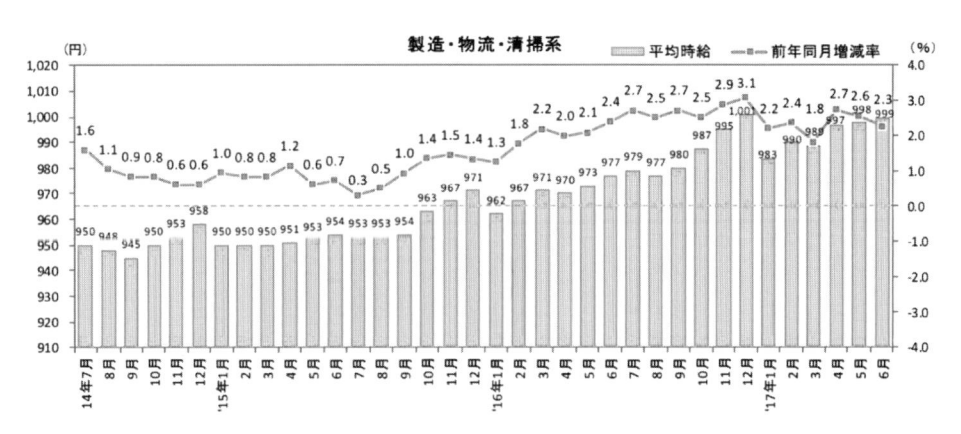

出典：リクルートジョブズ「アルバイト・パート募集時平均時給調査」

図1　製造・物流・清掃系の平均時給推移

数が約5.7万社程度のレベルで推移しており，事業者数増加に伴う輸送能力拡大は期待できない状態になっている。

　女性が安心して働けるように託児所を併設した物流センターもあり，好評を得ている。ただ女性は男性と比較して非力なところもあり，30項目にもおよぶトラックを動かす前の始業前点検などはハンマーなどを利用するため，それを理由に辞める女性もいる。これについては車輌部品にセンサを付けて，ゆるみや劣化，損傷などを自動的に検知できる仕組みがあれば，女性の定着率も高くなるか可能性がある。自動運転だけではなく，自動認識技術の物流現場への適用を物流事業者は検討するべきである。

2　総合物流施策大綱

　労働力不足の解決策の一つが省人化・省力化・効率化だが，日本政府は本格的にその方向性を打ち出した。2017年7月28日に閣議決定された「総合物流施策大綱（2017〜2020年度）について」の内容において，労働力不足への対応について以下の2点が述べられている。
　① 　新技術（IoT，BD，AIなど）の活用による"物流革命（＝革命的に変化する）"
　② 　人材の確保・育成，物流への理解を深めるための国民への啓発活動など

　新技術については，トラックの隊列走行や自動運転化，ドローン配送，船舶の自動運航化・遠隔集中監視，物流センターでの自動化・機械化などを進めると謳われており，人材の確保・育成では，引き続き現場で必要とされる技能などの習熟のための検定や，物流の適切な管理に資する民間資格などの活用が必要であると謳われている。自動化と人材確保の両面で進めていくということである。

3　ロボット技術の導入と自動認識技術

● 物流事業者が自動化技術を取り入れる際のハードル

　物流分野における自動化技術の導入は，主に資本効率向上や生産性効果を期待してのものだったが，今後は労働力不足への対応手段が主な目的となるであろう。マテハンメーカにとって物流事業者は主要ターゲットだが，最近よく見られる取り組みとしては，サプライチェーン・プラットフォーム構築，ロボット技術の取り組みによるハンドリングの無人化・高機能化があげられる。これまで産業用ロボットは製造現場である工場で利用されることが多かった。物流分野への適用は，以下の2点がハードルとして考えられる。
　① 　製造元が異なる不特定のモノを取り扱いできるのか
　② 　設計情報が不明なものを取り扱いできるのか

　ロボットによるモノのハンドリングの際には，最小管理単位（SKU：Stock Keeping Unit）の情報が必要である。情報がマスター化されている製造現場であればロボットでのオペレーションが可能だが，情報が乏しい物流センターでは困難になる。しかもハンドリングで必要なマスター情報は，縦・横・高さの形状だけではなく，色，硬さ，重心位置なども必要となる場合がある。ピッキング時やパレタイズ時に硬さが分からず，「ロボットアームで掴んだ時にモ

ノを潰してしまった」，「重心位置が分からず持ち上げた時にモノを落としてしまった」ということが起こりかねない。

　モノの情報をどのように得るのかが，物流現場で産業用ロボットに仕事をさせるために重要となる。その方法は大きく以下の 2 パターンに分かれる。

① 製品マスター情報（形状，硬さ，重心など）を製造現場で IC チップに書き込み，それを物流現場で読み取ってロボットに作業をさせる方法

② 物流現場でハンドリング対象のモノを複数台の 3D カメラやレーザーで捉え，特異点情報を取得してピッキング作業などのハンドリングを行う方法

　物流分野の省人化・省力化・効率化を実施するためには，物流事業者にて自動認識技術の導入を検討すべきだと考えるが，物流事業者は導入可否の基準整備，最新技術のテクニカル面での理解，最も大切なのは荷主の取り組みとの歩調を合わすことである。一般的には大手物流事業者は中小の事業者よりも資金力があるので，荷主と共同で実証実験を行うなどの試みが始まっている。本格的なスマートロジスティクスの導入前に概念実証（PoC：Proof of Concept）を行うことがある。コンセプトの実効性を荷主と物流事業者で確認を確認したうえで，効果の不確実性を可能な限り少なくするためである。

4 大手物流事業者の強み

4.1 大手物流事業者のシンクタンク

　筆者が所属している物流コンサルティング会社のロジ・ソリューション㈱（以降，当社）は，大手物流事業者，センコー㈱の関連会社である。センコーグループホールディングス㈱の 2017 年 3 月期売上高は 4,500 億円を超え，国内外に 500 拠点を持つ日本有数の 3PL 企業である。当社は，センコー物流センターのオペレーション改善を行うことがしばしばあるが，連続工数調査，ワークサンプリングなどを多種多様なセンター実施している。

4.2 スマートロジスティクス構想への対応

　大手物流事業者がスマートロジスティクス事業に参入する場合の強みは，現状運営している

表 1　ピッキング作業ワークサンプリング結果

作業分類		作業内容	比率（%）
主作業	直接に作業の進行に役立っている仕事（集品など）	商品ピック	48
付帯作業	主作業を行うために前後や途中に必要な作業，準備，運搬など	移動	20
		間口整理	8
		数量確認	5
		ピック準備	4
		カート準備	2
		検品場への搬送	2
		その他	4
		付帯作業計	45
非作業	給水，トイレ休憩など		7

現場のデータを豊富に保有しているところである。改善プロジェクトにて物流センター効率化を検討する際には，現場作業のワークサンプリングを行うことが多い。**表1**は精密機器を扱っている物流センターのピッキング作業ワークサンプリング結果である（観測時間：2,000分）。

4.3　スマートロジスティクス導入の当たりを付ける

　当社データベースによると，扱う商材により違いはあるものの主作業率が40％を超えるオペレーションは，「作業プロセス，人員配置，レイアウト設計が優れている」としている。この例の場合，主作業率が48％となっており，これ以上の改善はさほど期待できないと考えられた。しかしながら，付帯作業の移動が20％と大きな時間を占めており，たとえば自動搬送機を導入すれば20％の省人化が図れるポテンシャルがある。もちろん主作業のピッキング作業自体をロボットにて自動化できれば，効果は絶大なものとなる。このように仮説検証型で"あたり"を付けることが容易となる。

4.4　動線の短縮を考えるより移動自体をなくす

　これまでは，移動の比率が高い現場の場合，ピッキング動線を改善することで人の移動時間の短縮＝主作業率の向上を図ろうとすることが多かったが，移動そのものをなくす方向性になっている。付帯作業である移動を排除するという考え方は当然である。**表2**は移動をなくす新技術例を掲載している（**図2**，**図3**）。

　製品を保管している棚，ビン，パレットがピッカーの手元まで移動することで移動をなくすことを目的に新技術を導入する企業が増えてきている。またあらかじめ，このようなシステムをプリ・インストールした物流不動産を販売する企業も出てきている。ガートナーのハイプ・サイクルでいう"黎明期"を抜けて，市場の期待が高まってきていることが分かる。

　移動をなくすうえで物流事業者が期待しているのは，無人フォークリフトである。物流現場において大きな変更（レイアウトなど）なく"移動"をなくすことが可能になるからだ。現状の無人搬送の誘導方式は，磁気誘導のガイド式，レーザー誘導のガイドレス式がある。どちらも動

表2　新技術のシステム例

移動の削減 （ピッカーまでの製品移動）	主なシステム例	提供企業
棚が移動する	Butler（バトラー）システム アマゾンロボティクス EVE Racrew etc.	GROUND社 Amazon ギークプラス社 日立製作所
ビン（専用コンテナ）が移動する	AutoStore シャトルラック マルチシャトル etc.	岡村製作所※ ダイフク トーヨーカネツソリューションズ
パレットなどが移動する	自動倉庫 自動搬送機	マテハンメーカー各社
	無人フォークリフト	フォークリフトメーカー各社

※㈱岡村製作所は，2018年4月1日より，㈱オカムラに社名変更

出典：アマゾンジャパン(同)

図２　Amazon　「アマゾンロボティクス」

出典：㈱岡村製作所(2018年４月１日より，㈱オカムラに社名変更)

図３　「AutoStore」

　線が予め決められており，ガイド式は物理的なガイドに従って走行し，ガイドレス式はコンピュータで描かれたバーチャルなガイドに沿って走行する。日本はほとんどがガイド式となっている。

　高度な画像解析技術，センサ技術などの自動認識技術，膨大なデータを処理する情報処理能力があれば，無人自律型フォークリフトの実用化が可能になるのではないか。作業者が無造作に置いた製品のハンドリングには，あらかじめ決められていない走行路を見つけ出す仕組みが必要となる。そのためには画像処理によりハンドリングのアクセス角度や距離などの算出により，ガイドレス式のバーチャルガイドを自律型に修正することができると考える。

4.5　新技術でピッキングはロボットに

　最も省人化（無人化）を行うことで効果が出るピッキング作業に MUJIN 社の「ピックワーカー」を導入したアスクル社，実際に現場で動作しているところを見学したが，この技術が先ほど述べた自動化への課題である，

　　①　製造元が異なる不特定のモノを取り扱いできるのか

　　②　設計情報が不明なものを取り扱いできるのか

を，一定レベルで解決しているものと見受けられた。

　「高速高精度の画像認識システムで商品の状況や大きさ，形状を高速かつ正確に３次元で認識するシステム」，「最適な動作計画の生成と高速高精度の画像認識によって得られた情報を踏まえ，状況に応じた最適なロボットアームの軌道や掴み方を瞬時にプログラムとして生成する技術」の連携で実現しているシステムであるが，自動認識技術×ソフトウエア技術のスパイラルアップで，EC 物流のみならず一般商材への適用が待たれるところである。移動についても自動搬送機との連動によって作業者への負荷が高い業務をロボットが代替する「人に優しい」物流センターを実現している。

第3章　物流領域からの脱皮

1　先進テクノロジを採用する

1.1　ハイプ・サイクルを意識する

　大手物流事業者は，部門もしくは関連会社で研究開発を行うシンクタンクを保有している場合が多い。業界最大手，日本通運㈱の㈱日通総合研究所がそれに相当する。製造業であれば研究開発（R&D：Research and Development）部門のようなものだ。製造業であれば研究開発は企業内で重要な位置づけにあるが，物流事業者の場合は先行投資として研究開発に費用をかけることが苦手である。新規事業のスマートロジスティクスについて深く研究しようにも，それを担当する部門，人材，企業内での理解が不足しているのが現状である。少なくとも専門部門ではなくとも，スマートロジスティクスに関連するテクノロジ・トレンドをウオッチする部門（もしくは担当者）が必要ではないだろうか。

　テクノロジ・トレンドのウオッチをするにあたり，参考になるのが，毎年ガートナー社からリリースされている先進テクノロジのハイプ・サイクル（**図1**）である。

　これによると物流分野の自動化に必要なスマート・ロボットは"過度な期待のピーク期"に入

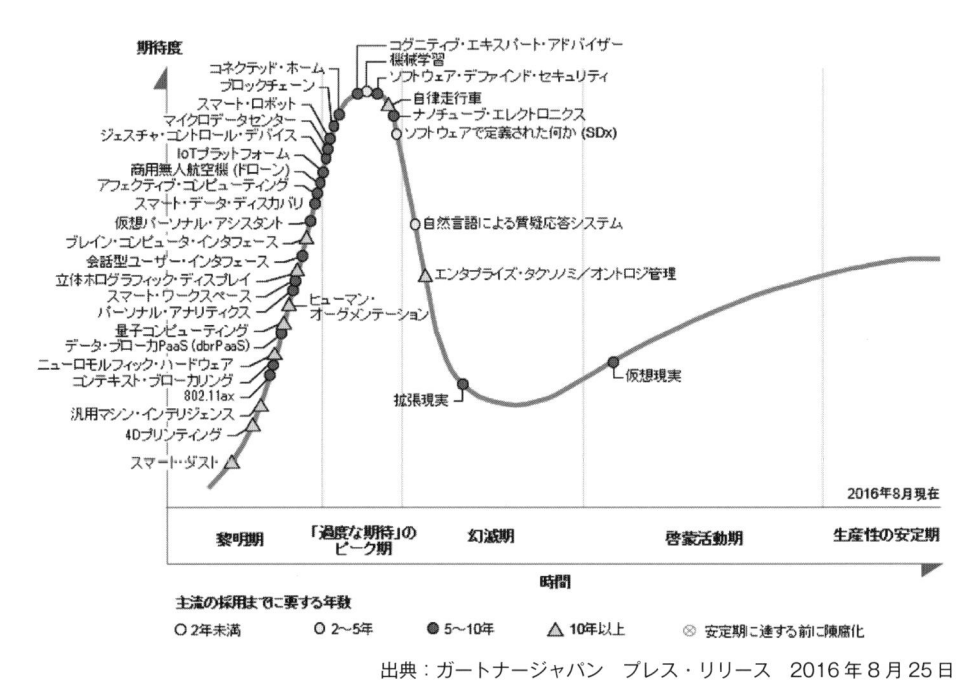

出典：ガートナージャパン　プレス・リリース　2016年8月25日

図1　ガートナー「先進テクノロジのハイプ・サイクル2016年」

り，5年後には主流テクノロジとして企業に採用される。そして自律走行車は採用までに10年以上かかると予測されている。1995年以来，ガートナー社はハイプ・サイクルを用いて，新技術の登場によって生じる過度の興奮や誇張（hype，ハイプ），そしてそれに続く失望を説明している。現実から誇張を切り離すことにより，新技術の採用可否の判断ができる。最新の2017年度版（英語）について確認したが，スマート・ロボットと自律走行車は，2016年度とほぼ変わらないポジションだった。読者のみなさんもハイプ・サイクルを年に一度は確認していただきたい。

1.2　物流センターでの IoT 導入

　IoT の基本概念は以下の**図2**になるが，「実現したいこと」から「そのために収集しなければならないデータ」が決まり，「それを収集するためのセンサーを実装する機器」が特定される。

　「実現したいこと：新しい製品・サービスの開発」があったうえでの IoT である。身近な例でいえば自動車の自動運転を目指している「TESLA MOTORS」では，実現したいことは「自動運転」であり，そのために世界中の運転データを解析している。そのデータは自動車に取り付けられたセンサから得ているが，センサはデータ収集だけではなく自動運転のための機能でもあるので，センサ端末の機能改善・追加（ソフトウエアのアップデート）を行っている。自動運転実現のための PDCA サイクルを回しているといっても良い。

　主な TESLA のソフトウエアアップデートは，「オートパイロット」とよばれる TESLA オリジナルの自動運転システムである。車線から自動車が外れないようにコントロールする機能や追突と側面衝突を避ける自動ステアリング機能，自動駐車機能に加えて，周囲の環境をリアルタイムで認識してパネル表示できるのが特徴である。さらに，今後のアップデートで自動車が自分で学習をする機能を追加する予定ということである。TESLA MOTORS の自動車を無人搬送機に置き換えれば物流センターでの活用イメージが理解できるであろう。

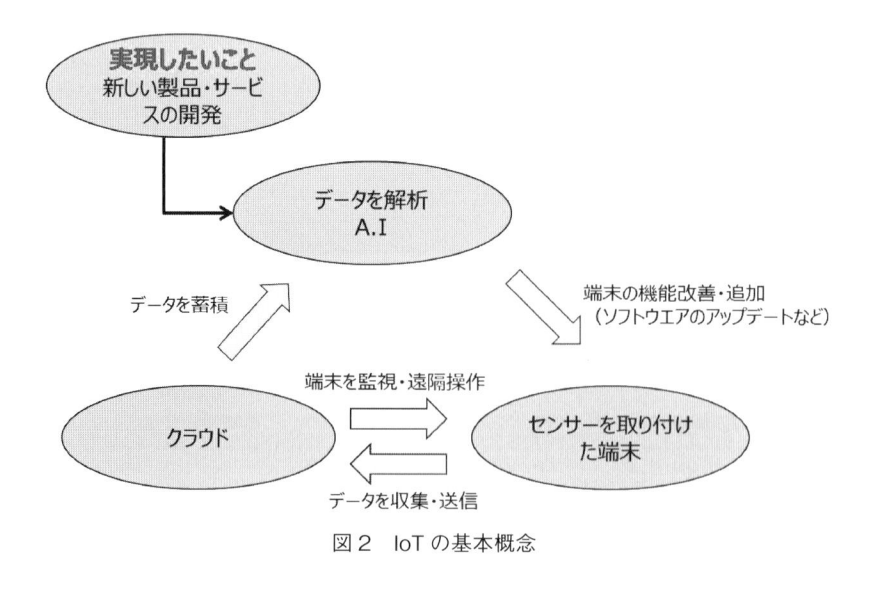

図2　IoT の基本概念

1.3　何をポイントに物流センターを自動化するのか

　製造業がインダストリー4.0を目指す場合に，物流領域をどのように自動化していくのかは重要な課題となると考えられる。逆にいうと地方自治体などが産業団地などに製造業を誘致する場合には，物流分野として備えておくべき機能を明確化しておくべきである。物流センターの自動化を検討するうえで事前に整理しておく事項を掲載する。**図3**は当社で作成したスマートロジスティクスのコンセプト概要である。

　インダストリー4.0の中でロジスティクスが果たす役割と機能の位置付け，必要なシステムとICTを表した概念図であるが，ケースバイケースで企業により異なるため，修正が必要である。特定の荷主を意識して概念図を作成していくというよりは，業種・業態・製造工程・製品形態などを想定して作成する。

　次にシステムへインプットする情報をどこから得るのか，MUJIN社の「ピックワーカー」のように物流現場なのか，それとも製造からのマスター情報なのかを明確にしておく必要がある。基本はあらゆる状況にも対応できるように，物流現場にて「自動認識技術×ソフトウエア技術」を適用していくのが良いと考える。

　ハンドリングの際の荷役単位について，**表1**のようにハイレベルで整理をすることが必要である。どの製品にどのようなマテハンを適用して，どれを自動化の対象とするのかの当たりを付けるための第一段階である。

　次に現在の新技術が適用できる業種なのかどうかをマトリクスにして整理を行う（**表2**）。それぞれが独立したマテハンではなくICチップで情報の橋渡しをするのか，個別に自動認識技術を適用するのかは別にして，いかにシームレスに情報連携ができるのかをマトリクスをベースとして考えていく。

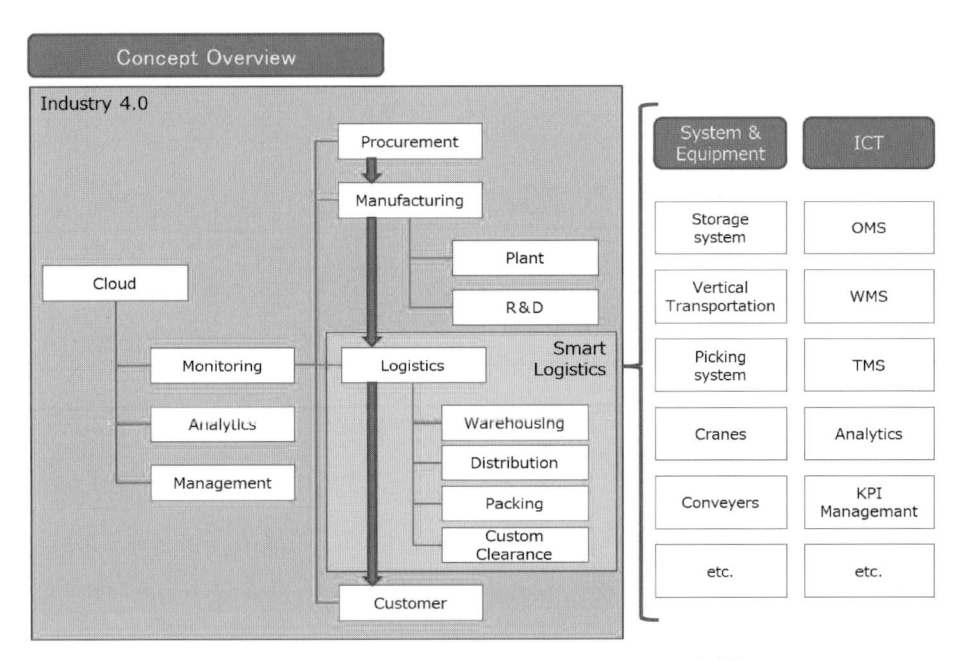

図3　インダストリー4.0でのロジスティクスの役割

表1　製品タイプ別オペレーション別荷扱い単位

業種	製品サイズ	製造タイプ	梱包タイプ									
			資材			製品						
			発注	入荷	保管	入荷	保管	受注	梱包	出荷	配送	返品回収
AAA	大	受注生産		Pallet	Pallet	Pallet	Pallet		個別包装	Pallet	Pallet	Case
	小	見込生産		Pallet	Pallet	Pallet	Pallet			Case	Case	Case
BBB	小	個別少量生産		Case	Case	Case	Case			Case	Case	
CCC	小	見込・少アイテム大量生産		Pallet	Pallet	Pallet	Pallet			Pallet	Pallet	Case
DDD	極小	見込生産		Case						Case	Case	
EEE	中〜大（重量物）	個別生産		Pallet	Pallet	Pallet	Pallet		個別包装	Case	Case	Case

表2　製品タイプ別マテハン候補

業種	製品サイズ	製造タイプ	物流機能											
			搬送				保管					垂直搬送		
			自動搬送機	フォークリフト	ハンドリフト	台車	自動倉庫（Pallet）	移動ラック	固定ラック（Pallet）	固定ラック（Case）	平置き	エレベーター	垂直搬送機	コンベヤ
AAA	大	受注生産		○	○				○		○	○		
	小	見込生産	○	○	○	○	○	○	○	○		○	○	○
BBB	小	個別少量生産				○				○		○		
CCC	小	見込・少アイテム大量生産	○	○	○		○		○			○	○	○
DDD	極小	見込生産				○						○		
EEE	中〜大（重量物）	個別生産		○							○	○		

　物流事業者がこれから事業成長するためには，インダストリー4.0 に合致したサービスの提供，そして現状とのギャップがあるならそれを埋める仕組みは何なのかのポートフォリオマネジメントが必要となる。市場性に合致したサービスの一つとしては，最新技術を適用した物流センターの自動化があり，それを事業化させるためには自社の核となる業務と価値を再認識し，市場を意識したうえで新領域の事業に踏み出す必要がある。

第4章　新しいビジネスへのチャレンジ

1　3PL の進化が新しいビジネスのトリガー

1.1　3PL とは

　第4編第1章で 3PL の定義を述べたが，3PL は最初から定義されるものではなく，各物流事業者がマーケティング戦略に沿って実業として成り立たせ，それがその会社の 3PL の定義になるといった性格のものである。例として表1に大手物流事業者の 3PL の考え方を示す。

　3PL を標榜している物流事業者は，独自のコンセプトを創造して売り物にしているが，ロジスティクスの領域，それ以前に物流の領域を超えてはいない。販売物流，製造物流に加えて調達物流を請け負うことで，サプライチェーン全体の物流受託を 3PL としている物流事業者も多い。調達，製造，販売の結節点にあるロジスティクスは，あらゆる情報のコントローラにも成り得るわけで，マーケティング志向を持つことにより，新しい領域のビジネスを始めるトリガーになるのではないか。

　物流センターオペレーションに限っていえば，大手物流事業者はあらゆる業種・業態の荷主製品をハンドリングしており，物流センター業務では製品の荷扱い情報，荷傷み情報などの大量データを保有している。また輸配送では荷主別の輸送経路情報のデータを持っている。これ

表1　三者三様の 3PL コンセプト

企業名	コンセプト
日立物流	お客様の物流業務を包括的に受託し，最適ソリューションで資材調達から生産，販売，リサイクルに至る一連の企業活動における物流合理化を実現すること。
日本通運	「3PL」とは，一般的に荷主に対して物流改革を提案し，包括して物流業務を受託し遂行すること。荷主と運送業者という「利益相反」する関係による不都合を解決するために，ノウハウを持った第三者(日本では運送業者と同一である場合もある)が，荷主の立場にたって，ロジスティクスの企画・設計・運営を行う事業。
キューソー流通システム	お客様の物流ニーズに応えて，当社グループの強力なアセット(物流機能)「4温度帯をカバーする全国60カ所以上の食品物流拠点，永年培った食品物流ノウハウ，物流システム企画提案力，高度な技術力，協力運送会社(キューソー会)による全国をカバーする運送ネットワーク」を組み合わせて提案すること。
佐川急便	データマネジメント，品質管理，最新のロジックにより，物流の「継続的改善」を行ない，お客様を "No.1"，"Only1" にするための付加価値を創出すること。アセット型 3PL と，厳選されたパートナーとの連携によるノンアセット型 3PL により，最適なロジスティクスの構築を提供する。
山九	お客様の工場構内や製品倉庫で，あるいは国際物流で，物流改革・改善を国内外で積極的に提案し，お客様の物流合理化に貢献すること。

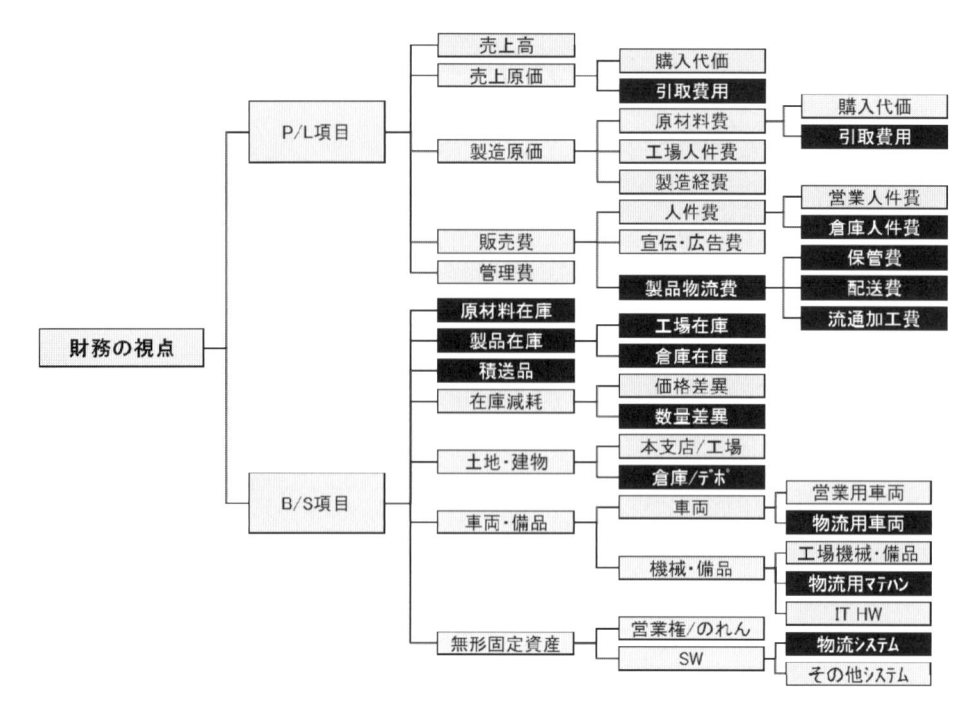

図1　ロジスティクスが財務に与える影響

までセンス(検知)できなかった情報をセンサ技術で取得できるようになると，さらに情報の蓄積ができるはずで，これらを利用しない手はない。

　そのデータ収集・分析・改善が，荷主の財務諸表にどのような良い影響を与えるかについて，説明できれば荷主にとってのメリットが明確になる。図1は，荷主のロジスティクスを受け持つ3PL事業者が意識しなければならない財務視点(白抜き)の一例である。

1.2　3PL事業者には電子化されていない膨大なデータがある

　一例で示すと貨物事故データがある。製品が売り物ではなくなる瞬間は，貨物事故による破汚損である。物流センターにおける保管・荷役時やトラックなど輸配送時に発生する。事故を発生させた現場は貨物事故報告書を安全品質部に提出しなければならず，そこには被害状況と発生要因と対策を記入することになっている。

　そのデータをビッグデータとして処理することにより，事故と発生要因の関係性が明らかになり，ロスプリベンション(予防措置)につながることが考えられる(図2)。ロスプリベンションは欧米の小売業，流通業，海上貨物保険業界において一般的な用語である。ロス＝損害，プリベンション＝未然に防ぐ，つまりロスにつながることを事前に見つけて，それに対して手を打ち，被害を最小限に抑える手法のことを指す。センサ技術などを用いて事故状況のデータが自動的に収集され，それがビッグデータとなりBI(Business Intelligence)にて分析されると，一歩進んだロスプリベンションになることであろう。安全で快適な職場環境づくり，それをベースにして確実な人材確保を行うことが可能となる。

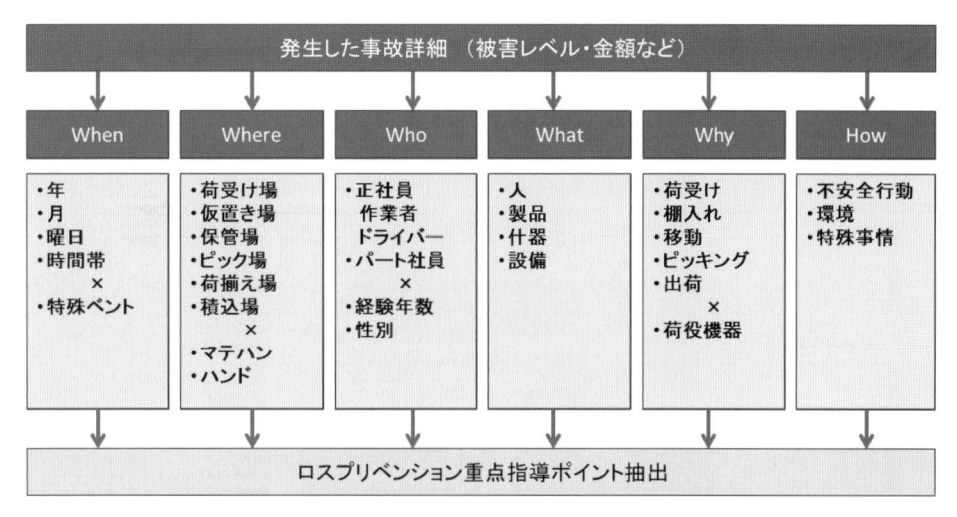

図2　3PL事業者が保有している事故データの活用

2　インダストリー4.0との融合

2.1　ロジスティクス・シェアリングサービス

　ロジスティクス効率化のニーズは高まっているが，さまざまな課題を受け止めるワンストップサービスを実施している企業は少ない。ロジスティクス戦略コンサルティング，ロジスティクス管理業務，ロジスティクスセンター作業，輸配送業務，保管ロジスティクス業務，IT構築，マテハン導入など，ロジスティクスに関わるプレイヤーは多岐に渡るが，そのコーディネートを受け持つ会社が現れてきている。

　それは3PL事業者ではなく，IoTを積極活用しようとしている製造業を入庫者対象とした不動産会社である。多層階の建屋のうち2階以上は製造業に，1階は3PL事業者に入居してもらい，製造業はロジスティクスに関するシェアリングサービスを受けるといったものである。

　製造業にとってはロジスティクスに関しては全て1階の3PL事業者に任せたいということであり，ロジスティクスが重要な位置づけになる。物流不動産会社はロジスティクスのプロではなく，3PL事業者が3PLビジネスの延長線上でシェアリングサービスに参画すべきである。

　図3のように3PL事業者は荷主のロジスティクス・プラットフォームになるべく，調達，製造物流，配送においてロジスティクス4.0を準備すべきであり，そのためには過去の電子データ化されていない情報を集約し，最適な機能は何なのかを考慮することが必要である。

　しかしながら先ほども述べたが，3PL事業者は荷主の"荷"があって始めてビジネスが発生する性質のものであり，先行投資が苦手である。それを払しょくするためには3PLの性質である「3PLは最初から定義されるものではなく，各物流事業者がマーケティング戦略に沿って実業として成り立たせ，それがその会社の3PLの定義になる」に沿って，IoTの世間への浸透がビジネスチャンスととらえるべきである。

　「この製品形態であれば，このようなマテハンが合致する」，「この出荷傾向であれば，このピッキング形態が合う」，「この業種の作業効率化には，このプロセスを改善すれば良い」など

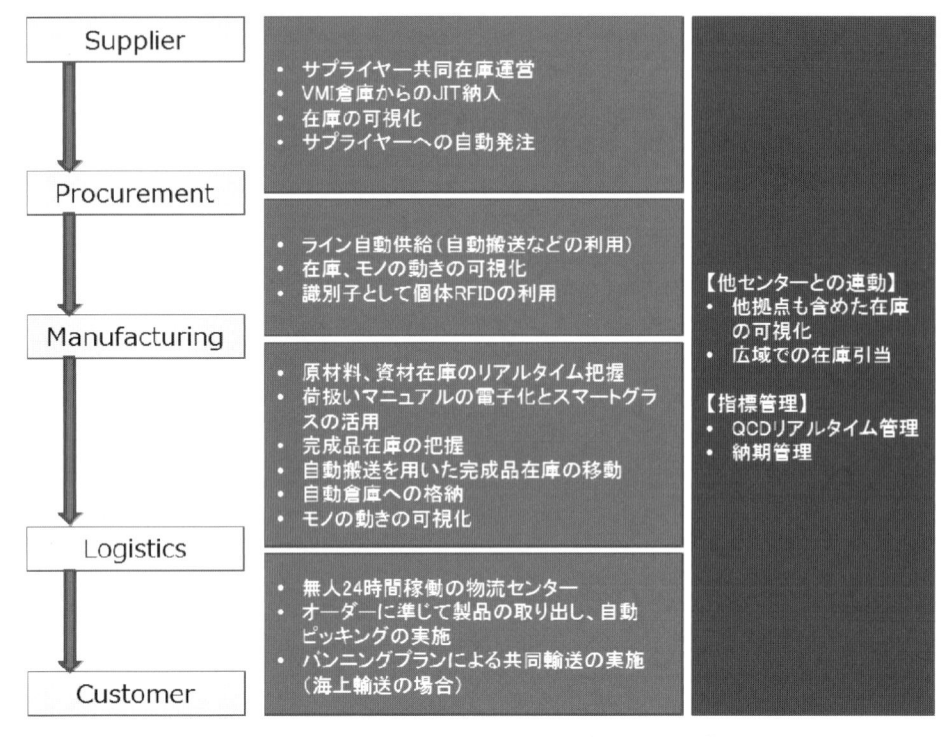

図3　ロジスティクス 4.0 シェアリングサービスの機能

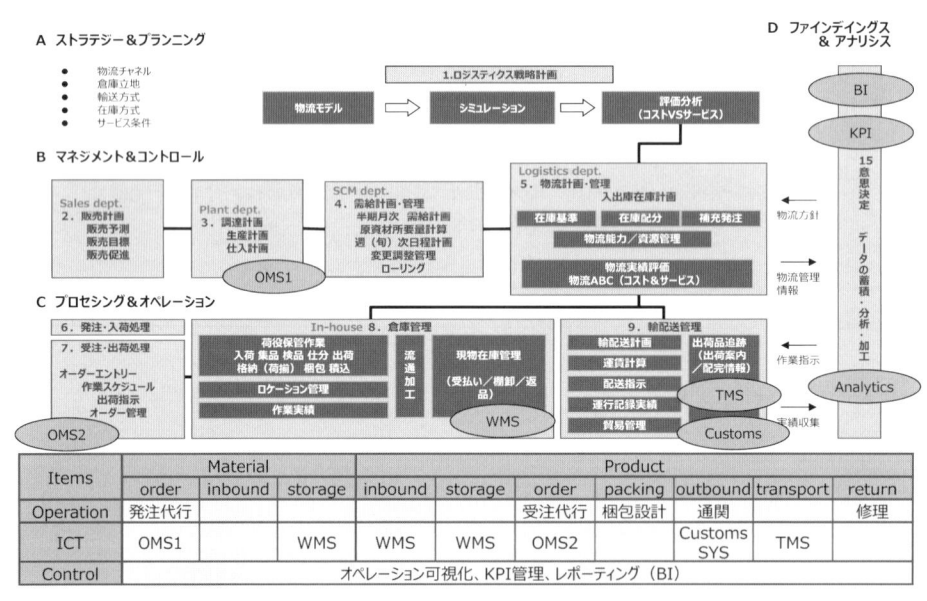

図4　ロジスティクス IT 俯瞰マップ

の分析に有効なデータは持ち合わせており，そのエッセンスをロジスティクス戦略からオペレーションに適応できるであろう（図4）。

2.2　情報システムの理解

　シェアリングサービスを行う場合，ロジスティクスに関わりのある荷主の情報システムと，3PL 事業者のシステムとの関わりを理解する必要がある。WMS（Warehouse Management System：倉庫管理システム），TMS（Transportation Management System：輸配送管理システム）のみではなく，荷主のロジスティクス戦略・計画に用いられる情報システム，ロジスティクス管理の情報システムを知っていることが重要である。特に販売管理システム，生産管理システムを分かったうえでロジスティクス IT の実装を行うべきである。

　荷主システムの理解は荷主のロジスティクス業務を請け負ううえで重要だが，それ以上に荷主に対してロジスティクス起点での生産，販売を巻き込んだ改革提案が可能となる。SCM 改革を 3PL 事業者が中核となり進めることは，これまでの"物流事業者"にはハードルが高いものであったが，3PL 事業者にとっては全く新しいビジネスモデルを構築できる可能性がある。

　業種業態別に荷主の IoT 戦略を理解し，荷主情報システムへの変更内容を推測し，それに対応できるロジスティクス機能を考察する。実装した場合の効果を算定することで提供すべきロジスティクス・シェアリングサービスを定義する。IoT の浸透が 3PL 事業者にとって大きなビジネスチャンスとなる。

　購買代行機能，受注代行機能，ロジスティクス・ネットワーク・シミュレーション機能，SCEM（Supply Chain Event Management：可視化）機能，BI を用いた KPI 実装・分析機能など，ロジスティクス 4.0 シェアリングサービスには情報システムの導入が必要である。

第5章　進むべき方向性

1　シェアリングサービスの発展

1.1　コンソーシアムの構築

　3PL 事業者がロジスティクス・シェアリングサービスを提供した場合，ロジスティクスのコーディネーターとしてさまざまな荷主のロジスティクスデータを手に入れることができる。複数の IT ベンダー，コンサルティングファーム，マテハンメーカや物流事業者とのアライアンスによりコンソーシアムを組むことで，荷主情報だけではなく協業先の情報についても入手可能となる。「IoT 駆け込み寺」としてロジスティクス 4.0 における諸課題を相談できるオープンな場を 3PL 事業者が提供することが可能となる（**図1**）。

　さらに進めると，自動マッチング機能で課題解決のためのソリューション案をコーディネイトすることができる。日本におけるロジスティクス 4.0 の進展を考えた場合，プラットホーム→シェアリングサービス→コーディネイト→コンソーシアム→自動マッチングにより，3PL 事業者が主導権を握って荷主の IoT 構想に対応していく必要がある。

　・IoT 駆け込み寺利用の流れ（イメージ）

1　荷主は「IoT 駆け込み寺」の Web サイトにロジスティクス 4.0 の課題を特定フォーマットにチェック方式で記入

2　その内容を分析して，あらかじめプロファイリングしているパートナー企業と自動マッチングし，相談内容を自動的にパートナー企業に割り振り

3　パートナー企業からの回答を 3PL 事業者にて（自動的に）まとめ，荷主に提案

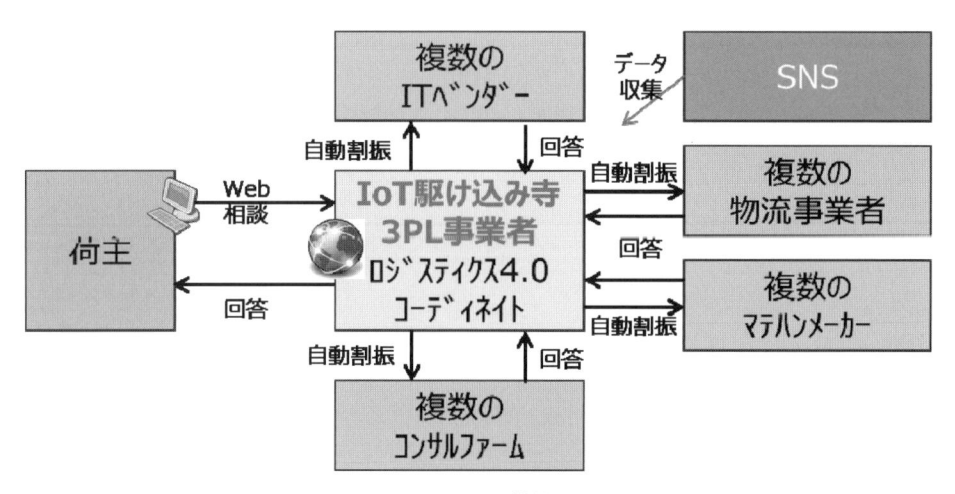

図1　コンソーシアム機能のイメージ

　Webで課題を入力すると，自動的に最適な相談先が選択され，自動的に相談内容が転送され，その回答内容を自動的に提案資料に落としてお客様に送付する仕組みである。フェイスブックなどのソーシャルネットワークとの組み合わせも，今回の仕組みであれば親和性が高い。これまでの3PL事業者にはないものを構築することが可能である。

　このビジネスの基本コンセプトは，「多くの企業が抱えているIoT課題解決の方法をクイックに道筋をつける」ことである。今後，日本はさらなる人材不足になると予想されているので，一企業だけではなくソリューションを提供している異業種企業群で対応していくべきである。まずは限定された地域，限定されたソリューションから始めざるを得ないが，日本のみならずどの地域に拡大していくのか，どのようなソリューションをパートナー企業と提供するのかによって，無限のビジネス展開の可能性がある。

1.2　ターゲットとする市場・顧客

　ターゲット市場・顧客は，図2のように考える。

　大手企業は自社で一定の解決能力があり，中小企業は投資能力が弱いため，当面は除外する。図2の資本金上限10億円は，本サービスのビジネスが拡大すれば，上限がなくなるものとする。理由としてはパートナー企業の拡充や，コーディネイト能力アップにより，大手企業への対応ができるためである。

　この事業を発展させるためには市場の創造が必要であり，たとえば地域を日本→アジア→グローバルに展開させる，ビジネス領域を車輌マッチング（Uber機能など），人材マッチング（外国人労働者など）に利用できる（図3）。

1.3　一歩先ゆく輸配送マッチングビジネス

　日本におけるロジスティクス・シェアリングサービスは，トラック輸配送に対するものが主流となっている。物流業界が抱える「積載効率」，「実車率」という問題の解決には，トラック最大積載重量に対しての積載貨物重量の比率を上げる，荷を積んで走行している時間を長くする，積み込み・荷降ろし・車両整備・給油などのために稼動していない時間を短くする，などがある。

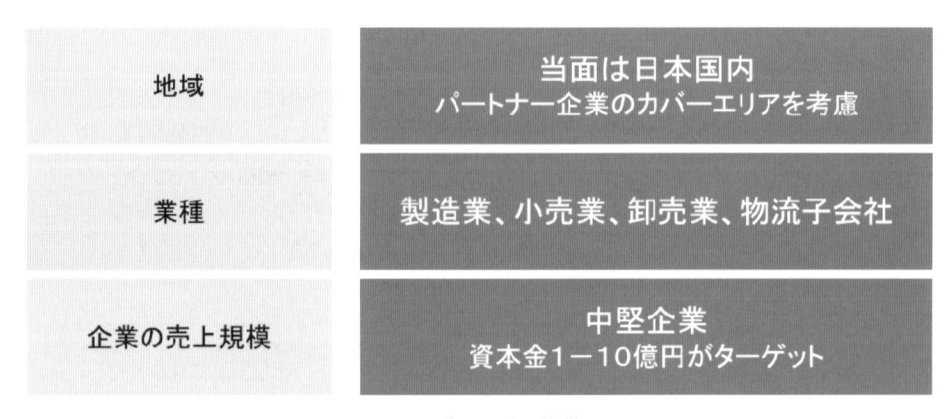

地域	当面は日本国内 パートナー企業のカバーエリアを考慮
業種	製造業、小売業、卸売業、物流子会社
企業の売上規模	中堅企業 資本金1－10億円がターゲット

図2　シェアリングサービス提供ターゲット

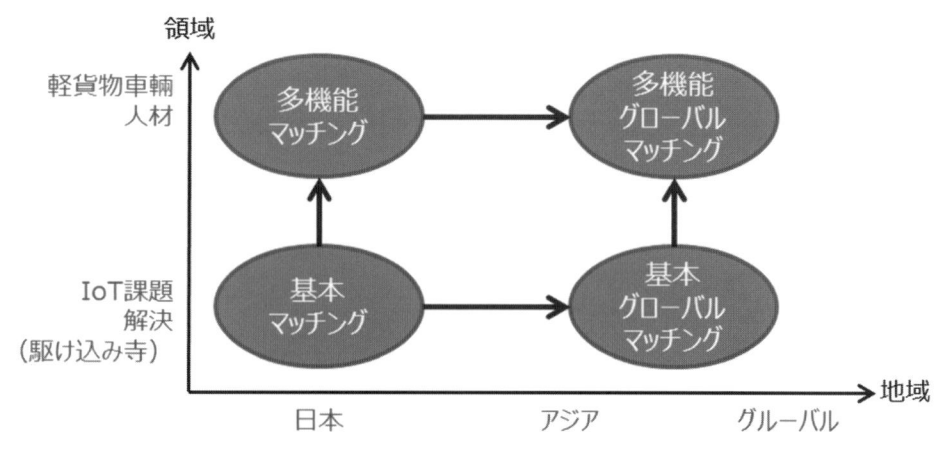

図3　コンソーシアムを利用したマッチングビジネスの進展

「物流事業者の車輌空き時間をシェアする」という考え方に基づいて作られた，シェアリングエコノミーサービス「ハコベル（Hacobell）」は，物流版 Uber とも呼ばれている。このサービスは，トラックの非稼働時間の情報を共有し，その時間を利用して配送するというものだが，物流事業者にとっては空き時間を有効活用することができ，荷主側にとっては市況より安い料金で配送をしてもらえるというメリットがある。スマートフォンのアプリを利用することで，リアルタイム情報入手と即時マッチングが可能となる。

大手 EC サイトの「Amazon」は，商品の配送を一般の人々に委託する仕組み「Amazon Flex」を提供している。登録した人々は自分の好きな時間を配送の仕事にあてることができ，「Prime Now」の商品であれば1時間あたり 2,000〜2,500 円程度の配送料を受け取れる。

2017 年 8 月 3 日，SBS ロジコム㈱から発表された物流シェアリング・プラットホーム「iGOQ（イゴーク）」についても「ハコベル」と同様に「空車情報を把握し，輸送ニーズに最適な車両を自動割当します」と謳っている。2015 年より動態管理によるトラックの生産性向上に取り組んできた成果を踏まえた物流シェアリング・プラットホームである。

SBS ロジコムは，2015 年にカスピアンプロジェクトを立ち上げ，1 千台で実証実験を実施している。そこで得られた情報としては最適化された配送ルート情報，空車情報，手待ち時間や到着時間情報などだが，大量データがストックされたものだと推測される。

いずれのマッチングサービスも物流業界の既存の仕組みにとらわれないものだが，今のとこ

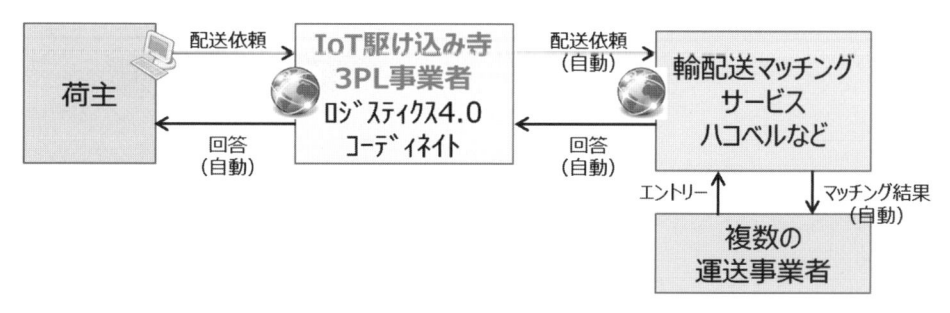

図4　他のマッチングサービスとの連動

ろ輸配送に限ったものとなっている。

　先ほどのコンソーシアムのコア機能は物流センターのシェアリングサービスであり，このような既存の輸配送マッチングサービスとの組み合わせにより，ベンダーの調達からユーザー配送までのシェアリングサービス構築が容易となる（**図4**）。

2　おわりに

　企業の経営課題で最初に挙げられるのは販売や生産，研究開発の領域であり，物流課題は後回しにされる傾向にある。ところが恒常的な人手不足，EC販売の広がりに伴う当日配送へのニーズ，宅配料金の値上げなど，無視できない課題が多く出てきている。今後企業が成長するうえで"鍵"となるのがロジスティクスを中心とした企業改革である。

　SCMという言葉が世の中に広まり，同時期に3PLという考え方が欧米から渡来し，現在はIoT＋ロジスティクス4.0という新しい概念が日本にやってきた。3PL事業者はこのチャンスを逃さず，各社独自のロジスティクス4.0の定義を作り，シェアリングサービスを中心にロジスティクス4.0プラットホームを準備すべきである。

　過去，物流プラットホーム構想を打ち出した物流事業者は多い。ところがその構想が実際に荷主企業に受け入れられ，発展したかと問われると疑問である。物流センターの大型化はあくまでハード面の大型化であり，IoTというこれまでにないコンセプトをソフト面・ハード面を物流センターに取り入れるべきである。

　暗黒大陸には開発や発展の余地が残されており，物流を新たな経営資源として見直す動きが出てきている中，また人材募集をかけても物流事業者への応募が来ないこの時代に，ロジスティクス4.0＝自動化，しかもそれをシェアリングするという発想が必要だと考える。

3PL の将来像

How might we?　我々はどうあらねばならないか。経営者の永遠の悩みであり，社会との共生を誓う企業のあり方である。GE はアメリカの巨大電機企業であったが，家庭用電化製品市場からは完全に撤退し，一時期は金融保険事業で世界有数の規模まで達した。今や毀誉褒貶（きよほうへん）を経て，再び重電機器であったり航空機エンジンなどのユース販売を行っている。ユース販売とは，発電所や航空機の稼働時間や運行時間に応じた利用料金を収益源とするサービス販売業なのだ。

ハードウェアを販売するのではなく，メンテナンスや取り付けている情報機器からのデータを分析して，ダウンタイムを防止（トラブルによる停止）しながら，利用権利を提供している。

製造業から金融業へ転換し，さらにはサービス保守事業という新しいビジネスで成功を収めている。モノづくりなら物流が重要であるが，サービス業でもユース販売なら保守機材の供給や分解整備などの引取交換物流も頻繁に起動しなくてはならない。

結局，どのようなビジネスにも物流は欠かせず，だから実体経済を支え続けてきているといわれるわけだが，その割には報酬や収益性が低い。だから若い優秀な人材にもフックしないのだ。

物流の成功は初めに規模の拡大で，経済性や効率性を追求することだろう。しかも，その際にはピーク時期が異なる商材や産業の組み合わせで負荷の山崩しが必要だ。次に，範囲の経済性や速度の有利性を獲得するために，さまざまな関連事業を組み込むことが欠かせない。それはコールセンターであり，商品研究であり，広告宣伝機能を常時運営できるマーケティング局のようなものまで取り込めば，若者にも強烈な関心をもたせることができるだろう。

巨大な物流センターは経済性のために有効だが，ビジネス範囲を広げるには地球規模でテレワーク，遠隔勤務が必要になる。ちょうど地球の裏側までネットワークを構築すれば，まさに 24 時間フルタイムでどのような事業もサービス供給可能になる。

IoT と AI が 21 世紀のキーワードとはいうものの，どれだけ物流ビジネスに組み入れられるかはこれからが勝負になる。いな，優秀な技術者の吸引力を物流ビジネスに取り入れることができなければ，夢のままである。

ものからサービスへの移行は確実に始まっている。消費行動も医療教育観光に広がってきた。消費の主役もヤングからシニアに移りつつある。これが成熟社会であり，アジアの未来ともいえる。

物理的に数えて運べる機能を重要視してきた時代は終わり，産業にとっての価値創造プロセスで物流が何を提供できるかに勝敗は分かれるだろう。　　　　　　　　　　　　　　　　　　　　　　　　　　（花房　陵）

第5編　物流センターの事例

株式会社ダイフク　『DAIFUKU NEWS』より

- いわき小名浜菜園株式会社
- パルシステム生活協同組合連合会
  八王子セットセンター
- 佐久間特殊鋼株式会社　西尾支店
- 三愛ロジスティクス株式会社[東京]
- 第一倉庫冷蔵株式会社

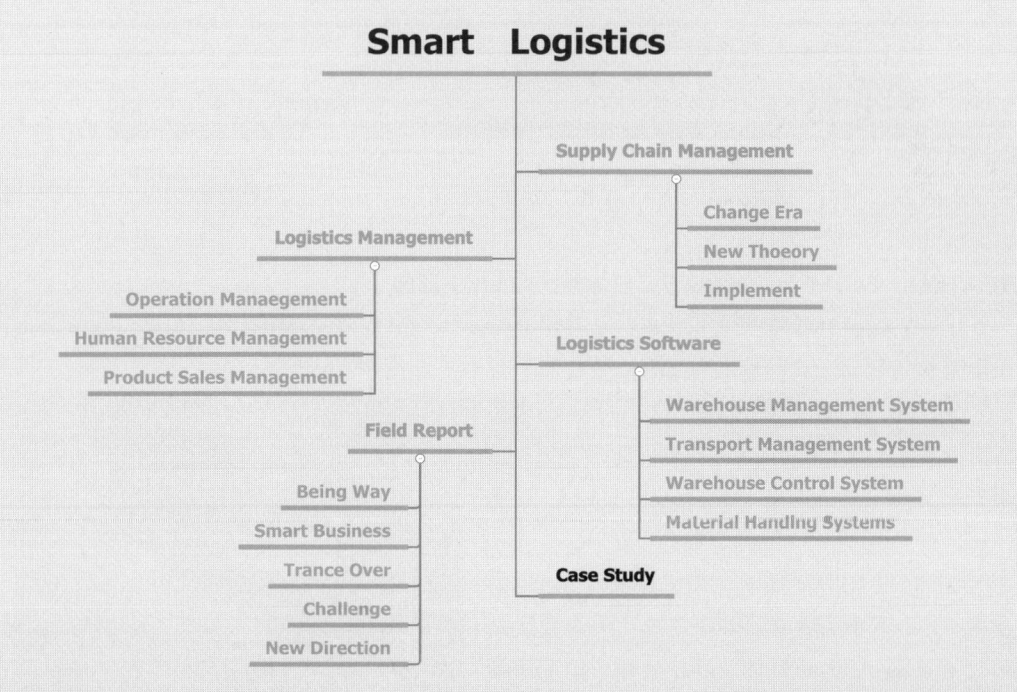

いわき小名浜菜園株式会社

新開発「定量仕分け」機能を備えた選果機を導入

トマトの袋詰め作業を合理化

　年間の日照時間が2,000時間超と日本有数の長さを誇り，1日の寒暖差が10℃ほどと小さいことから，トマト栽培に適している福島県いわき市。ここに本社を置くいわき小名浜菜園株式会社様は，カゴメ株式会社様（本社：愛知県名古屋市）が出資して設立した農業生産法人で，2005年に最新のビニールハウスでのトマト栽培を開始。現在では年間約3,000tのカゴメブランドの生鮮用トマトを生産している。2015年9月には重量計測と「定量仕分け機能」を備えた最新のキャリアローラ式選果機をはじめとする自動化設備を導入し，選別・袋詰め作業の負荷を軽減した。

※口絵参照

時間当たり2万3,400個を仕分けられるキャリアローラ式選果機

■　7品種，60アイテムを出荷する日本最大のトマト菜園

　カゴメ株式会社様は農薬使用を厳しく管理するなど，独自の栽培基準に基づいたトマト菜園を全国10カ所以上に展開。高品質で栄養価の高いトマトを計画的に生産している。いわき小名浜菜園株式会社様は国内最大の作付面積のトマト菜園で，「カゴメこくみトマト」シリーズや「高リコピントマト」など7品種を生産している。

　トマトは近年，多品種化と販売単位の小口化が進み，いわき小名浜菜園の商品アイテム数は約60にも及ぶ。それぞれの商品は個数や総重量に加え，見栄えが良くなるよう大きさの個体差を一定以下にするように決められているため，小分

コンベヤ上を流れるトマトの色や色ムラを測定する品質センサ

け・袋詰め作業は容易ではない。同社は従来，選果機を導入して対応していたが，高速搬送の中でトマトを1個ずつ整列させることが難しく，しかも重量計測の精度が低いため，最終的には担当者が手作業で重量を測定してから袋詰めせざるを得なかった。しかし，不慣れな担当者だと1袋詰めるのに数十秒かかるため，繁忙期の3〜6月には就業時間内に作業が終わらず，2交代でやりくりしていた。

これに対し，新たに導入した選果機は，キャリアローラ方式で高速・高精度の仕分けシステム。トマト1個ずつの重量を正確に測定することができる。さらに，確実性を高めるため，トマトの色や色ムラを測定する外部品質センサを活用することで，1つのキャリアに2個以上のトマトが載っていないかをチェックしている。

この選果機の特長としては，「定量仕分け」機能も搭載。これは重量を計測したトマトが設定した個数や総重量，一定範囲内の個体差になるように選別して，各シュートへ仕分ける機能である。シュートは最大3セット分に仕分けが可能で，落下距離を短くして，トマトに衝撃を与えないように工夫している。

収穫したトマトはいったん手選ラインの担当者が目視で粗選別してから選果機へ投入する

■　梱包用段ボール資材を自動供給　製函や梱包などの作業も自動化

収穫したトマトは，選果場の仮置き場に集めてから，いったん手選ラインに搬送。この手選ラインで担当者が目視により粗選別を行い，後工程の進捗具合に合わせて供給量を調整しながら，選果機へトマトを投入する。

選果機でシュート部に仕分けられたトマトは選果ラインの担当者が1セットずつ袋詰めし，段ボール箱に詰めていく。効率的な箱詰め作業が行えるように，段ボール箱は製函機からコンベヤで担当者の背面にある供給ラインに自動搬送する構成。箱詰めした商品は段ボール供給ラインの下にある出荷コンベヤで重量検品・封函・梱包などの自動化設備を経由，パレットに積載して出荷している。

生産部　部長　草野　大輔　様
　「定量仕分け」機能により，誰でも素早く小分け包装ができるようになりました。次のステップとして，さらなる収穫量の拡大に取り組むとともに，外見では見抜けない傷み"尻腐れ"を検知するセンサを導入するなどして，いっそうの品質向上に取り組んでいきます。

パルシステム生活協同組合連合会　八王子セットセンター

事業拡大と人手不足対策のため物流を再編

初の自動集品システムを構築

関東を中心とする1都11県の13生協を会員とし，総組合員数193万人を擁するパルシステム生活協同組合連合会様(本部：東京都新宿区)は2017年2月，ドライ商品を取り扱う中核拠点の八王子セットセンター(東京都八王子市)に，ケース自動倉庫を核とした，出荷頻度の低い商品専用の自動集品システム(生協初，特許申請中)を構築した。宅配を取り巻く事業環境の変化や施設設備の老朽化を受け2015年に始動させた物流再編プロジェクトの一環である。

※口絵参照

八王子・稲城SC向けのピッキングステーション。仕分け側の作業はシャトルラックMから出庫した商品を棚間口のデジタル表示器の指示に従って仕分ける

■　アイテム数の多い低頻度品の物流を八王子のセンターに集約

パルシステム生活協同組合連合会(以下パルシステム)様は，供給高(一般企業の売上高に相当)を現状の約2,000億円から3,000億円程度に拡大するため，グロサリーや日用品などドライ商品の物流再編に着手した。

現在，ドライ商品の供給高は全体の約35%を占め，アイテム数は2,111に上ります。このうち出荷頻度の低い低頻度品は，超低頻度品を含め1,392アイテム(低頻度720，超低頻度672)と，65%を超えている。低頻度品の多くは日用品が占め，他は酒類や瓶詰食品などである。これらは組合員の満足度を高めるためには欠かせない商品で，今後もアイテム数の増加が見込まれている。ただ，集品作業を行うセットセンター(以下SC)は，在庫スペースの確保が難しい，歩く・探すなどムダな動きが多い，といった問題を抱えており，人手不足に対応するためにもドライ商品の物流改革は不可欠であった。

八王子・稲城SC向けピッキングステーションの集品側。棚間口のデジタル表示器の指示に従って商品を取り出し，集品箱に投入する

パルシステムはドライ商品の集品・出荷を，八王子SC，杉戸SC（埼玉県杉戸町），稲城SC（東京都稲城市）の3カ所で行っている。再編に当たり3SCの効率運用を検討した結果，低頻度品の取り扱いは八王子SCに集約することに決定した。2008年8月に開設した八王子SCは，将来に備えて余力を持っていたことが主な理由である。

集約に当たっては，自動化を図って生産性を高めるとともに，"定点ピック"による省力化，集品ミスも削減するシステムの構築を目指した。また，運用としては，八王子・稲城SC向けはオーダ別集品，杉戸SC向けはオーダ集約集品で対応することにした。稲城・杉戸SC向けは，各センターで集品した商品と荷合わせを行い出荷する。

■ 商品をアイテムごとにケース自動倉庫で保管

低頻度向け自動集品システムでは，商品をアイテムごとにケース自動倉庫「シャトルラックM」（以下SR）でケース保管し，出荷指示に応じて自動出庫。25オーダを1グループとして出庫。八王子・稲城SC分のピッキングステーションは計3ステーション。オーダ別に集品するため，各ステーションには商品を仮置きする棚が3列あり，各棚の片面を仕分け用，反対面を集品用に設定し，各面25間口分のデジタル表示器を設けている。

杉戸SC向けのピッキングステーション。計3カ所のステーションでは，集品が完了すると集品箱は自動的にコンベヤで出荷場へ搬送される

集品作業では，ピッキングステーションの仕分け側に出庫したアイテム別のケースから，デジタル表示器が指示する間口に指定数量を仕分け。1棚分（25オーダ）が終わると作業者は次の棚の仕分けを行う。一方，棚の集品側では，仮置き棚に仕分けた商品をデジタル表示器の指示に従って間口から取り出し，集品側に搬送した集品箱に投入。こちらも1棚分の作業を終えると，次の棚の集品を行う。

一方，杉戸SC分のピッキングステーションでは，オーダ集約集品が行われる。SRから作業者の前に自動出庫されたアイテム別のケースから端末モニタを見ながら指定数量を集品箱に投入するだけの作業である。

これらの作業を繰り返すことで，1日当たり2万オーダを処理。システムの運用開始により，生産性は約150％向上。さらに運用開始以来，集品ミス"ゼロ"を継続している。

低頻度品を一時保管するシャトルラックM。7基3,360ケースを格納する。時間当たりの入出庫能力は6,300ケース

物流部　物流管理課　主任　飯野　恵　様

　既設のデジタルピッキングシステムでは16人で行っていた作業を9人でこなせるようになるなど，大きな成果を上げています。今回，導入した自動集品システムは，初期トラブルもなく，さすが自動倉庫のノウハウを豊富に持つダイフクさんのシステムだと評価しています。

佐久間特殊鋼株式会社　西尾支店

新開発の長尺用自動倉庫を導入し，高密度保管を実現
加工エリアへの迅速供給で，リードタイムを大幅に短縮

　特殊鋼の専門商社としてステンレス鋼をはじめニッケル合金などの鋼材を取り扱う，佐久間特殊鋼株式会社様（本社：名古屋市緑区）は 2015 年 1 月，西尾支店（愛知県西尾市）を新設，稼働した。6 m 級の鋼材を格納する，新開発のパレット自動倉庫「コンパクトシステム（CS）」（格納数 2,508 パレット）を導入。少ない設置スペースで高密度保管を実現し，同社が取り扱う鋼材全てのアイテムを在庫できるようにして商品のフルラインアップ化を図るとともに，加工エリアへの迅速な供給体制を整えて出荷までのリードタイムを大幅に短縮した。

※口絵参照
高さ 10 m，荷姿質量最大 2.5 t のラックマスター。デュアル式にすることで入出庫能力を高めている

■ 本社倉庫の在庫スペース不足，荷繰り・横持ち作業を解消

同社は1951年に創業。近年では，鋼材の加工販売に加えて自動車や工作機械の部品も取り扱うなど，業容を拡大している。

物流業務は従来，本社倉庫と浜松・三重・東海・関東の各支店で行っていた。ただ，本社倉庫は建設から40年が経過し老朽化していた上，受注増に伴い物量が増加し，庫内スペースが不足していた。

敷地面積は2万520 m²，延べ床面積は5,662 m²。壁面には自動倉庫と天井クレーンが描かれ人目を引くデザイン

また，長尺物の荷役は天井クレーン方式の保管システムを使って段積みしていたことから，荷繰りに時間がかかっていた。さらに，切断などの加工エリアと倉庫が離れていたため，横持ち作業が発生していたことも課題となっていた。これらを解決するため，約20億円を投じて西尾支店を開設。本社倉庫の物流機能とそれに伴う加工業務を移管した。

■ 在庫量は4,000 tと約3倍アップ

長尺用パレットのサイズは長手6,200×短手650×高さ420 mm。新開発のCSは従来，棚間口に対して長手方向で格納していたものを90度回転させた短手方向で格納。「ラックマスター」1通路当たりの間口数を飛躍的に増加させたことが最大の特長。従来仕様の約5基分の格納数を1基で賄えることで，システム全体の費用を削減できるとともに，必要設置スペース減や省エネ化も図れる。

CSには専用パレットで格納。棚，入出庫口への移載はプッシュプル方式で行い，サイクルタイムを短縮。腕木とパレット間のクリアランスも小さくしている

CSの導入やスペースの拡張を実施した新支店の稼働により，本社倉庫と比べて在庫量は4,000 tと約3倍にアップ。同社として初めて1支店で全鋼材をストックできた上，入出庫に伴う荷繰り作業も解消した。またCSは，加工エリアと直結したことで，受注～出庫～加工～出荷までの時間を大幅に短縮。形状や長さが異なる約2,200アイテムの商品をスピーディに発送できるようになった。

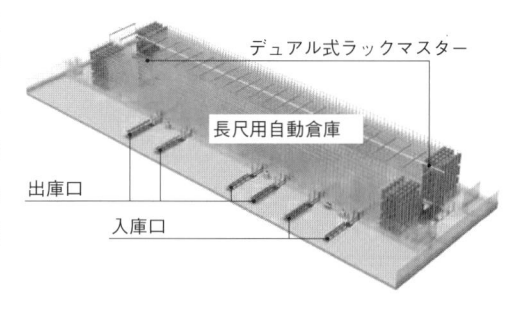

デュアル式ラックマスター

長尺用自動倉庫

出庫口

入庫口

三愛ロジスティクス株式会社［東京］

カメラ用品を取り扱う3社の共同物流センターを構築
最新の自動化システムにより生産性を高め，人に優しい施設へ

リコーロジスティクスグループの1社である三愛ロジスティクス株式会社［東京］様（本社：神奈川県横浜市）は，リコーグループの精密機器取り扱いの実績を生かして，グループ外の事業を受託している。

同社は2015年7月，カメラ量販店・商社3社の物流・配送業務を手掛ける「共同物流センター」（同）を本格稼働。センターには店舗別仕分けを行うピースソーターをはじめ，出荷前バッファやピッキング機能を担うケース自動倉庫「シャトルラック（SR）」，工程間搬送を自動化するコンベヤシステムなどの最新設備を導入した。

※口絵参照

台車数18，最大2,700ケースを格納するSR。SRの下にピッキングステーションを設置している

■ TC・DC の複合物流拠点　出荷量は248万ピース/月に

　新センターは，カメラ専門店1社の店舗向けTC業務と，写真映像用品を扱う商社2社の家電量販店およびネット通販会社向けDC業務を手掛けている。物流施設「SGリアリティ横浜」（4階建て）の2階と3階の一部を活用した，延べ床面積1万6,500 m²の規模。365日稼働で，月当たり約248万ピースを出荷している。

　それまで入居していた「東京流通センター」（東京都大田区）の建て替えに伴い移転を検討。新拠点構想では「共同物流」「人に優しい施設」をコンセプトに定め，①共同物流による効率化や物流コストのミニマム化，②多層階に分かれていた設備の集約化による作業性や保管効率の

改善，③最新の自動化設備導入による省人化に取り組んだ。

■ 多機能を兼ね備える SR などを導入し，生産性 20％向上，保管スペース 13％削減

新センターの鍵となる SR は，ピースソーターへ最適なタイミングで商品を供給するバッファ機能，SR の真下に設置したステーションによるピッキング機能を兼ね備えている。また設備の配置においては，人が物を取りに行くのではなく，物が人のところまでやってくるように，入荷，保管，ピッキング，仕分け，梱包，出荷仕分けのエリアをコンベヤシステムで繋ぎ合わせて，作業者が歩き回る負担を軽減している。加えて SR，ピースソーターについては 3 社共同で利用し効率化を図っている。

これらの取り組みにより，従来の運用と比べて生産性は 20％向上，保管エリアのスペースは 13％削減，出荷精度はシングル PPM（ミス率 100 万分の 10 未満）を達成している。

入荷後の物流フローとしては，TC 品は 1 次仕分け後，店舗別にアソート作業を実施する。一部の集品ケースに出荷用段ボールを使用して物流作業の簡略化を図っている。

DC 品については，パレット単位で保管エリアに在庫し，必要に応じて SR や中量棚へ補充。SR では出荷頻度の高い商品，中量棚では中・低頻度商品のピッキングを行う。ピッキングを終えた DC 品は，いったん SR に入庫。バッチごとに商品が出庫され，ピースソーターで店舗別にまとめられる。

その後 TC 品・DC 品は梱包され，出荷先別に仕分け，お客さまに合わせたタイムリーな出荷を実現している。

8,000 ピース / 時の処理能力を有する店舗別仕分け用ループ式ピースソーター。シュート数は 160，投入ゾーンは 2 カ所設けている

DC 品の保管エリア。移動棚は各棚の通路を均等に開くことでケースピッキングに対応している

TC 品のアソート作業。集品用段ボールには ID ラベルを取り付けた専用治具を用いて，積み替えせずにそのまま出荷できる

第一倉庫冷蔵株式会社

チェーンストア向けセンターの物流業務をシステム化
冷凍倉庫の人手作業を削減

　第一倉庫冷蔵株式会社様（本社：神奈川県横浜市）は 2015 年 4 月，地下に免震構造を持つ地上 4 階建ての岩槻長宮物流センター（埼玉県さいたま市）を新設。同時にその 2 階を活用して，大手食品卸から受託した複数のチェーンストアの店舗に各種冷凍食品を出荷する「量販店向け冷凍物流センター（以下，冷凍 DC）」を稼働させた。冷凍 DC は受託先のニーズに応じた物流サービスを提供してきたが，2016 年 4 月にはさらに最新の情報機器やマテハン設備を導入して，物流業務のシステム化・自動化を進め，冷凍倉庫内の人手作業の削減を実現した。

※口絵参照

業界でも先駆的となる冷凍仕様のケース自動倉庫（クレーン 9 基，格納数 1 万 5,000 ケース）を導入

■　市販冷食 600 アイテムの多品種少量配送に対応

　さいたま市にある第一倉庫冷蔵株式会社様の冷凍 DC は，チェーンストア 36 社の埼玉・千葉・茨城・栃木・群馬県内の約 400 店舗への納品（一部はセンター納品）を担っている。取扱商品は市販用冷凍食品（以下，市販冷食），アイスクリーム，業務用惣菜の計約 1,500 アイテムに上る。特に市販冷食は約 600 アイテムと種類が多い上に商品の回転が速いため，多品種少量配送が必要で，厳しい賞味期限別のロット管理も求められる。

　冷凍 DC は，稼働後しばらくは，入庫検品や入出庫作業の多くを人手に頼っていた。しかし，特に－25℃の冷凍倉庫内における担当者の負担が大きかったため，将来的なアイテム数の増加や労働力不足を見据え，システム化へ取り組んだ。

2 ラインあるオートラベラライン。手前が投入口，奥が店舗別仕分けゾーン

店舗別仕分け作業。チェーンストア 36 社の約 400 店舗に納品（一部はセンター納品）する

■ 入荷検品にはHTを活用 B・C品は自動倉庫で対応

導入した主な情報機器・物流システムは，文字認識機能付き無線ハンディターミナル（以下 HT），冷凍仕様のケース自動倉庫「ファインストッカー（以下 FS）」，出荷ラベルを自動貼付するオートラベラなど。1 日当たり平均 1 万 2,500 ケースの出荷に対応できるシステムである。

商品入荷時には，HT を用いてケースに記載されたJAN もしくは ITF コードと合わせて，賞味期限や製造年月日を表した数字を読み取り，同時に，検品作業者の携帯ラベルプリンタで自動発行した入庫ラベルを

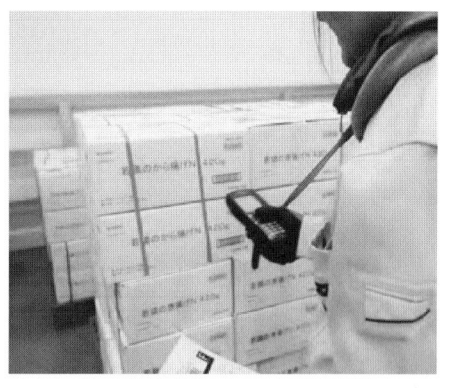

商品情報を入力する入荷検品作業。HT でバーコードと賞味期限，製造年月日を読み取る

ケースに貼り付ける。その後，A 品は「移動ラック」，B・C 品は FS，D 品は固定棚に保管する。

出荷時は，オーダを基に A・D 品は，HT を使って移動ラックから商品ごとに集約ピッキングを行った後，オートラベララインに投入する。オートラベラが，仕分け先ごとに決まっている 4 桁のコードを印字した出荷ラベルを自動貼付。ライン下流の店舗別仕分けゾーンで，担当者が出荷ラベルのコードを確認し，同じコードを記した配送用台車に積み付ける。

一方，FS に保管する B・C 品は，商品ごとに自動で集約出庫することで，担当者の負担を大幅に軽減した。その後は，A・D 品と同様の流れで出荷する。

冷蔵倉庫事業部　執行役員統括部長　川又　勝浩　様

誰でも簡単に作業でき，−25℃における人手作業も徹底的に排除した仕組みを構築した結果，担当者の作業時間は大幅に短縮し，誤出荷もほぼゼロとなりました。そして，何より喜ばしいのは，作業者が笑顔で仕事をするようになったことです。

▷ 索 引 ◁

あ行

た行

スマートロジスティクス

IoT と進化する SCM 実行系

発行日	2018年3月27日　初版第一刷発行
監修者	花房　陵
編集委員長	西田　光男
編集委員	新林　康則, 遠藤　八郎, 朴　成浩
発行者	吉田　隆
発行所	株式会社 エヌ・ティー・エス
	〒102-0091 東京都千代田区北の丸公園 2-1　科学技術館 2 階
	TEL.03-5224-5430　http://www.nts-book.co.jp
印刷・製本	倉敷印刷株式会社

ISBN978-4-86043-525-7

関連図書

NTSの本

	書籍名	発刊日	体裁	本体価格
1	オーグメンテッド・ヒューマン 〜AIと人体科学の融合による人機一体、究極のIFが創る未来〜	2018年 1月	B5 512頁	48,000円
2	繊維のスマート化技術大系 〜生活・産業・社会のイノベーションへ向けて〜	2017年12月	B5 562頁	56,000円
3	新世代 木材・木質材料と木造建築技術	2017年11月	B5 484頁	43,000円
4	Juliaデータサイエンス 〜Juliaを使って自分でゼロから作るデータサイエンス世界の探索〜	2017年10月	B5 308頁	3,600円
5	不確実性人工知能 〜クラウド環境による新たな発展〜	2017年 4月	B5 294頁	36,000円
6	商品開発・評価のための生理計測とデータ解析ノウハウ 〜生理指標の特徴、測り方、実験計画、データの解釈・評価方法〜	2017年 3月	B5 324頁	30,000円
7	科学技術計算のためのPython 〜確率・統計・機械学習〜	2016年12月	B5 310頁	6,000円
8	人と協働するロボット革命最前線 〜基盤技術から用途、デザイン、利用者心理、ISO13482、安全対策まで〜	2016年 5月	B5 342頁	42,000円
9	第2版 演習で身につくソフトウェア設計入門 〜構造化分析設計法とUML〜	2016年 4月	A5 160頁	2,000円
10	飛躍するドローン 〜マルチ回転翼型無人航空機の開発と応用研究、海外動向、リスク対策まで〜	2016年 1月	B5 380頁	45,000円
11	進化するヒトと機械の音声コミュニケーション	2015年 9月	B5 366頁	42,000円
12	三次元画像センシングの新展開 〜リアルタイム・高精度に向けた要素技術から産業応用まで〜	2015年 5月	B5 402頁	39,000円
13	巨大構造物ヘルスモニタリング 〜劣化のメカニズムから監視技術とその実際まで〜	2015年 3月	B5 362頁	28,000円
14	高精度化する個人認証技術 〜身体的、行動的認証からシステム開発、事例、国際標準化まで〜	2014年11月	B5 380頁	38,000円
15	感覚デバイス開発 〜機器が担うヒト感覚の生成・拡張・代替技術〜	2014年11月	B5 418頁	45,000円
16	ウエアラブル・エレクトロニクス 〜通信・入力・電源・センサから材料開発、応用事例、セキュリティまで〜	2014年 6月	B5 262頁	38,000円
17	自動車オートパイロット開発最前線 〜要素技術開発から社会インフラ整備まで〜	2014年 5月	B5 340頁	37,000円
18	ビッグデータ・マネジメント 〜データサイエンティストのためのデータ利活用技術と事例〜	2014年 3月	B5 356頁	27,000円
19	次世代ヒューマンインタフェース開発最前線	2013年 6月	B5 668頁	43,800円
20	ユビキタステクノロジーのすべて 〜クルマ・ケータイ・IP電話・RFID・Web2.0等を支える〜	2007年 2月	A5 496頁	2,300円
21	次世代ICタグ開発最前線	2006年11月	B5 424頁	37,400円
22	工場・ビル・施設における省エネルギー診断と具体的対策 〜改正省エネ法・ESCO事業の市場性・快適性および対策事例〜	2000年 9月	B5 408頁	48,000円

※本体価格には消費税は含まれておりません。